EL VALOR DEL SILENCIO

JUSTIN ZORN y LEIGH MARZ

El valor
del
silencio

CÓMO ENCONTRAR LA SERENIDAD
EN UN MUNDO LLENO DE RUIDO

URANO

Argentina – Chile – Colombia – España
Estados Unidos – México – Perú – Uruguay

Título original: *Golden: The Power of Silence in a World of Noise*
Editor original: HarperWave, an imprint of HarperCollins*Publishers*
Traducción: Carolina Bedós Bayó

1.ª edición Enero 2023

Copyright © 2022 *by* Justin Zorn & Leigh Marz
All Rights Reserved
© 2023 de la traducción *by* Carolina Bedós Bayó
© 2023 *by* Ediciones Urano, S.A.U.
Plaza de los Reyes Magos, 8, piso 1.º C y D – 28007 Madrid
www.edicionesurano.com

ISBN: 978-84-17694-91-3
E-ISBN: 978-84-19413-30-7
Depósito legal: B-20.491-2022

Fotocomposición: Ediciones Urano, S.A.U.

Impreso por: Rotativas de Estella – Polígono Industrial San Miguel Parcelas E7-E8 31132 Villatuerta (Navarra)

Impreso en España – *Printed in Spain*

Para Meredy y Michael
Y en memoria de Rob Eriov y Ralph Metzner

ÍNDICE

PARTE VI. UNA SOCIEDAD QUE HONRA EL SILENCIO

PARTE I
UN ANHELO COMPARTIDO

I

UNA INVITACIÓN

¿Cuál es el silencio más profundo que has conocido?

Puedes confiar en el primer recuerdo que te venga. No hace falta pensarlo demasiado.

Cuando recuerdes la experiencia, comprueba si puedes asentarte en ella. Recuerda dónde estás, lo que ocurre a tu alrededor y quién, si es que hay alguien, está presente. Comprueba si puedes evocar la atmósfera: la calidad de la luz, el ambiente, la sensación en tu cuerpo. ¿Es tranquilo para los oídos?

¿O es el tipo de silencio que se produce cuando ninguna persona o cosa reclama tu atención?

¿Están tranquilos tus nervios?

¿O es el tipo de silencio que vive en lo más profundo, como cuando las aguas turbulentas del parloteo interno se separan de repente, revelando un camino claro hacia adelante?

Tómate un momento para considerar lo que puede parecer una pregunta extraña:

*¿El silencio es simplemente la ausencia de ruido o es también una
presencia en sí misma?*

* * *

En los últimos años, hemos explorado estas cuestiones con una mezcla inusual de personas: neurocientíficos, activistas, poetas, ejecutivos de empresas, políticos nacionales, médicos docentes, defensores del medio ambiente, un derviche, un empleado de la Casa Blanca, profesores budistas, predicadores cristianos, un cantante de ópera ganador de un Grammy, un hombre encarcelado en el corredor de la muerte, un ingeniero de sonido de Hollywood, un líder de heavy metal, un leñador y un teniente coronel de las fuerzas aéreas. También hemos explorado estas cuestiones para nosotros mismos. Las exploraciones, tanto personales como compartidas, nos han llevado a muchos lugares, entre ellos:

El aire templado del amanecer sobre un vasto océano.

La quietud en medio de la nieve de alta montaña sin pisar.

Las preguntas también nos han llevado a lugares que no son auditivamente tranquilos. Nacimientos. Muertes. Momentos de asombro. Momentos de cambios dramáticos e inesperados, en los que nos vemos obligados a buscar explicaciones familiares hasta que finalmente tenemos que rendirnos al hecho de que no hay nada más que decir.

Para nosotros y para otros, los momentos de profundo silencio han llegado a veces a través de escenarios sorprendentemente ruidosos:

Correr la línea perfecta a través de los rápidos rugientes.

Atardecer en la espesura del bosque en medio de una orquesta eléctrica de cigarras.

Cediendo todo pensamiento autorreferencial al ritmo del bum-bum de una pista de baile abarrotada.

Si hay un denominador común a todas estas variedades improbablemente diversas de silencio profundo, creemos que es a través de la respuesta a la última de las preguntas que te planteamos. El silencio más profundo no es sólo una ausencia; es también una *presencia*. Es una presencia que puede centrarnos, curarnos y enseñarnos.

En su novela de 1836, *Sartor Resartus*, el filósofo y matemático escocés Thomas Carlyle escribe sobre una inscripción suiza: «*Sprechen ist silbern, Schweigen ist golden*. (El habla es de plata, el silencio es de oro).

«O», escribe Carlyle, «como más bien podría expresarlo: "El discurso es del tiempo, el silencio es de la eternidad"».

Esta es la primera vez que se conoce en español el aforismo que inspiró el título de este libro. Sin embargo, hay variantes que se remontan a milenios atrás en latín, árabe, hebreo y arameo. Un antiguo *isnad* islámico —un linaje de transmisores de una enseñanza sagrada a lo largo de generaciones— sostiene que el origen del proverbio «Si el habla es de plata, el silencio es de oro» proviene de Salomón, el gran rey de la sabiduría. Hoy en día, las palabras son la abreviatura de la sabiduría de saber cuándo hablar y cuándo callar.

En nuestra exploración del significado del proverbio «El silencio es oro», volvemos una y otra vez a la noción de que el verdadero silencio, el silencio profundo, es más que la ausencia de ruido. Es también la presencia.

MÁS ALLÁ DE LA CULTURA DE LA TINTA Y EL CONTRAPUNTO

A principios de 2017, estábamos bastante abatidos por el estado del mundo. Probablemente conozcas esa sensación. Fue mucho antes de la CO-VID-19 y de los informes más recientes y funestos sobre el cambio climático. Fue antes de los últimos trastornos económicos y de los asesinatos de Breonna Taylor y George Floyd. Pero, incluso entonces, no podíamos ver una forma de salir del estancamiento. No podíamos imaginar una visión plausible para reparar la política, construir una economía humana o restaurar nuestra relación con la naturaleza. Parecía que había algo que bloqueaba la capacidad de mantener una conversación profunda sobre temas difíciles y, en última instancia, nuestra capacidad de encontrar soluciones creativas. Personalmente, como activistas, defensores y padres de niños pequeños, no sabíamos qué hacer.

Por aquel entonces, ambos empezamos a sentir una extraña intuición. Tuvimos la misma intuición de dónde buscar una respuesta: *en el silencio.*

En ese momento concreto, se nos podría haber llamado a ambos «meditadores caducos». Pero lo que ambos sentíamos, independientemente, no era exactamente lo mismo que una llamada a volver al cojín o a escaparse a un largo retiro. No era un impulso para huir. Más bien, era una simple sensación de que los problemas más intratables no se resolverán con más pensamientos o conversaciones. Con el debido respeto a la voz y al intelecto y a la zumbante maquinaria del progreso material, empezamos a sentir que las soluciones a los retos personales, comunitarios, e incluso globales más graves, podían encontrarse en otro lugar: en el espacio abierto entre las cosas mentales. A medida que nos fijamos más en nuestra intuición, nos dimos cuenta de que estábamos sintiendo algo sobre la calidad del cambio necesario en el mundo. En la danza dialéctica de la vida humana —afirmación/negación, progreso/resistencia, auge/destrucción— ¿estamos todos condenados a soportar, como supuestamente dijo Winston Churchill, «una maldita cosa tras otra»? ¿O existe la posibilidad de algo más amplio, una apertura, tal vez incluso la gracia de la reconciliación? No estábamos seguros. Pero teníamos una corazonada sobre lo que podría ser el primer paso para explorar la luminosa posibilidad de trascender los viejos y cansados opuestos.

Ir más allá del ruido

Sospechamos que esta intuición podría parecer un poco *New Age.* Así que decidimos intentar escribir un artículo sobre ello para la publicación menos *New Age* que se nos ocurrió: la *Harvard Business Review.* Nos sorprendió que aceptaran nuestra propuesta y más aún que el artículo resultara ser uno de los más compartidos y vistos en su sitio web en los últimos años. Nuestro artículo, «Cuanto más ocupado estés, más tiempo de silencio necesitas», trataba sobre el silencio como camino hacia una mayor creatividad, claridad y conexión. Queríamos tener cuidado de no escribir simplemente otro artículo que anunciara «cómo puedes ser más productivo a través del mindfulness». Así que escribimos sobre el silencio como la experiencia de «descansar los reflejos mentales que habitualmente protegen una reputación o promueven un punto de vista». Pedimos a los lectores que se tomaran «un descanso temporal de una de las responsabilidades más básicas de la vida: Tener que pensar qué decir». Nos esforzamos por ofrecer una propuesta sencilla que no se ve a menudo en las publicaciones empresariales o políticas: que el silencio no es sólo la ausencia de algo. Es una presunción. Puede aportar una visión genuina, una curación, incluso una transformación social.

Unos días después de la publicación del artículo, Justin asistió a una conferencia de política económica en Pittsburgh y compartió un taxi de vuelta al aeropuerto con un nuevo conocido llamado Jeff, un ejecutivo de la industria, católico practicante y amigo íntimo de los políticos conservadores. Con su traje oscuro, su comportamiento de directivo y su estilo de vida decididamente carnívoro, Jeff podría ser la última persona a la que uno imaginaría entrando en un estudio de yoga o contemplando un texto de filosofía budista. Mientras estaban sentados en el tráfico de la hora punta, Justin mencionó el artículo y Jeff pasó a leerlo. Poco después, Jeff se puso en contacto con Justin para decirle que le recordaba por qué le gustaba ir a cazar a primera hora de la mañana y por qué le gustaba tanto asistir a los retiros de jóvenes jesuitas cuando era niño. Era un recordatorio de que necesitaba buscar el silencio en su vida.

El intercambio de Justin con Jeff fue simple y casual. Pero encontramos algo importante en él. Jeff estaba al otro lado de muchas de esas divisiones sobre las que habíamos estado abatidos. Él y Justin estaban en la conferencia para presentar puntos de vista opuestos. Y aquí estaba Jeff, expresando el mismo profundo anhelo. Aunque no nos hacíamos ilusiones de que el encuentro con el silencio fuera una especie de panacea automática para superar las divisiones tan reales del mundo, el intercambio con Jeff nos devolvió a la intuición que habíamos sentido inicialmente.

En el espacio del silencio podemos encontrar un prerrequisito para una comprensión más profunda y quizás incluso para avanzar más allá del tedioso tira y afloja de una cultura de punto y contrapunto.

Es difícil encontrar un espacio abierto en un mundo de ruido. Hoy en día existen poderosas fuerzas dedicadas a secuestrar la atención y mantener el ruido. Las instituciones más poderosas de los negocios, el gobierno y la educación nos dicen que nuestra responsabilidad es ser más prolíficos y eficientes en la producción de cosas mentales. El clamor de la publicidad y las expectativas de actividad son instrumentos sutiles de control social.

Sin embargo, el silencio *siempre está disponible*.

Está en la respiración. Está en los espacios entre las respiraciones, entre los pensamientos, entre las palabras que se intercambian entre amigos en una conversación. Está en el momento acogedor entre las mantas justo antes de que suene el despertador. Está en la escapada de tres minutos del cubículo, sentado en el banco del exterior conectando con los rayos del sol. Está en los sencillos momentos en los que nos detenemos y nos acordamos de *escuchar a* los pájaros, a la lluvia o a nada en particular, simplemente sintonizando con la simple esencia de lo que es. Podemos empezar a encontrarnos con este espacio abierto notando dónde hay ruido y bajando el volumen, día a día.

Cuando busquemos el silencio más profundo, descubriremos que no depende realmente de las condiciones auditivas o informativas de nuestra vida. Es una presencia inalterable que siempre está aquí y ahora, en lo más profundo. Es el pulso de la vida.

Este es un libro sobre por qué y cómo sintonizar con él.

NAVEGAR POR EL RUIDO

A lo largo de los últimos cincuenta años, la meditación de atención plena ha realizado un notable viaje desde los remotos monasterios de Birmania y Tailandia hasta los pináculos del poder dominante: lugares como Apple, Google, GE y el Pentágono. Aunque parte de este aumento es atribuible a la creciente apertura a nuevas mentalidades y visiones del mundo desde las revoluciones de la década de 1960, creemos que la principal razón de su nueva popularidad es sencilla: existe un profundo anhelo de silencio en un mundo cada vez más ruidoso. Nos demos cuenta o no conscientemente, sentimos que la atención prístina es cada vez más escasa. Necesitamos formas de afrontarlo.

Es una buena noticia que la atención plena se haya generalizado. Aunque no siempre hemos mantenido una práctica rigurosa, nos ha ayudado a ambos a gestionar el ruido en momentos importantes de nuestras vidas, y sabemos que la meditación y la atención plena han ayudado profundamente a millones de personas. De hecho, hemos desempeñado un papel muy pequeño en su difusión. Leigh ha integrado la meditación en su trabajo de liderazgo y desarrollo organizativo con organizaciones sin ánimo de lucro, grandes universidades y agencias federales de Estados Unidos. Y, durante los años que Justin trabajó como asesor político y estratega en el Congreso de los Estados Unidos, ayudó a lanzar un programa de mindfulness y dirigió sesiones de meditación para los responsables políticos de ambos lados del pasillo.

Pero «ir a la corriente principal» implica una adaptación exitosa, no necesariamente resultados medibles. En 1992, el psicólogo junguiano James Hillman y el crítico cultural Michael Ventura publicaron un libro titulado *We've Had a Hundred Years of Psychotherapy-and the World's Getting Worse.* Hoy se podría decir algo parecido: *Llevamos cuarenta años de mindfulness y el mundo está más distraído que nunca.* Incluso como defensores y practicantes de la meditación sentada formal, no estamos convencidos de que sea una cura para todo. Es muy valiosa. Pero no es para todo el mundo.

Joshua Smyth, profesor de la Universidad Estatal de Pensilvania y uno de los principales investigadores en el campo de la salud y la medicina bioconductual, explica: «Muchas de las afirmaciones sobre los beneficios del mindfulness se refieren a individuos que lo practican en serio». Smyth ve un gran valor en estos estudios, pero advierte del peligro de extrapolar los resultados de forma demasiado amplia. «Cuando se asigna a la gente al azar [a los estudios de mindfulness], el 70 % no se adhiere a los niveles recomendados», nos dice. En otras palabras, no siguen el protocolo. Y añade: «Entre un tercio y la mitad deja de hacer sus prácticas incluso en el contexto de un ensayo, y mucho menos si persisten después de que se les haya pagado por participar en un estudio de investigación». Estos porcentajes son tan malos o peores que los de los estudios de pérdida de peso. Smyth resume el reto: «Si no se toma la medicina, el tratamiento no funcionará».

Esto no es un juicio sobre el mindfulness o sobre las personas que no lo practican. Es sólo una prueba de que cualquier enfoque único es poco probable que sea una solución duradera para el complejo reto de mantenerse centrado en medio de los vientos desestabilizadores de la hiperestimulación mental moderna.

Como personas, todos tenemos diferentes estilos, diferentes preferencias, diferentes formas de aprender y diferentes maneras de dar sentido a nuestra vida. Tenemos diferentes grados de control y autonomía sobre cómo organizamos nuestros días, semanas, meses y años, y esas realidades cambian con el tiempo. Además, puede haber barreras culturales, religiosas, psicológicas o físicas para lo que se suele llamar meditación de atención plena, una práctica derivada principalmente del budismo que consiste en sentarse o caminar en alerta y observar la respiración y los pensamientos durante un periodo prolongado.

Entonces, ¿cómo responder a la avalancha de ruido? Si la mediación no es para todo el mundo, ¿cómo podemos llevar los remedios a la escala necesaria en el mundo actual?

En este libro, proponemos una respuesta:

OBSERVA EL RUIDO. SINTONIZA CON EL SILENCIO.

El proceso consta de tres pasos básicos:

1. Presta atención a las diversas formas de interferencia auditiva, informativa e interna que surgen en tu vida. Estudia cómo navegar por ellas.

2. Percibe los pequeños focos de paz que viven en medio de todos los sonidos y estímulos. Busca estos espacios. Saboréalos. Ve tan profundamente en el silencio como puedas, incluso cuando sólo esté presente durante unos segundos.
3. Cultivar espacios de profundo silencio, incluso de vez en cuando.

Cuando se trata de encontrar el equilibrio y la claridad en medio del ruido, podemos mirar más allá de las reglas formales y las herramientas de lo que se suele llamar meditación hoy en día. Podemos olvidarnos de preguntas como «¿Lo estoy haciendo bien?». Cada uno de nosotros, a su manera, sabe lo que es el silencio. Es algo inherente al ser humano. Es un regalo de renovación que está disponible para nosotros, siempre, aunque a veces esté oculto.

En los próximos capítulos, exploraremos cómo entender y gestionar el ruido para poder *sintonizar* más conscientemente con la naturaleza, con los demás y con la esencia sonora de la vida misma.

En la primera parte, comprenderemos el *significado del ruido como* una distracción no deseada en los niveles auditivo, informativo e interno de la percepción. A continuación, contemplaremos el *significado del silencio* como ausencia de ruido y como presencia en sí mismo. A continuación, consideraremos por qué el silencio es importante, no sólo para nuestra propia calma y claridad personal, sino también para el trabajo compartido de sanar nuestro mundo: construir un futuro social, económico, político y ecológico mejor. En la parte 2 — «La ciencia del silencio»— examinaremos la importancia de trascender el ruido auditivo, informativo e interno para nuestra salud física, nuestra cognición y nuestro bienestar emocional. Investigaremos el significado del «silencio en la mente», buscando en las fronteras de la neurociencia contemporánea. En la parte 3, titulada «El espíritu del silencio», exploraremos la promesa del silencio como camino hacia la conciencia, la empatía, la creatividad y la ética. A continuación, analizaremos por qué prácticamente todas las grandes tradiciones religiosas y filosóficas del mundo hacen hincapié en el silencio como vía de acceso a la verdad. En la cuarta parte, «Silencio interior», nos embarcaremos en el trabajo práctico de encontrar el silencio en un mundo de ruido, explorando estrategias e ideas para que los individuos puedan encontrar el silencio en los momentos ordinarios de la vida cotidiana, así como a través de experiencias más enrarecidas y transformadoras. En la quinta parte, «Silencio juntos», nos centraremos en el tipo de silencio social, explorando prácticas para ir más allá del ruido y encontrar la renovación en entornos compartidos, incluyendo nuestros lugares de trabajo, o en casa, con nuestras familias y entre nuestros amigos. Por último, en la sexta parte, «Una sociedad que honra el silencio», nos adentraremos en cuestiones de política pública y cambio cultural, imaginando lo que significaría para nuestras ciudades, nuestras naciones e incluso nuestro mundo entero reclamar la reverencia por la sabiduría del silencio.

Exploraremos ideas y prácticas que pueden ayudarte a ser más paciente, consciente e incluso eficaz en tu trabajo, en tu vida doméstica, en tu gestión de los grandes y pequeños retos. Sin embargo, queremos dejar claro que el silencio no es un «recurso» que se pueda controlar de forma ordenada o con una fórmula. No podemos evaluar su valor sobre la base de «lo que puede hacer por nosotros». Como sugiere el aforismo «El silencio es oro», el silencio tiene un valor intrínseco. Y, como implican las palabras de Thomas Carlyle «El silencio es de la eternidad», no puede medirse cuantitativamente ni emplearse para nuestros fines. En las últimas dos décadas, hemos visto que la práctica de la atención plena se vende a menudo como una herramienta de productividad, una mejora del rendimiento para cualquier cosa, incluso para que los tiradores mejoren su puntería o los directores ejecutivos conquisten el mundo. Descubrimos que el silencio es algo más grande que la superación personal. No puede alistarse como un truco de vida para avanzar en nuestras ambiciones personales. El silencio, por definición, no tiene una agenda.

A lo largo de la redacción de este libro, la intuición original que sentíamos se ha convertido en una convicción cada vez mayor. Seguimos creyendo firmemente en la importancia de la expresión, la defensa y la protesta por lo que es correcto. Seguimos reconociendo que Internet, las herramientas de comunicación omnipresentes y las tecnologías industriales en auge también pueden aportarnos beneficios. Sin embargo, ante ese sentimiento de desánimo sobre el estado del mundo, seguimos recurriendo a esta misma respuesta: *Ir más allá del ruido. Sintonizar con el silencio.*

2

EL ALTAR DEL RUIDO

Cyrus Habib nunca esperó tener este tipo de oposiciones.

Hijo de inmigrantes iraníes en Estados Unidos, Cyrus sobrevivió a una enfermedad que puso en peligro su vida y se quedó totalmente ciego a los ocho años. Aprendió braille, hizo el bachillerato y luego pasó por Columbia, Oxford como becario de Rhodes y la Facultad de Derecho de Yale. «Pasé gran parte de mi vida», nos dice, «convenciéndome a mí mismo y proyectando a los demás fuerza, capacidad, poder, control... Así fue como conseguí tener éxito en la vida. Era un tipo de dogma muy importante para mí». A los 31 años, fue elegido diputado del estado de Washington y, cuatro años después, vicegobernador, el segundo cargo público en una jurisdicción de 7,6 millones de habitantes.

A principios de Cyrus2020, las opciones estaban claras: presentarse a gobernador o Senado de los Estados Unidos, o tal vez recibir un nombramiento para otro alto cargo público en el camino hacia una carrera prominente en la política nacional. Sin embargo, cuando hablamos con Cyrus ese mismo año, acababa de descartar todas estas opciones y había elegido una trayectoria profesional diferente.

Hacía voto de pobreza, castidad y obediencia como sacerdote jesuita novicio.

Frank Bruni, del *New York Times*, describió la decisión de Cyrus de esta manera: «Un político da un mazazo a su propio ego».

No hubo una sola razón para esta curva inesperada en la trayectoria profesional de Cyrus. Fue una confluencia de factores que le rompieron el corazón y a la vez lo abrieron: la repentina pérdida de su padre, un susto de salud personal, un encuentro con el Dalai Lama. Cyrus decidió dejar la política y unirse a los jesuitas para reducir la «complejidad» de su vida. «No me refiero a la palabra "complejidad" en el mal sentido», dice. «La complejidad sólo significa que, por ejemplo, el dinero tiene su lugar, y es bueno y necesario, pero también puede ser una causa de estrés y ansiedad. No tener esos apegos… te permite entregar tu vida al servicio de una manera más radical».

Cuando casi todo el mundo pensaba que Cyrus estaba a punto de escalar las alturas de la vida pública, en realidad se enfrentaba a un abismo espiritual. En medio del abrumador sonido y estímulo de la política, volvía una y otra vez a una experiencia en Oxford que despertó un anhelo que no sabía que tenía. Durante su estancia allí, había aceptado la invitación de un amigo para asistir a la misa en una de las capillas centenarias de la universidad. «La experiencia de la misa… la música, la liturgia, la trascendencia atmosférica de la misma, crearon en mí una apertura en la que pude profundizar. Creó en mí una ralentización y un silencio», recuerda. Cyrus empezó a imaginar cómo sería vivir su vida desde un lugar tan centrado. Qué contraste con el modo por defecto de un político moderno, que se caracteriza con demasiada frecuencia por «marcar para conseguir dólares», hacer cosquillas a los egos infatuados y la autopromoción obligatoria en Twitter.

Sin embargo, Cyrus es claro. No está buscando un escape.

«La gente piensa: "Se une a los jesuitas. Ha sido político. Debe estar buscando más silencio en su vida". Y lo hago, lo hago… Pero no busco alejarme, encontrar el silencio de forma paliativa», subraya.

«Quiero profundizar en mi propia comprensión de cómo debo vivir, y luego, una vez hecho esto, salir a hacer el trabajo para el que he sido formado». Cyrus tiene previsto seguir participando en las luchas que le llevaron a la política en primer lugar: servir a las personas que viven en la pobreza o en las cárceles, por ejemplo. Pero, al hacer él mismo un voto de pobreza, siente que puede servir de una manera más directa y auténtica. Nos dice que «preparar su corazón» para recibir una inspiración superior requiere «ir más allá del desorden que llena nuestros días y nuestra conciencia». Requiere una cierta «desintoxicación», un giro desde la distracción constante hacia la búsqueda de la verdad.

Cyrus sabía que todo esto supondría una adaptación. Cuando visitó a los novicios jesuitas al principio, se ofreció a comprarles un robot aspirador Roomba para que los hermanos pudieran dedicar parte de su tiempo de limpieza a otras cosas. Les hizo gracia. «Amigo, no se trata de eso», dijeron. «Esto va a ser una transición interesante para ti».

La aventura de Cyrus en la obliteración del ego —desde pronunciar grandes discursos y legislar hasta barrer los suelos y sentarse en silencio— revela algunas ideas sobre la naturaleza del ruido y lo que significa encontrar la claridad. Hablamos con él sobre cómo la política moderna se ha convertido en una competición de suma cero por cada pedazo de atención. Hablamos de cómo es una manifestación extrema de la adicción de la sociedad al drama y la distracción. Pero Cyrus tiene claro que todo esto es sólo un nivel de ruido. Aunque está deseando superar la sobreestimulación de las noticias por cable en la oficina, las incesantes disputas partidistas y los desfiles de llamadas telefónicas frívolas, en última instancia está haciendo este cambio radical para superar una forma más profunda de ruido, un ruido interior que le ha impedido escuchar su propia intuición y sintonizar con la verdad superior.

Sí, el ruido es la perturbación no deseada en el paisaje sonoro literal. Sí, es la velocidad y la escala de la sobrecarga de información. Sin embargo, en última instancia, es más grande que cualquiera de ellos. Es todo el sonido y los estímulos no deseados, el ruido interior y el exterior. También es lo que distrae nuestra atención de lo que queremos verdadera y profundamente.

UNA TAXONOMÍA DEL RUIDO

Lo sabemos; es un tópico reflexionar sobre el ruido de la vida. Imaginamos que la gente siempre ha expresado la misma exasperación.

En su libro *The Soundscape of Modernity (El paisaje sonoro de la modernidad)*, Emily Thompson se fijó en los primeros textos budistas que describen lo ruidosa que podía ser la vida en una gran ciudad del sur de Asia hacia el año 500 a. C. Describe «elefantes, caballos, carros, tambores, tabores, laúdes, cantos, címbalos, gongs, y gente gritando «¡Comed y bebed!»». En *la Epopeya de Gilgamesh*, las deidades se cansaron tanto del ruido de la humanidad que enviaron una gran inundación para eliminarnos a todos. Hace poco más de un siglo, J. H. Girdner catalogó «La plaga de los ruidos de la ciudad», que incluía vehículos tirados por caballos, vendedores ambulantes, músicos, animales y campanas. Si existe un malestar perenne, el ruido podría serlo.

Y, sin embargo, hay algo que ahora mismo *es* diferente a cualquier otro momento de la historia conocida. Hoy en día, no sólo hay ruido. Hay una proliferación masiva de estímulos mentales sin precedentes.

En un nivel, es el ruido literal y *auditivo*. Aunque las cuarentenas de COVID-19 supusieron un respiro temporal de la cacofonía, el trajín de la vida moderna parece inexorable: más coches en las carreteras, más aviones en los cielos, más electrodomésticos zumbando, más aparatos zumbando y haciendo ping. Hay televisores y altavoces más ruidosos y omnipresentes en los espacios públicos y las oficinas abiertas. En toda Europa, se calcula que 450 millones de personas, aproximadamente el 65 % de la población, viven con niveles de ruido que la Organización Mundial de la Salud (OMS) considera peligrosos para la salud.

Es un hecho medible: el mundo es cada vez más ruidoso. Dado que los vehículos de emergencia tienen que ser lo suficientemente ruidosos como para romper con el estruendo circundante, el volumen de sus sirenas es un buen indicador del volumen del entorno en general. El compositor y ecologista R. Murray Schafer descubrió que la sirena de un camión de bomberos en 1912 alcanzaba hasta 96 decibelios a una distancia de once pies, mientras que en 1974 los sonidos de las sirenas alcanzaban los 114 decibelios a la misma distancia. La periodista Bianca Bosker informó en 2019 de que las sirenas de los coches de bomberos modernos son aún más ruidosas: 123 decibelios a tres metros. Esto puede no parecer un gran aumento, pero considere esto: los decibelios están en una escala logarítmica, por lo que 90 decibelios es en realidad diez veces la presión sonora de 80 decibelios, registrando como aproximadamente *el doble de fuerte* para nuestros oídos. No es de extrañar que en grandes ciudades como Nueva York y Río de Janeiro, el ruido encabece constantemente las listas de quejas de los residentes.

Y no podemos pensar en el reto sólo en términos de nivel de volumen. A menudo son los zumbidos de alta y baja frecuencia de los centros de almacenamiento de datos y los aeropuertos los que causan daños. Se ha descubierto que estas formas de ruido auditivo tienen un impacto desproporcionado en las comunidades de ingresos medios y bajos.

En una época en la que al menos un tercio de los ecosistemas naturales de la Tierra se han silenciado hasta el punto de la «extinción auditiva», todo tipo de sonidos —mecánicos, digitales, humanos— se han amplificado.

Hay un segundo tipo de ruido que está en alza: el ruido *informativo*. En 2010, Eric Schmidt, entonces director general de Google, hizo una estimación sorprendente: «Cada dos días creamos tanta información como desde los albores de la civilización hasta 2003». Aunque el magnate de la tecnología se refería sobre todo al crecimiento exponencial de los contenidos en línea, dio con un dato curioso sobre la trayectoria de la historia de la humanidad: cada vez hay más cosas mentales que compiten por tu atención. El Grupo Radicati, una empresa de investigación tecnológica, calcula que cada día se envían 128 mil millones de correos electrónicos empresariales en 2019, mientras que el usuario medio de una empresa tiene que enfrentarse a 126 mensajes al día. Según los datos más recientes, los habitantes de Estados Unidos reciben cinco veces más información que en 1986.

¿Podemos manejar tanta información? Los principales expertos en la ciencia de la atención humana dicen que no.

Mihaly Csikszentmihalyi, el psicólogo que escribió por primera vez sobre el concepto de *flow*, resume las deficiencias de nuestras capacidades atencionales cotidianas. Csikszentmihalyi calcula que, cuando una persona habla, necesitamos procesar unos 60 bits de información por segundo para entender lo que dice. Esto incluye la interpretación de los sonidos y la recuperación de los recuerdos relacionados con las palabras que estamos escuchando. Por supuesto, a menudo añadimos más información, como comprobar la hora de nuestra próxima cita o pensar en la lista de la compra para la cena, pero los científicos cognitivos calculan que casi siempre alcanzamos un límite máximo de unos 126 bits por segundo (más o menos). Estamos rodeados de miles de millones de seres humanos en la Tierra y, sin embargo, como señala Csikszentmihalyi, «no podemos entender a más de uno de ellos a la vez».

No hay duda de que la creciente cantidad de información en el mundo aporta muchas bendiciones. Estamos agradecidos por el contacto digital con seres queridos lejanos, por las oportunidades de aprendizaje y trabajo a distancia, por las películas en *streaming* y por todas las demás bondades que la poderosa Internet otorga a la humanidad. Pero tenemos que recordar esto: los datos aumentan, pero nuestra capacidad de procesarlos *no*. Hace cincuenta años, el académico Herbert Simon lo dijo claramente: «Lo que consume la información es bastante obvio: consume la atención de sus receptores. Por lo tanto, la riqueza de información crea una pobreza de atención».

Esto nos lleva a la tercera categoría de ruido: el ruido *interno*. Con tantos estímulos que consumen nuestra atención, es más difícil encontrar el silencio dentro de nuestra conciencia. Todo el ruido exterior puede amplificar la intensidad de lo que ocurre en nuestro interior. Con el aumento de la frecuencia de los correos electrónicos entrantes, los textos, los mensajes instantáneos y las notificaciones de las redes sociales, aumenta la expectativa de estar *siempre atentos, listos* para leer, reaccionar y responder. Este ruido reclama nuestra conciencia. Coloniza la atención prístina. Hace que sea más difícil centrarse en lo que tenemos delante; gestionar los impulsos de nuestra mente; notar, apreciar y preservar el espacio abierto, el espacio del silencio.

Incluso en la era de las sofisticadas tecnologías de neuroimagen, es difícil medir cuantitativamente los niveles de ruido interno en la humanidad. Sin embargo, es posible ver la evidencia de un problema a través de sustitutos: la distracción, el aumento de los niveles de estrés, la preocupación y la dificultad autodeclarada de concentración. En nuestras entrevistas con psicólogos, psicoanalistas y neurocientíficos, a menudo les oímos hablar de *la ansiedad* como un indicador indirecto de los niveles de ruido interno. Aunque hay diversas definiciones de ansiedad, la mayoría incluye elementos no solo de miedo e incertidumbre, sino también de parloteo interno. En un estudio realizado en 2018 sobre mil adultos estadounidenses, la Asociación Americana de Psicología descubrió que el 39 % de los estadounidenses declararon estar más ansiosos que el año anterior, y otro 39 % declaró tener la misma cantidad de ansiedad que el año anterior. Es decir, más de tres cuartas partes de la población declaran tener al menos cierto nivel de ansiedad. Y eso fue *antes* del COVID. Los estudios de la época de la pandemia realizados en China y el Reino Unido muestran un rápido deterioro de la salud mental de sus ciudadanos. Una encuesta realizada en Estados Unidos durante los cierres de abril de 2020 encontró que el 13,6 % de los adultos encuestados reportaron «angustia psicológica severa», un aumento del 250 % en relación a 2018.

Ethan Kross, profesor de psicología de la Universidad de Michigan y uno de los principales expertos en la ciencia del diálogo interno, define el «parloteo» como «los pensamientos y emociones negativas cíclicas que convierten nuestra singular capacidad de introspección en una maldición más que en una bendición». El diálogo interno negativo, como la rumiación sobre el pasado y la preocupación por el futuro, puede ser despiadado, incluso debilitante. Sin embargo, es sólo un aspecto del paisaje sonoro interno. Ya sea un mensaje negativo, positivo o neutro, el diálogo interno moderno es de alta velocidad y volumen. Como dice Kross, «la voz de tu cabeza habla muy rápido». Basándose en los descubrimientos de que el «discurso interno» se condensa a un ritmo de unas cuatro mil palabras por minuto —diez veces la velocidad del discurso expresado— Kross estima que la mayoría de nosotros en los tiempos modernos tenemos que escuchar algo así como 320 discursos del Estado de la Unión de monólogos internos en un día cualquiera.

*Entonces, ¿cómo encontramos la paz en este huracán de ruido
externo e interno? ¿Cómo encontramos la claridad y el asombro?
¿Cómo sintonizamos con el significado y el propósito?*

Un primer paso es comprender la naturaleza del ruido: ¿Qué es?
¿Cómo funciona? ¿Por qué prolifera en nuestro mundo? La «pobreza actual de atención» no es sólo un subproducto de Internet, o de las tendencias adictivas al trabajo, o de una cultura parlanchina, o de los desafiantes acontecimientos mundiales. Es el resultado de una compleja interacción de interferencias *auditivas, informativas* e *internas*.

El ruido engendra ruido.

* * *

No utilizamos la palabra «ruido» a la ligera.

Hay un elemento común a los tres tipos de «ruido» que describimos —*en nuestros paisajes sonoros, en los ámbitos informativos* y *en nuestra propia cabeza*— que los distingue de lo que podríamos llamar sonido, datos o pensamiento en general. El ruido, en dos palabras, es una «distracción no deseada». El neurocientífico Adam Gazzaley y el psicólogo Larry Rosen tienen una forma útil de definir lo que ocurre cuando nos encontramos con el ruido. Lo llaman «interferencia de objetivos». Es cuando la atención concentrada, incluso en tareas sencillas, resulta imposible debido a las incesantes charlas en la oficina abierta. Es cuando el tintineo de una notificación de Twitter acapara tu atención justo cuando un amigo comparte una noticia personal difícil. Es cuando «reproducimos» un conflicto no resuelto durante un momento inestimable, como cuando ves a tu hija en el papel de Cíclope en su primera obra de teatro. Son experiencias individuales y momentáneas de ruido auditivo, informativo o interno. Pero, en conjunto, suponen algo más que una molestia. Su impacto acumulado puede determinar la calidad de nuestra conciencia, cómo pensamos y sentimos. Todo el ruido puede interferir en lo que podría ser nuestro mayor objetivo: elegir conscientemente cómo pasamos nuestro tiempo en este planeta.

Somos conscientes de que la palabra «meta» podría implicar un enfoque en la productividad. Pero lo que queremos decir aquí es «meta» en el sentido más amplio —no sólo completar listas de tareas y hacer currículos— sino alcanzar un destino de largo alcance por la posición de la Estrella Polar. ¿Qué quieres *realmente*? ¿Qué significa vivir tu vida de acuerdo con lo que valoras y lo que crees que es verdad? ¿Qué está interfiriendo en tu capacidad de concentrarte en hacerlo?

La comprensión y realización de nuestros objetivos, en este sentido, requiere la reducción del ruido. Comienza con el trabajo cotidiano de gestionar el ruido. Podemos pensar en esto como «bajar el dial» de los sonidos y estímulos interiores y exteriores en nuestras vidas. Pero, como veremos a lo largo de este libro, este tipo de claridad también requiere tiempo y espacio para cultivar el silencio inmersivo.

No sólo es posible o preferible ir más allá de las interferencias; hacerlo es uno de los compromisos más importantes que asumimos con nosotros mismos y con quienes nos rodean. Trascender el ruido que distorsiona nuestras verdaderas percepciones e intenciones es una búsqueda profundamente personal, pero también tiene implicaciones sociales, económicas, éticas y políticas.

Cuando Cyrus Habib saltó de la escena pública a un camino de autonegación contemplativa, no sólo estaba reduciendo la complejidad —los estímulos auditivo e informativo— de su vida. Estaba reimaginando sus objetivos y todo su paradigma de éxito. En consecuencia, estaba eliminando algunas de las fuentes de ruido interno en su vida. Cyrus sabe que no es posible pedir a todas las personas reflexivas de la política o de otros ámbitos ruidosos de la vida moderna que se trasladen a un noviciado o a un convento. Sin embargo, si queremos que nuestras vidas y nuestras sociedades incorporen más empatía, autenticidad y atención centrada, tenemos que examinar cuidadosamente las fuentes de ruido. Esto podría significar reducir los decibelios literalmente. Pero también podría significar replantear cuestiones básicas sobre lo que queremos y cómo medimos el éxito.

NUESTRA MÁS CÉLEBRE ADICCIÓN

Tómate un momento para volver al silencio más profundo
que recuerdes.

Vuelve a pensar en lo que *sentiste*: la experiencia sensorial en tu cuerpo, la calidad de tu atención, la profundidad de tu escucha.

En las primeras palabras de este libro, describimos que el silencio profundo no es sólo una ausencia, sino una presencia. Y, sin embargo, también vale la pena explorar la pregunta: cuando estamos en un estado de silencio profundo, ¿qué es lo que está ausente? Cuando entramos en el silencio, ¿qué es lo que estamos trascendiendo?

A través de decenas de conversaciones con otras personas sobre este tema, hemos llegado a reconocer que la experiencia del silencio está cada vez más en peligro. La experiencia vivida del ruido —no sólo lo que se puede medir empíricamente a través de los decibelímetros y las estadísticas de tratamiento psicológico, sino la experiencia subjetiva de la distracción externa e interna— va en aumento. Y al explorar las dimensiones cualitativas más profundas del ruido, hemos observado algo que parece impregnar países y culturas enteras en la actualidad.

La sociedad moderna no sólo tolera la máxima producción de material mental; la celebramos. No es exagerado decir que somos adictos a hacer ruido.

¿Pero por qué?

Una respuesta sencilla es que no pensamos mucho en los costes. Consideremos un ejemplo aparentemente mundano del mundo del trabajo: los correos electrónicos de grupo. El informático Cal Newport, autor de los libros *Deep Work* y *Digital Minimalism*, calcula que pueden costar a cualquier pequeña o mediana empresa decenas de miles de horas de valioso trabajo y atención al año. Sin embargo, se da por sentado que si estos correos electrónicos hacen más cómodo el acceso a la información, merecen la pena. Newport llama a esto la «adicción a la comodidad» de la sociedad moderna. «Como carecemos de una métrica clara de los costes de estos comportamientos», dice, «no podemos sopesar sus pros y sus contras. Por tanto, la evidencia de cualquier beneficio es suficiente para justificar su uso continuado».

Esta misma noción se aplica a la sociedad en general.

Es raro que nos detengamos a preguntarnos: ¿cuánto ruido es realmente necesario?

Hablamos con Cyrus sobre cómo la política actual está tan llena de ruido y furia porque los políticos tienen que competir por la escasa atención de los votantes, tienen que adelantarse a los ataques o responder a ellos, tienen que ganarse al electorado haciendo oír sus ideas y opiniones. Así que estamos acostumbrados a pensar que la captación despiadada de la atención humana —a través de las llamadas telefónicas, las alertas de texto y la publicidad directa— es el nombre del juego. Como no solemos evaluar el precio que el exceso de estímulos mentales cobra en nuestra psique individual y colectiva, tendemos a producirlos y consumirlos con un abandono imprudente. Rara vez realizamos un análisis de costes y beneficios.

Mientras que la «economía de la atención» produce beneficios a la sociedad global que ahora se cifran en decenas de billones de dólares, apenas estamos empezando a comprender sus costes. Estudios revisados por expertos demuestran, por ejemplo, que la mera presencia de un *smartphone* en una habitación, apagado y boca abajo, agota la memoria de trabajo de las personas y su capacidad para resolver problemas. Otros estudios muestran que aproximadamente un tercio de los jóvenes de entre dieciocho y cuarenta y cuatro años se sienten ansiosos si no han consultado Facebook en dos horas. El mismo estudio utilizó datos de resonancia magnética para correlacionar la dependencia psicológica de consultar Facebook con una reducción de la valiosa materia gris en el cerebro, una reducción comparable a la causada por el consumo de cocaína. Como escribió Jean Twenge, una destacada experta en salud mental juvenil, en el *Informe Mundial de la Felicidad* de 2018, «el 95 % de los adolescentes de Estados Unidos tenía acceso a un teléfono inteligente, y el 45 % dijo que estaba en línea "casi constantemente"». Si bien esto podría presentar beneficios en términos de conveniencia o entretenimiento, Twenge encontró que hubo un aumento del 52% en los episodios depresivos mayores entre los adolescentes en el período comprendido entre 2005 y 2017 —el tiempo durante el cual los teléfonos inteligentes se volvieron omnipresentes—. Los costes son reales.

La misma dinámica de «adicción» se aplica también al paisaje sonoro industrial. En su artículo de 2019 en *The Atlantic*, «Why Everything Is Getting Louder», Bianca Bosker escribe sobre la lucha de Karthic Thallikar, un residente de una comunidad dormitorio de Arizona que soportó años de dolores de cabeza y noches de insomnio debido al constante zumbido eléctrico de un enorme centro de almacenamiento de datos cercano. La policía, el ayuntamiento y los representantes de la empresa le dijeron que se comprara tapones para los oídos y fuera menos sensible. Un empleado del centro de datos le dijo a Thallikar —que se había criado en Bangalore— que los inmigrantes como él «deberían sentirse afortunados por vivir en de los EE.UU.» y no quejarse de tales molestias. Con el tiempo, Thallikar descubrió que no era el único que sufría. Decenas de residentes locales también sufrían. Pero, incluso cuando crearon un movimiento sostenido, los funcionarios del gobierno dijeron que no podían hacer nada. Al fin y al cabo, se trataba de una cuestión de desarrollo económico. Claro, los funcionarios estaban de acuerdo, el ruido era agitador. Pero era el coste del «progreso».

El concepto de Cal Newport de «adicción a la comodidad» es instructivo. Sin embargo, la dinámica subyacente es más profunda que la simple experiencia de acceso a la información. Llega a la idea de «progreso», el conjunto de valores que constituyen el propósito organizativo de la sociedad moderna. Cuando el exdirector general de Google, Eric Schmidt, estimó que producimos tanta información cada dos días como lo hicimos «desde los albores de la civilización hasta 2003», no sólo se refería a lo que el aumento exponencial de la conectividad y la potencia informática nos ha permitido hacer. Se refería a dónde estamos poniendo nuestra energía y atención.

Se refería a la forma en que están conectados nuestros sistemas sociales, políticos y económicos.

LA ECONOMÍA DE LA AGITACIÓN

En el tercer trimestre de 2020, la economía de Estados Unidos creció un 33,1 % anualizado, una cifra récord. Dada la realidad de una pandemia de coronavirus fuera de control, la inseguridad alimentaria rampante, los incendios forestales furiosos y las protestas masivas contra la injusticia racial, esta cifra supuestamente maravillosa e histórica parecía —para la mayoría de la gente— una farsa total y absoluta.

Pero la desconexión entre este hito económico concreto y la experiencia real de la mayoría de la gente no era una aberración. Fue una reflexión de cómo tendemos a medir el progreso.

Es una ilustración de por qué generamos tanto ruido.

En la época de la Gran Depresión, pocos países, si es que alguno, llevaban a cabo algún tipo de contabilidad nacional o medición de la suma total de toda la actividad económica dentro de sus fronteras. Sin esto, los gobiernos no podrían movilizar eficazmente sus economías a través de medidas de estímulo fiscal y monetario, el tipo de acciones que el presidente Franklin Roosevelt y otros líderes trataron de llevar a cabo para sacar a las economías de sus países del estancamiento. Para gestionar la economía, hay que medirla. Así que el gobierno de Estados Unidos contrató a un joven economista, un futuro premio Nobel llamado Simon Kuznets, para desarrollar el primer sistema de contabilidad de la renta nacional. Fue el precursor del producto interior bruto, o PIB.

El enfoque se puso de moda. Pronto, el PIB dejó de ser una herramienta para los planificadores gubernamentales. Se convirtió en el barómetro de referencia de los ciclos económicos, los resultados de los gobiernos e incluso el nivel de vida de las personas. Los funcionarios públicos empezaron a utilizar el PIB como uno de los puntos de referencia más importantes a la hora de elaborar políticas y normativas. Las empresas empezaron a utilizarlo como guía para sus gastos e inversiones. Los periodistas y los votantes empezaron a verlo como una indicación del éxito o el fracaso de un presidente o un primer ministro. Al convertirse en una expresión abreviada de la riqueza nacional, la gente empezó a considerar el PIB como el «indicador principal» del progreso de una sociedad.

El PIB no debía utilizarse para todos estos fines. Como indicó el propio Kuznets, «el bienestar de una nación apenas puede deducirse de una medición de la renta nacional».

Su advertencia fue premonitoria.

El aumento del PIB suele ir en contra de lo que es bueno para nosotros.

Durante el catastrófico vertido de petróleo del Deepwater Horizon en el Golfo de México, los analistas de J. P. Morgan señalaron que la actividad económica generada por todos los esfuerzos de limpieza probablemente superaría las pérdidas económicas del turismo y la pesca. El mayor vertido accidental de petróleo de la historia se registró probablemente como una «ganancia neta» en la producción económica del país. En otras palabras, un evento de destrucción masiva ecológica y humana fue un evento positivo neto, según nuestra principal métrica de «progreso» social. La dinámica es similar en otras esferas de la vida. Nuestro crecimiento del PIB tiende a acelerarse con el aumento de las tasas de criminalidad, los desplazamientos más largos y la existencia de más vehículos que consumen mucha gasolina. También tiende a ralentizarse a medida que nos tomamos tiempo para la relajación personal o para cocinar la cena en casa en lugar de ir a por comida rápida.

El problema es que el PIB es sólo una medida de la producción industrial bruta. Como dice el teórico social Jeremy Lent, el PIB «mide el ritmo al que una sociedad está transformando la naturaleza y las actividades humanas en la economía monetaria, independientemente de la calidad de vida resultante». Así, si talamos un bosque prístino para recoger madera que se vende en Home Depot, eso se registra como un positivo puro. El valor de ese bosque prístino, que existe fuera de la economía monetaria, tiene un coste implícito de cero. Este enfoque de la medición llega al corazón de muchos de nuestros desafíos como sociedad, desde la falta de respeto a la naturaleza hasta la falta de aprecio por la comunidad. Es el problema de intentar transferirlo todo a la economía monetaria.

Hablando sólo unos meses antes de su asesinato en 1968, Robert, F. Kennedy dijo lo siguiente sobre nuestro principal indicador de progreso social:

Cuenta la contaminación atmosférica y la publicidad de los cigarrillos, y las ambulancias para limpiar nuestras carreteras de carnicerías. Cuenta las cerraduras especiales para nuestras puertas y las cárceles para la gente que las rompe. Cuenta la destrucción de la secuoya y la pérdida de nuestra maravilla natural en la caótica expansión. Cuenta el napalm y cuenta las cabezas nucleares y los coches blindados para que la policía luche contra los disturbios en nuestras ciudades. Cuenta el rifle de Whitman y el cuchillo de Speck, y los programas de televisión que glorifican la violencia para vender juguetes a nuestros hijos. Sin embargo, el producto nacional bruto no tiene en cuenta la salud de nuestros niños, la calidad de su educación o la alegría de sus juegos. No incluye la belleza de nuestra poesía ni la solidez de nuestros matrimonios, ni la inteligencia de nuestro debate público ni la integridad de nuestros funcionarios. No mide ni nuestro ingenio ni nuestro coraje, ni nuestra sabiduría ni nuestro aprendizaje, ni nuestra compasión ni nuestra devoción a nuestro país, lo mide todo en definitiva, excepto aquello que hace que la vida merezca la pena.

A la letanía de RFK de todos los valores humanos apreciados que nuestros indicadores económicos ignoran, añadiríamos uno más: *la paz y la claridad de la atención pura.*

Al igual que el valor del bosque prístino de secuoyas tiene un precio implícito de cero en nuestro sistema de medición del PIB, también lo tiene el valor del silencio.

La forma de medir el progreso y la productividad en la sociedad moderna explica que nuestros sistemas estén optimizados para producir el máximo ruido. El PIB aumenta con los zumbidos y rugidos de la maquinaria industrial. Pero también sube cuando el algoritmo incorporado a una aplicación deduce que estás en un momento tranquilo de tu día y se abalanza con una notificación que gana tu atención, aumentando las estadísticas de uso y exprimiendo las ganancias de la empresa. El PIB aumenta cuando la dirección encuentra una nueva oportunidad para hacer que un empleado responda a los correos electrónicos a las 11 de la noche, transformando la actividad «improductiva» del descanso en una contribución verificable a la economía monetaria. Probablemente no sea una coincidencia que Facebook creara el botón «me gusta» —uno de los medios más astutos de la historia para secuestrar los receptores de dopamina y con ello la conciencia humana— cuando la empresa trataba de demostrar su rentabilidad potencial a los inversores para salir a bolsa.

«La atención», dice la filósofa francesa Simone Weil, «llevada a su más alto grado, es lo mismo que la oración. Presupone la fe y el amor. La atención absoluta y sin fisuras es la oración». La plena plenitud de nuestra atención consciente es algo sagrado.

Y, sin embargo, es difícil asignar un valor monetario a cualquier cosa que sea sagrada, ya sea una vibrante selva tropical virgen o una experiencia de gratitud en la refección silenciosa. El silencio tiene un precio implícito de cero. El espacio vacío debajo, entre o más allá de las cosas mentales se etiqueta tácitamente como «inútil». Por eso no conseguimos proteger la psique de los adolescentes contra la dinamo económica del iPhone o por eso la protesta de Karthic Thallikar contra el zumbido del centro de datos cercano nunca tuvo ninguna posibilidad.

Por eso el mundo es cada vez más ruidoso.

LA SANTA INUTILIDAD

En noviembre de 2020, Cyrus Habib pasó directamente de la oficina del vicegobernador a un retiro de silencio de treinta días, en los que rezó y examinó sus pensamientos mientras aprendía a practicar rigurosamente los quinientos años de ejercicios espirituales de San Ignacio de Loyola.

Era la época de las elecciones presidenciales, pero Cyrus, político consumado, no pudo ni siquiera enterarse de los resultados. No tenía teléfono ni Internet ni contacto con su familia o amigos.

En lo que respecta a la estimulación auditiva e informativa, se sometió a una dieta de eliminación total.

Y sin embargo, Cyrus se dio cuenta de que todavía tenía que lidiar con abundantes raciones de ruido interno.

«Tenía esas punzadas de duda, en las que empezaba a preguntarme: "Dios mío, ¿qué estoy haciendo? ¿He cometido un gran error?"».

Aunque Cyrus nos dice que se hizo jesuita para «afinar su vida en la clave de lo divino», no dejaba de encontrar notas discordantes en su conciencia, un parloteo interno que lo dejaba agitado e inquieto.

Pero después de unas semanas en el silencio, se dio cuenta de por qué se enfrentaba a tanto ruido interno: «No me estaba preguntando: «¿Soy feliz?» Me estaba preguntando: «¿Cómo ven los demás lo que estoy haciendo?»

Cyrus se dio cuenta de que seguía apostando todo su sentido de plenitud a la percepción que los demás tenían de él. Esto era especialmente problemático porque, a estas alturas, había llegado a asumir que la gente pensaba que estaba «totalmente loco». Acababa de pasar de ser un prometedor funcionario público a un miembro novato de una austera orden religiosa.

«Quiero decir, ¡qué cosa tan fuera de lo común!».

Mientras Cyrus se sentaba en silencio con su visión sobre dónde buscaba la plenitud, algo cambió. «Llegué a un punto en el que me di cuenta de lo que realmente desea mi corazón. Si me preguntaba: "¿Qué quieres? La respuesta era: "Estar exactamente donde estoy"».

Llegar a este lugar de presencia gozosa requería «reducir el ruido auditivo y la información que recibía», nos dice. Pero, dice, también se trataba en última instancia de algo más. Tuvo que decidir que «ya no estaba *actuando*».

La obligación constante de tener que pensar en lo que hay que decir, de cumplir con las expectativas de los demás, puede crear, en palabras de

Cyrus, «una estática que desplaza la señal». Y la señal», dice, «es lo que está verdaderamente en el corazón».

A lo largo de la última década, diversos autores, como Alex Soojung-Kim Pang, Chris Bailey y Arianna Huffington, han descrito cómo *el ajetreo* es ahora un símbolo de estatus primario en nuestra sociedad. Al igual que Cyrus, conocemos esa sensación cuando la reflexión tranquila da paso a la duda, incluso a la culpa. *¿No debería estar haciendo algo? ¿No debería ganarme el pan? ¿No debería dar a conocer mi voz, mantenerme en contacto o construir mi marca?*

La escritora e investigadora Linda Stone sugiere que puede haber algo más en juego en esta situación que nuestro culto a la productividad. Hace casi treinta años, acuñó el término «atención parcial continua», que, según ella, es distinto de la multitarea. Mientras que la multitarea está motivada por el deseo de ser eficiente, la atención parcial continua trata de garantizar que nunca perdamos una oportunidad. Constantemente escudriñamos el paisaje —típicamente, uno digital en estos días— en busca de conexiones, validaciones y aperturas. Es un ajetreo incesante. Es el FOMO en su máxima expresión. Stone afirma que la atención parcial continua imita una «crisis casi constante» en nuestro sistema nervioso. Estos sentimientos subyacentes de pérdida o retraso con respecto a las expectativas sociales explican, al menos en parte, por qué un porcentaje elevado (69 %) de millennials experimenta ansiedad cuando se aleja de un teléfono inteligente, aunque sea brevemente.

Al igual que nuestra economía está estructurada sobre la idea de que el éxito significa el crecimiento del PIB —la máxima producción posible de sonido y estímulo y cosas—, nuestro éxito personal depende con demasiada frecuencia de un tipo de «crecimiento» similar: la acumulación continua de capital social, capital informativo y capital financiero. En la escala macro de sociedad, el mensaje es: «La producción es la prosperidad». En el nivel micro de la conciencia humana individual, el mensaje es: «Puedes descansar cuando estés muerto».

Pero, ¿y si saborear el silencio es precisamente lo que deberíamos hacer por el bien de nosotros mismos y de nuestro mundo?

¿Y si hay un imperativo ético para ir más allá del ruido?

Cyrus responde a estas preguntas con una metáfora. «Si quieres aprender a cocinar», dice, «deberías aprender a cocinar de forma vegetariana. Porque si aprendes a cocinar con carne, entonces utilizas la carne como muleta. Si aprendes a cocinar con verduras, vas a aprender a usar especias y condimentos y salsas. Vas a notar los sabores y las texturas».

«Del mismo modo», dice Cyrus, «cuando me he retirado en silencio, cuando he ido más allá del ruido, cuando he dejado de usar las distracciones y el entretenimiento como una muleta, he descubierto que los *matices de mi vida son más brillantes*. Saboreo más la comida. Cuando lavo los platos, realmente siento físicamente el plato en mi mano y la esponja en mi mano».

«Hay una oportunidad —una invitación— para que cada uno de nosotros se convierta en conocedor de la creación».

Al imaginar lo que significa trascender un mundo de ruido, nos llama la atención la frase de Cyrus «conocedores de la creación». Para nosotros, esto significa cultivar la capacidad de deleite de los sentidos. Se trata de recuperar la claridad y el asombro.

Encontrar una manera de «desintoxicarse» del ruido, dice Cyrus, nos permite «tomar decisiones más amorosas y guiadas por el corazón». Nos permite desarrollar «un aprecio por las formas en que somos amados, un aprecio por todo lo que nos rodea que es bello, lo que de otro modo no notaríamos».

Ya en el siglo XVII, el filósofo y politólogo Blaise Pascal dijo: «Todos los problemas de la humanidad provienen de la incapacidad del hombre para sentarse tranquilamente en una habitación a solas». Tenemos que ser capaces de traspasar el ruido para soportar —e incluso apreciar— la realidad desnuda sin todos los comentarios y el entretenimiento y la decoración, si queremos percibir lo que importa. Tenemos que hacerlo si queremos reparar nuestras relaciones con la naturaleza y nuestras relaciones con los demás.

Décadas antes de que las palabras «economía de la atención» entraran en el léxico popular, un contemplativo suizo llamado Max Picard reflexionaba sobre la cuestión de por qué no sopesamos seriamente los costes y beneficios de todo el ruido que generamos. «El silencio», escribió Picard, «es el único fenómeno actual que es "inútil". No encaja en el mundo del beneficio y la utilidad; simplemente es. No parece tener otro propósito; no puede ser explotado». Picard escribió que en realidad hay más «ayuda y curación» en el silencio que en todas las «cosas útiles» del mundo. «Hace que las cosas vuelvan a ser completas, llevándolas del mundo de la disipación al mundo de la plenitud». Concluyó: «Da a las cosas algo de su propia santa inutilidad; porque eso es lo que el silencio mismo es: santa inutilidad». Unos seis meses después de que Cyrus dejara su cargo y comenzara su formación como jesuita, ya estaba inmerso en el servicio. Estaba trabajando en una casa de grupo en Tacoma, Washington, donde personas con y sin discapacidad intelectual viven juntas y se sirven mutuamente de forma fraternal. Nos pusimos al día por teléfono con él durante una pausa de media hora en sus responsabilidades allí. Es evidente que Cyrus se estaba haciendo «útil». Y, sin embargo, parecía encarnar este espíritu de «santa inutilidad», ya que se dedicaba a la limpieza y al lavado de vajilla de forma voluntaria, sin que ello supusiera ningún tipo de actividad generadora de ingresos medibles según el PIB. Había salido de la lógica de la productividad y la conectividad constante, de la lógica del rendimiento según las expectativas de los demás, de la lógica de un mundo de ruido. Pasando el tiempo en esa casa de grupo, Cyrus apenas estaba en silencio monástico.

Pero su mente estaba notablemente tranquila.

3

EL SILENCIO ES PRESENCIA

«Todas las cosas de nuestro universo están en constante movimiento, vibrando».

En un artículo de 2018 en *Scientific American*, Tam Hunt, de la Universidad de California en Santa Bárbara, resumió una serie de recientes estudios académicos revisados por pares en física, astronomía y biología para presentar esta conclusión. Escribe: «Incluso los objetos que parecen inmóviles están, de hecho, vibrando, oscilando, resonando, a varias frecuencias». El autor concluye: «En última instancia, toda la materia no es más que vibraciones de varios campos subyacentes». *«Todo en la vida es una vibración».* Así reza la enjundiosa y conmovedora, aunque posiblemente apócrifa, cita de Albert Einstein. Lo dijera o no el maestro, las fronteras de las ciencias físicas modernas están demostrando que esta afirmación es cierta. Lo que plantea una pregunta: Si esta es la naturaleza de la realidad, ¿puede haber algo perfectamente quieto?

¿Existe el silencio?

El compositor modernista del siglo xx John Cage dedicó gran parte de su vida a esta cuestión. Cage escribió una famosa pieza musical, titulada *4'33"*, que consiste en nada más que cuatro minutos y treinta y tres segundos de descanso. El objetivo no era dar un descanso al pianista. Fue escrita para una sala de conciertos al aire libre en Woodstock, Nueva York, con el objetivo de atraer la atención del público hacia los sonidos de las cigarras y la brisa de las ramas. Más tarde, cuando la obra se interpretó en recintos cerrados, el público captó otros sonidos ambientales: el roce de los pies, el carraspeo de las gargantas, el detestable desenvolvimiento de los caramelos de caramelo. Pero la idea siempre fue utilizar la música como vehículo para ampliar la atención de la gente a lo que está sucediendo a su alrededor, para que la gente sintonice conscientemente con su entorno.

Cage se inspiró para crear esta pieza años antes, cuando visitó la cámara anecoica del campus de Harvard. La sala fue diseñada para ser insonorizada, construida con materiales para absorber completamente todas las vibraciones reflejadas. Se construyó con fondos del Comité de Investigación de la Defensa Nacional durante la Segunda Guerra Mundial para estudiar la fatiga extrema que sufrían los pilotos de los bombarderos a causa de los ruidosos motores de pistón. Cuando Cage entró en la cámara, encontró algo extraño. No era silenciosa. Escuchó «dos sonidos, uno alto y otro bajo». Describió ambos al ingeniero encargado y le preguntó por qué la sala no era totalmente silenciosa como se anunciaba. El ingeniero le explicó el significado de los dos sonidos diciendo: «El alto era su sistema nervioso en funcionamiento. El bajo era su sangre en circulación».

Las experiencias y percepciones de John Cage apuntan a lo que afirman hoy diversos estudios científicos: probablemente nunca experimentaremos el silencio en el sentido puramente objetivo de «ausencia total de sonido».

En esta realidad palpitante, oscilante y zumbante en la que vivimos, donde hasta los más pequeños pelos de los cilios del interior de nuestros oídos generan sonido: no hay forma de escapar a la vibración.

Y eso está bien.

Nuestra concepción del silencio no es la ausencia total de sonido. No es la ausencia total de pensamiento. Es la ausencia de *ruido*. Es el espacio entre y más allá de los estímulos auditivos, informativos e internos que se interponen a nuestra clara percepción e intención.

Hace poco preguntamos a Joshua Smyth —un académico e investigador de la salud bioconductual que lleva décadas estudiando estas cuestiones— por su definición de «silencio interno». Pensó intensamente, escudriñando en su mente lo que decían montones de libros de literatura científica relevante. Casi exasperado, lo expresó sin rodeos: «El silencio es lo que alguien *cree* que es el silencio».

Puede parecer una respuesta evasiva. Pero, cuanto más exploramos el significado del silencio —a través de años de entrevistas, conversaciones, estudio de la literatura académica y tiempo de introspección personal—, más convincente nos parece la respuesta de Smyth. No sabemos si los físicos o los astrónomos descubrirán algún día una bolsa de quietud absoluta en algún lugar del universo. Pero sí sabemos que es posible que los seres humanos experimenten el silencio —como un fenómeno personal— en la Tierra, aquí y ahora.

El silencio existe. Está lleno de vida y posibilidades. Habita con naturalidad un universo en el que todo late, oscila y zumba.

ELOGIO DE LO INEFABLE

Cuando contamos a nuestros amigos que estamos escribiendo un libro sobre el silencio, a menudo escuchamos la misma broma: «Oh, ¿va a ser un montón de páginas en blanco?»

No existe realmente un experto en lo que no se puede hablar.

Como la respuesta del profesor Smyth a nuestra pregunta sobre la definición del «silencio interno», sugiere que es una tontería tratar de encajar esta presencia inefable en cualquier tipo de caja rígida. A cada uno de nosotros le corresponde adentrarse en su interior y explorar lo que realmente es el silencio.

Durante casi cuarenta años, el ecologista acústico Gordon Hempton ha viajado por todo el mundo para encontrar los lugares más silenciosos y grabarlos antes de que desaparezcan. Es un devoto del silencio, si es que alguna vez lo hubo. Hace unos años, hablamos con él sobre nuestra intención de escribir este libro, y nos dijo que nuestro mayor reto sería convencerle —a nuestro estimado lector— de que sustituyera el *concepto* de silencio que vive en su mente por la *experiencia directa* de cómo le hace *sentir* el silencio. «Las palabras no sustituyen la experiencia», dice.

Sin embargo, al hablar con Hempton, llegamos a apreciar lo valioso que es explorar los relatos de otras personas. Aunque las palabras sólo pueden señalar la realidad de la experiencia, la orientación puede ser iluminadora e instructiva.

Por ejemplo, Hempton describe su propia experiencia del silencio como «el tiempo, imperturbable».

Lo llama el «tanque de pensamiento del alma». Dice que «el silencio nutre nuestra naturaleza, nuestra naturaleza humana, y nos permite saber quiénes somos».

Al entrevistar a decenas de personas para este libro, nos han conmovido muchas ideas personales sobre el significado del silencio. Aquí, en lugar de intentar una única definición, te presentaremos una gama diversa de referencias.

Te invitamos a hacer una pausa después de cada una.

* * *

Roshi Joan Halifax, una antropóloga pionera, sacerdotisa zen e innovadora en el cuidado de los enfermos terminales, dice: «En presencia del silencio, el yo condicionado traquetea y se rasca. Comienza a desmoronarse como las hojas viejas o la roca desgastada». El silencio es una forma real y práctica de destronar al ego de su supuesta percha en el centro de todo. Esto parece un reto especial para los occidentales. Escribe: «Hemos llenado nuestro mundo con una multiplicidad de ruidos, una sinfonía del olvido que mantiene nuestros propios pensamientos y realizaciones, sentimientos e intuiciones fuera del alcance audible». Lamenta todo lo que nos perdemos cuando ahogamos el silencio y añade: «El silencio es donde aprendemos a escuchar, donde aprendemos a ver».

* * *

La reverenda Dra. Barbara Holmes, profesora contemplativa y estudiosa de la espiritualidad y el misticismo afroamericanos, traza su relación con el silencio a través del linaje ancestral por parte de su padre, descendiente del pueblo gullah de Carolina del Sur. «La primera hija nacida en la familia sería la que vería en otros mundos». En lugar de utilizar la palabra «silencio», la Dra. Holmes suele emplear los términos «quietud», «centrado» e «inefabilidad encarnada». Utiliza estos términos porque el espacio del misterio tiene, para ella, una dimensión física innegable. Bromea diciendo que encontrar el silencio hoy es mucho más difícil que para los místicos de hace siglos. «No les doy tanto crédito: ¡era el silencio o los burros!». Pero advierte que, a día de hoy, «puedes vivir toda tu vida y no haber vivido nunca, corriendo de una cosa a otra, sin saber qué es lo importante». Y añade: «La mayoría de las cosas que creía importantes no lo eran... pero un momento de quietud me habría dicho: *"Espera, hay más..."*».

* * *

El poeta y teólogo irlandés Pádraig Ó Tuama nos dice que el silencio es «tener suficiente espacio en ti mismo para hacerte *preguntas extrañas*». Pádraig recuerda haber trabajado estrechamente con un comité parroquial —mitad laicos y mitad sacerdotes—. Era una gran iglesia en el oeste de Belfast que había realizado una magnífica e importante y peligrosa labor durante «los disturbios», en términos de reconciliación y acercamiento de la gente», dice, refiriéndose a la violencia que asoló su país durante décadas. Allí había un sacerdote al que Pádraig admiraba especialmente. Ese sacerdote, dice nos dice, no tenía miedo de hacerse preguntas extrañas a sí mismo o a los demás. Y eso era una parte indispensable del trabajo de construcción de la paz duradera y eficaz. «Creo que todos necesitamos una pizca de anarquismo para preguntarnos: «¿Estoy haciendo *realmente* el bien?». Bromea, diciendo que incluso podríamos necesitar preguntarnos: «¿Y si *somos* los bastardos?». Pádraig dice que cuando se tiene el valor de enfrentarse a los miedos y «hacer esas extrañas preguntas», estas pueden «remover el suelo debajo de ti».

* * *

El maestro sufí Pir Shabda Kahn nos dice: «El silencio no es silencioso en absoluto —está repleto de vida, alegría y éxtasis—, pero es silencioso de los pensamientos del yo, es silencioso de la tontería». Y añade, con una sonrisa de coyote: «Lo que tú llamas silencio, yo podría llamarlo *libertad*». Al principio de su viaje espiritual, en 1969, a instancias de su maestro, Pir Shabda hizo un voto de silencio. Durante cuatro meses, llevó una pequeña pizarra para comunicarse ocasionalmente y con éxito. Bromea diciendo que, aunque se alegró de la experiencia, «no es un gran aficionado», y señala que nunca transmitió la práctica a ninguno de sus alumnos. «Soy una especie de alborotador con la gente que quiere hacer un retiro silencioso». Se ríe. «Callar la mente es el tipo de silencio que me interesa, no tanto la boca».

* * *

Judson Brewer, neurocientífico y psiquiatra de la Universidad de Brown, es uno de los principales expertos del mundo en las ciencias cerebrales de la adicción, la ansiedad y el cambio de hábitos. Le preguntamos por el significado del silencio y nos habla del último de los Siete Factores del Despertar en el Budismo Theravada, el factor al que todos los demás conducen en una cadena causal: la ecuanimidad. Es «la ausencia del empuje o la atracción», dice. Brewer explica que probablemente no exista «un silencio frío y duro», un estado de ausencia absoluta de percepción o cognición, al menos en una mente viva. Pero hay, dice, un «silencio cálido y suave» que puede alcanzarse en un estado de vida. Es cuando «ya no estamos atrapados» en nuestra propia experiencia, cuando ya no hay «ansia ni aversión», cuando superamos la fijación en el sentido de un yo separado. «Puede haber mucha actividad. Y si uno no se ve arrastrado o empujado por la actividad, hay silencio dentro de ella», dice. A través de años de estudios de investigación, Brewer ha conseguido hacerse una idea de cómo es, desde el punto de vista neurobiológico, encontrarse con un profundo silencio interno. Ha descubierto que hay una palabra específica para la sensación que corresponde al ruido en la mente: «contracción». Y hay una palabra para el sentimiento que corresponde al silencio interior: «expansión».

* * *

Rupa Marya, músico de gira internacional, compositora, activista, médica y profesora asociada de medicina en la Universidad de California, en San Francisco, nos dice que el silencio es «el lugar de donde sale la música». Durante décadas ha practicado rituales de silencio para despertar y perfeccionar su creatividad. Más recientemente, Rupa ha llegado a apreciar el silencio en su papel de médico. En su trabajo con los lakhota, dakhota y nakhota de Standing Rock, se ha dado cuenta de que la mayor parte de lo que le enseñaron como médico —especialmente en lo que respecta a hablar con un paciente, explorar un problema de salud, compartir un diagnóstico o dar una receta— va en contra de la curación. El antídoto, nos dice, es la escucha profunda. Tiene que dejar espacio para estar totalmente presente y despierto con otra persona. El antídoto es el silencio.

* * *

Tyson Yunkaporta es investigador académico, tallador de herramientas tradicionales y miembro del clan Apalech del extremo norte de Queensland (Australia). «No puedo pensar en una palabra que se aproxime al concepto de silencio en mi lengua indígena, porque no existe», nos dice Tyson. «Es *la capacidad de percibir una señal* que podría considerarse como silencio».

¿Qué significa tener la capacidad de percibir una señal? Tyson lo describe como la capacidad de escuchar lo que es verdad. «Si sintonizas *la señal*, entonces estás sintonizando la ley de la Tierra, la ley que está *en* la Tierra». Señala que «las ballenas tienen una señal genética que les dice cuáles son sus rutas migratorias, y las aves también tienen estas señales, y nuestros biólogos dicen que los humanos no tenemos eso, pero sí tenemos una señal que nos dice cómo organizarnos en grupos. Está dentro de nosotros, y está *en la Tierra*». En nuestra charla con Tyson, nos cuenta cómo le cuesta dormir y pensar con claridad en Melbourne, donde vive ahora. «Es el zumbido de la infraestructura que permite que siete millones de personas se apiñen a mi alrededor. Pero pienso en lo bien que duermo cuando vuelvo a mi comunidad. Por la noche, hay una cacofonía musical alrededor. Hay dingos aullando. Hay peleas y gente apostando y gritando». Y añade: «Aunque sea disfuncional, sigue siendo la señal. Es la verdadera respuesta de mi pueblo a las incursiones de la colonia en ese espacio; es la resistencia a eso. Estoy en ella y de ella, y es real. Y puedo dormir. Y es *bueno*».

* * *

Jarvis Jay Masters habla del silencio como una cuestión de supervivencia. Ha pasado más de treinta años en el corredor de la muerte de la prisión de San Quintín por un crimen que la preponderancia de las pruebas demuestra ahora que no cometió. Lleva años en un limbo legal mientras su caso se abre paso a través de un proceso de apelación laberíntico. Jarvis es ahora un reputado profesor de meditación que ha hecho votos con lamas tibetanos y ha publicado dos libros. Destaca que el ruido en la cárcel no es sólo el griterío incesante o los ritmos de fiesta que suenan en radios de baja fidelidad. Es la vibración del miedo, la angustia de la incertidumbre, la violencia y la muerte sancionada por el Estado. Sin embargo, en San Quintín, Jarvis se ha convertido en un experto en encontrar el silencio. Lo encuentra en los momentos en que hace ejercicios en su celda. Lo encuentra cuando estudia astronomía y lee textos budistas. Pero, sobre todo, encuentra el silencio navegando hábilmente por el ruido de su propia conciencia. «Mis *respuestas* al ruido eran probablemente lo más ruidoso», nos dice. «Empecé a silenciar el ruido *silenciando mis respuestas al ruido*», nos dice. El silencio más profundo, para Jarvis, tiene una dimensión moral. Puede acceder a él, nos dice, cuando va más allá de sus preocupaciones personales y se centra en la compasión por los demás.

SINÓNIMOS SUPERIORES

En las primeras palabras de este libro, te pedimos que invocaras un recuerdo del silencio más profundo que puedas recordar. Te pedimos que no sólo lo pensaras, sino que lo *sintieras*. Y te preguntamos si podías sentirlo no sólo como una ausencia, sino también como una presencia.

Estas diferentes personas —por sus variados antecedentes, situaciones vitales y estilos de expresión— apuntan a una experiencia *activa* del silencio. Esta experiencia del silencio aclara nuestro pensamiento y refuerza nuestra salud. Nos enseña. Nos centra. Nos despierta.

Cuando pensamos en el silencio como una presencia, notamos algo aparentemente paradójico: este silencio es silencioso para los oídos y tranquilo en la mente, y, sin embargo, la experiencia en la conciencia puede ser atronadora.

Este tipo de silencio, coincide Gordon Hempton, no es sólo una cuestión de trascender lo que no queremos. No es sólo la ausencia de ruido. Lo llama «la presencia de todo».

La palabra de Gordon —«todo»— resume bien lo que queremos decir que está presente.

Pero, para nosotros, también hay otras palabras.

«Humildad» es una. «Renovación» es otra. Y «claridad». Y «expansión». También se podría llamar a esta presencia la esencia de la *vida misma*.

El silencio es humildad. Es una postura de no saber, un lugar para dejarse llevar. El silencio es aceptar que está bien no llenar el espacio. Es bueno simplemente ser. Al menos, es una oportunidad para alejarse de las presiones de tener que intentar dar forma o dirigir la realidad. No tenemos que controlar todo manteniendo el discurso, la discusión o el entretenimiento. No se trata sólo de un estado personal de relajación. La humildad es, según la psicóloga de la Universidad de Toronto Jennifer Stellar, «una virtud vital en la base de la moralidad y una clave para vivir en grupos sociales». Muchas tradiciones de sabiduría enseñan, de un modo u otro, que la humildad es una de las virtudes espirituales más elevadas. Hay una bondad inherente en dejar de lado las presiones para competir y rendir.

El silencio es la renovación.

En la época en que escribíamos nuestro artículo de la *Harvard Business Review*, Renata, amiga de Justin, dijo: «El silencio puede restablecer el sistema nervioso». Ella no sabía entonces que estábamos escribiendo sobre este tema. No conocía nuestra intuición. Las palabras de Renata nos recuerdan a los primeros Padres y Madres del Desierto cristianos, que llevaron a Roma por Egipto a llevar una vida austera de meditación y oración. Centraban su práctica en la búsqueda de un estado de «descanso» que llamaban *quies*. Está relacionado etológicamente con la palabra «quiescencia». Pero no tenía mucho que ver con el tipo de concesión de control que la palabra «quiescencia» implica a veces hoy en día. Era más bien, según el teólogo y activista social Thomas Merton, algo «sublime». Su descanso era «la cordura y el aplomo de un ser que ya no tiene que mirarse a sí mismo porque se deja llevar por la perfección de la libertad que hay en él», escribe. El descanso, para estos contemplativos, era «una especie de simple actualidad y despreocupación que había perdido toda preocupación por un "yo" falso o limitado». Al trascender el ruido auditivo, informativo e interno, podemos restablecer nuestro cansado condicionamiento. Podemos renovar nuestra percepción del mundo. *El silencio es claridad.* Cyrus Habib nos describe una capacidad para discernir «lo que está verdaderamente en el corazón». Habla del silencio como la capacidad de «no decir lo primero que se te pasa por la cabeza, aunque sea durante treinta segundos». Es como la enseñanza, a menudo atribuida al psicólogo y superviviente del Holocausto, Viktor Frankl, que reza: «Entre el estímulo y la respuesta hay un espacio. En ese espacio está nuestro poder de elegir nuestra respuesta. En nuestra respuesta está nuestro crecimiento y nuestra libertad». Aunque vivimos en una cultura que tiende a enfatizar la «claridad de pensamiento» y la «claridad de la lógica», la claridad más verdadera trasciende los planes y los argumentos y las estrategias. Vive en el «espacio», el luminoso entremedio. Esta claridad más allá de lo mental nos permite conocernos a nosotros mismos. No es la base de un retiro solitario del mundo, sino un punto de apoyo firme desde el que cambiar las cosas hacia lo que es correcto. El místico Kabir dice:

Guarda silencio en tu mente, en tus sentidos y también en tu cuerpo. Entonces, cuando todo esto esté en silencio, no hagas nada. En ese estado, la verdad se te revelará. Aparecerá frente a ti y te preguntará: «¿Qué quieres?».

Imagina, por un momento, que una masa crítica de la humanidad pudiera sintonizar con este tipo de intención auténtica. Imagina que —más allá de las distracciones, el entretenimiento y los juegos de lucro y poder— pudiéramos sintonizar con aquello que nos aporta el mayor grado de bienestar. Imagina que todos pudiéramos tener esa claridad.

El silencio es la expansión. Es el despliegue del espacio atencional. A medida que nos adentramos en él, encontramos cada vez más espacio para sentir de verdad. Cuando llegamos al silencio profundo, los límites del lenguaje se desvanecen. No importa que sepamos qué es qué o quién es quién, sino simplemente *qué es.* En el silencio más profundo de todos, encontramos la libertad interior para trascender las restricciones del yo separado.

El silencio es la esencia de la vida misma. Cuando no hay nada que reclame nuestra conciencia, podemos encontrar el lienzo de la creación. En la atención más pura, podemos sintonizar con la vibración fundamental; podemos encontrar la esencia de todo. Si el sonido y el estímulo de la palabra y el pensamiento señalan lo que hay que hacer, la conciencia prístina señala lo contrario. Es donde no hay que hacer nada. Cuando nos adentramos en el parloteo —interior y exterior— accedemos a esta presencia despierta. Esto es la plenitud.

LA PERFECCIÓN EN EL BARRO

En la tradición budista, hay un símbolo comúnmente utilizado de un loto, una flor baja en tonos de blanco y rosa y azul. Sus pétalos se abren uno a uno mientras se posa exquisitamente en la superficie vidriosa del estanque. Sin embargo, el loto crece en las masas de agua más fangosas y pantanosas. Sus raíces están plantadas en el fango. En el fango se nutre.

Cuando describimos la presencia del silencio como «plenitud», no queremos decir que sea una especie de separación sanitaria del mundo del ruido. Al igual que el loto, este silencio que desciende puede emerger del fango.

Cuando empezamos a preguntar a la gente por el silencio más profundo que habían conocido, pensamos que obtendríamos respuestas como las que Jeff, el ejecutivo de una fábrica conservadora, le contó a Justin en las primeras páginas: mañanas brumosas y retiros juveniles remotos. Aunque apreciamos este tipo de espacios de tranquilidad auditiva e informativa, nos hemos dado cuenta de que la mayoría de la gente describe su silencio más profundo a través de situaciones que ni siquiera son ostensiblemente tranquilas. Hemos oído hablar del silencio que surge con el final repentino de un conflicto feroz o la pérdida de un ser querido o la armonía sensorial de encestar un balón de baloncesto o la sensación a las 4 de la mañana de una fiesta de baile que dura toda la noche. Los silencios más profundos que la gente describe suelen estar relacionados con la profundidad de los sentimientos, una especie de migración desde la copa del árbol de la mente pensante hasta el tronco y las raíces del corazón y el cuerpo sensibles. A menudo, el silencio más profundo surge espontáneamente en momentos de duda o distracción.

Este ha sido ciertamente el caso en nuestra propia experiencia.

* * *

Leigh se encontró con uno de sus silencios más profundos en la oficina del Dr. Tenenbaum. El ruido de su mente la había llevado allí. Se podría decir que los interiores ruidosos eran la especialidad psiquiátrica del Dr. Tenenbaum.

Leigh llevaba veinticinco días sin dormir. Tras el difícil nacimiento de su hija, la mente de Leigh se llenó de voces, cada una compitiendo por el micrófono y el protagonismo. He aquí una breve presentación del tenor de algunas de ellas.

Estaba la voz del «esfuerzo» —la llamaremos «hermana del esfuerzo»— convencida de que con la estrategia adecuada podría superar todo esto de la maternidad. Podía volver al trabajo sin problemas, dominar el arte de criar a un recién nacido, escribir notas a mano, mantener la lechada en su cocina impecable, acoger el desfile de personas deseosas de conocer al bebé, perder peso, mantener a su marido seducido, y —como ser espiritualmente evolucionado— haría todo esto mientras saboreaba el néctar de cada momento. Lo haría, podría y *debería*. Pero la «hermana esforzada» no era la única voz en la ciudad; se le unió un verdadero coro griego de voces delirantes.

Estaba la «genio beligerante», que se apresuraba a rechazar a cualquiera que no pudiera seguir su ritmo intelectual y su ingenio. Fue la que denunció a un paramédico desde la parte trasera de la ambulancia por la burda caracterización errónea de su estado como depresión posparto: «No estoy deprimida, imbécil. Estoy *eufórica*». Fue una iluminación en una licuadora. También estaba la «poetisa trágica», que podía prever todas las espeluznantes catástrofes que podían ocurrirle a un recién nacido. Comprendía intrínsecamente que esta vida sólo podía acabar en tragedia, así que, naturalmente, vigilaba obsesivamente a su bebé dormido. Estaba la «cazadora de paradojas», que tenía el don de encontrar los nudos gordianos de las conversaciones cotidianas; la «científica loca», que comparaba la locura con una sala de escape de la que había que *pensar para* salir, y su leal ayudante, que grababa minuciosamente cada observación y revelación —y había miles— en una cinta.

Y, aunque no es una lista exhaustiva, nos detendremos aquí con una última voz, la más preocupante de todas: la voz de la «paranoia desenfrenada». Afortunadamente, esta voz sólo se hizo oír en unas pocas ocasiones, ya que en una fracción de segundo podía corroer toda la confianza y la razón. En su presencia, Leigh cuestionaba los motivos de amistades que abarcaban décadas y el propio terreno en el que se encontraba. Era despiadada sin medida.

Habiendo escuchado mucho del coro, el Dr. T. planteó esta pregunta: «¿Ha perdido alguna vez su testigo?»

Y cuando hizo esta pregunta, por primera vez en semanas, el tiempo *se detuvo y todo quedó en silencio*. Fue como lo que aquellas Madres y Padres del Desierto llamaban *quies, ese* súbito lugar de descanso luminoso: «La cordura y el aplomo… el simple ahora y la despreocupación». Leigh recuerda que las voces se separaban como nubes para revelar una vasta extensión de conciencia prístina.

Entonces llegó una respuesta clara. «Sí, pero sólo una vez».

En ese breve intercambio con el Dr. T., Leigh se encontró con un silencio a la vez desconcertante y familiar. Esta presencia la había estado sosteniendo todo el tiempo. Para Leigh, esa revelación significaba que estaría bien. De hecho, todo iría bien: no la internarían, recuperaría la cordura, sería una buena madre para su hija, su matrimonio perduraría y su ser sería, de alguna manera, mejor por ello. Ocho meses después, cuando se le retiraron los últimos miligramos de antipsicóticos y tranquilizantes, fue como si Leigh saliera de estar bajo el agua. El silencio fue su compañero en su viaje más oscuro.

* * *

Uno de los silencios más profundos de Justin se produjo en un momento en el que él y sus seres más queridos estaban siendo bombardeados por el ruido.

Justin y su esposa, Meredy, acababan de tener a sus bebés gemelos a finales de febrero de 2020. Los bebés se adelantaron. Afortunadamente, vinieron sanos. Aun así, los protocolos médicos exigían que pasaran unas semanas en el hospital en la unidad de cuidados intensivos para recién nacidos (UCIN) y luego en una sala de cuidados intermedios. Fue justo antes de que los primeros casos de COVID llegaran a Nuevo México, donde viven, y estaban ansiosos por salir del hospital con los recién nacidos y volver a casa antes de que empezaran los cierres. Como estaban separados de su hijo de tres años, que se quedó en casa con los abuelos a una hora de distancia, Justin y Meredy también estaban ansiosos porque se sentían padres negligentes. Fue un momento de mucho ruido interno.

Pero, sobre todo, el ruido era externo, en el sentido auditivo. Para Justin, que ya estaba empapado de la literatura sobre los impactos de la contaminación acústica en los seres humanos y, en particular, en los bebés, el implacable paisaje sonoro de la UCIN era una fuente de estrés casi surrealista.

Los pulsos de los monitores de oxígeno son un zumbido.

Los timbres de las alarmas de frecuencia cardíaca y respiratoria.

Los *jingles* digitales, que recuerdan a los juegos de *arcade* de la década de 1980, que sonaban con la conclusión de los calentamientos de biberón y las conexiones automáticas.

Cada uno de los bebés del centro llevaba pequeñas pulseras en el tobillo para alertar al personal si alguna vez se sacaban de la unidad sin autorización. Al parecer, una de las pulseras se perdió en la lavandería, por lo que cada media hora aproximadamente (sobre todo por la noche), el sistema de seguridad se activaba con una alarma estruendosa que parecía una combinación de una sirena antiaérea británica de la época de la Segunda Guerra Mundial y un globo de feria chirriante de gran tamaño, que sobrepasaba los sonidos de todos los demás instrumentos que pitaban. Las enfermeras no sabían cómo apagarla.

Aunque Justin no quería parecer que estaba diciendo a nadie cómo hacer su trabajo, de vez en cuando ofrecía amablemente a una enfermera o a un médico una idea para reducir el ruido gratuito. Sin falta, el miembro del personal le señalaba un dispositivo de monitorización de aspecto extraño que colgaba de la pared. Era el contorno de una oreja humana. Cuando el lóbulo exterior se iluminaba en verde, los niveles de ruido eran supuestamente seguros. Las líneas amarillas en el centro eran una advertencia. Y las luces rojas en el centro de la oreja se iluminaban para señalar niveles de decibelios peligrosos. Era una indicación positiva de que el sistema médico reconocía la importancia de controlar el ruido. Sin embargo, Justin y Meredy se dieron cuenta de que la mayoría de los monitores, incluso en medio del ruido más abrasador imaginable, nunca cambiaban de color. Parecían estar rotos o manipulados.

El ruido de esas tres semanas fue abrumador. Pero también hubo un silencio inesperadamente profundo.

Una tarde, Meredy terminó de dar el pecho y salió brevemente a la calle. Justin tenía a su niña en brazos y su hijo empezó a moverse. Por primera vez, la enfermera ofreció a Justin la oportunidad de sostener a ambos bebés simultáneamente. Movió la silla entre las cunas de ambos y le ayudó a ponerse en «posición de doble sujeción». Se desabrochó y se quitó la camisa, y luego sostuvo a los dos bebés sobre su pecho, piel con piel.

Después de unos momentos acogedores, Justin empezó a sentir que su respiración se sincronizaba con la de ellos. Luego empezó a sentir como si los tres ritmos cardíacos se sincronizaran también de alguna manera.

Los pitidos y zumbidos seguían produciéndose por todas partes, y la preocupación por el COVID y por llegar a casa con el gran y todas las demás contingencias, seguían ahí. Pero, en el pulso de los latidos sincronizados, en la subida y bajada suavemente armonizada de los tres pechos conectados, ninguno de los pitidos o zumbidos o preocupaciones tenía ninguna potencia. Era como si nada de eso pudiera penetrar. Su mente se tranquilizó. De repente, todo se sintió completo.

Ninguno de nosotros podría haber diseñado estas experiencias de silencio. Ninguna de estas situaciones podría medirse cuantitativamente como silencio según ningún tipo de análisis objetivo. Y sin embargo, entre tanto sonido y estímulo, había silencio. En medio de la mugre, había una perfección que descendía.

NADA

Si «todo en la vida es vibración», ¿puede haber algo silencioso?

¿Existe el silencio? Nosotros decimos que *sí, que existe.*

Pero no necesariamente en el sentido en el que a veces estamos entrenados para pensar en ello.

En algunas lenguas romances, como el español y el portugués, la palabra para «nada» es *nada.* Curiosamente, en sánscrito, una de las lenguas raíz del otro lado de la familia lingüística indoeuropea, la palabra *nada* significa «sonido». El Nada yoga es la disciplina espiritual de meditar en el sonido interior, el «sonido no golpeado», a veces llamado «sonido del silencio».

Cuando entramos en el silencio más profundo, no estamos apagando la vibración que es la esencia de la vida. Estamos dejando de lado la distracción, el ego y la inquietud para poder sintonizar mejor con ella. La «nada» de la que hablamos es esto: *Nada de ruido. Sin interferencias. Un encuentro directo con la esencia de lo que es.*

Este significado del silencio no es estático. El maestro budista Thích Nhất Hạnh lo llama «el sonido que trasciende todos los sonidos del mundo». El psicólogo profundo Robert Sardello describe el silencio como «la madre de posibilidad», una totalidad viva que contiene *corrientes* que «pulsan» y «zumban» con ritmo. «El silencio», dice Rumi, «es el lenguaje de Dios».

Este no es un libro sobre el silencio para personas que viven en monasterios.

No estamos tan interesados en cómo abandonar o extinguir las vibraciones de la realidad.

Lo que nos interesa es la cuestión de cómo encontrar el silencio en un mundo que —afortunadamente— pulsa y vibra, y canta y baila.

4

LAS DIMENSIONES MORALES DEL SILENCIO

Ante una multitud de decenas de miles de personas en el National Mall de Washington D.C —mientras decenas de millones más lo veían por televisión en directo—, la poetisa Amanda Gorman, que entonces tenía veintidós años, resumió una lección sencilla y desafiante al término de la investidura presidencial de 2021 en Estados Unidos:

«Hemos aprendido», dijo, «que la tranquilidad no siempre es paz». Tiene razón.

Cuando Leigh tenía poco más de veinte años, trabajaba en un centro de acogida para mujeres maltratadas, atendiendo una línea telefónica que daba servicio al noreste de Georgia. Un día supo de una mujer que había sido «pedida por correo» desde China, como decía la mujer en su nueva lengua inglesa. El responsable la mantenía como rehén en su complejo familiar durante *ocho años*. La había mantenido en un aislamiento casi total. Las pocas personas con las que habían entrado en contacto no se habían molestado en hacer preguntas. Con una perseverancia inimaginable, la mujer aprendió por sí misma el inglés a través de los subtítulos de la televisión. Esperaba el día en que su agresor se olvidara de desenchufar el teléfono fijo y se lo llevara al trabajo. Cuando finalmente llegó ese día, Leigh estaba al otro lado de la línea. Leigh recuerda la firmeza de la voz de la mujer mientras describía una situación imposiblemente compleja. «No hay policía», dijo. «Su mejor amigo, jefe de policía». Tendrían que encontrar otra manera. Gracias a la valentía y el criterio de la mujer, lo hicieron. No hay duda de que una especie de silencio permitió su desmesurado encarcelamiento. Su silencio era la antítesis de la paz. «Rompe el silencio» sigue siendo, hoy en día, un grito de guerra del movimiento de mujeres maltratadas.

Durante al menos medio siglo, la noción de silencio como complacencia, complicidad o incluso violencia ha sido una corriente cultural destacada.

En 1977, la legendaria Audre Lorde —autodenominada negra, lesbiana, madre, guerrera y poeta— se preguntaba: «¿Cuáles son las tiranías que te tragas día a día e intentas hacer tuyas, hasta que enfermes y mueras de ellas, todavía en silencio?». En el mismo ensayo, describía su agobiante espera de tres semanas entre el diagnóstico y la operación de cáncer de mama. En ese espacio de incertidumbre, reflexionó sobre su vida y dijo: «Lo que más lamenté fueron mis silencios». Advirtió: «Mis silencios no me habían protegido. Tu silencio no te protegerá».

Si paseamos por la ciudad de Nueva York una década después de que Lorde lo escribiera, a finales de los años 80, encontraremos su opinión materializada en una de las campañas más importantes y eficaces de la historia moderna. Verías el icónico póster «Silencio = Muerte» pegado por todas partes, con sus crudas letras blancas sobre un fondo negro bajo un triángulo rosa. Fue la imagen que impulsó el movimiento contra el sida. Los activistas trabajaron incansablemente para que el mundo se diera cuenta del alcance y la escala de la epidemia que acabaría matando a treinta y tres millones de personas en todo el mundo. El silencio, en este contexto, era la abreviatura de fracaso *o de rechazo* a pasar a la acción.

También podemos encontrar este sentimiento en los orígenes del movimiento medioambiental. El título de la obra de Rachel Carson *Primavera silenciosa*, que cambió el mundo, es una referencia al paisaje desesperado de un poema de John Keats, una especie de silencio apocalíptico, donde «la juncia se marchita del lago, / Y ningún pájaro canta».

Carson era muy consciente de cómo los especuladores de la industria química intentarían desacreditarla y acallar su voz. Escribió a un ser querido sobre la exigencia moral de su vida: «Sabiendo lo que hago, no habría paz en el futuro para mí si guardara silencio».

Hoy en día, la noción de silencio como opresión es más relevante que nunca. El artículo de opinión de la actriz Lupita Nyong'o en *The New York Times* de 2017 describe cómo Harvey Weinstein intentó agredirla, acosarla y manipularla. Escribió sobre la «conspiración de silencio» que permitió al «depredador merodear durante tantos años».

Este tipo de «silencio» —la *negativa a hablar y actuar ante la injusticia*— es real. Y nos oponemos a él hasta la médula de nuestro ser.

Sin embargo, hemos llegado a comprender que el «silencio» de la complacencia de labios cerrados no es silencio en el sentido más verdadero. ¿Por qué? Porque la negativa a percibir y abordar los abusos es el polo opuesto a la percepción y la intención claras. Cuando nuestros ojos y corazones están abiertos —cuando tenemos el espacio en nuestra conciencia para prestar atención— no podemos conformarnos ignorantemente con mirar hacia otro lado. El silencio de la apatía es una función del miedo. Es una distorsión de la percepción y la intención que nace del aferramiento ansioso al interés propio más estrecho. Creemos que este tipo de silencio es tanto una causa como una consecuencia del ruido en nuestra conciencia.

Considera cómo un mundo ruidoso permite la injusticia. Si estamos atrapados pensando en los *likes* de Instagram, las estrellas de la telerrealidad y la búsqueda de beneficios poco productivos desde el punto de vista social, ¿cómo podemos comprender en profundidad las desigualdades y concentrarnos en abordarlas? Si estamos obsesionados con nuestro propio parloteo interior, ¿cómo podemos mantener el espacio interior necesario para la empatía, para experimentar el dolor, la alegría y la inspiración que hay fuera de nuestra propia piel?

Empezamos a escribir este libro porque nos sentimos abatidos sobre el estado del mundo. La intuición que tuvimos fue que los problemas más intratables de la época actual tienen su raíz, al menos en parte, en el problema del ruido. Para identificar y promulgar soluciones más eficaces y duraderas, necesitamos la humildad de escuchar, la capacidad de renovar continuamente nuestra energía y la claridad de poder discernir, a nivel personal y colectivo, la señal de lo que es verdadero y de lo que realmente queremos.

Aunque la complacencia ante la injusticia es un auténtico mal en nuestro mundo, es más preciso llamarlo ruido que silencio. El verdadero silencio —el que permite la presencia, el discernimiento y la comprensión simpática de la naturaleza y la humanidad— es un antídoto contra la ruidosa distorsión que impulsa el egocentrismo y la apatía. Es un recurso para descubrir nuestros prejuicios ocultos, comprender otras perspectivas y abordar con más habilidad lo que está mal.

El silencio, en sí mismo, puede ser una fuerza para la justicia.

En abril de 1968, Martin Luther King Jr. tenía previsto reunirse con Thích Nhất Hạnh y Thomas Merton para realizar un retiro conjunto: unos días de oración religiosa, contemplación silenciosa y conversación centrada en el fin de la guerra de Vietnam y la construcción de una sociedad justa. El Dr. King tomó la decisión de última hora de posponer su participación para poder ir a Memphis a solidarizarse con los trabajadores sanitarios en huelga. La decisión de ir a Memphis fue, por supuesto, fatídica. En ese viaje fue asesinado.

Cuando Merton llegó al monasterio para el retiro, el *New York Times* se puso en contacto con él para que escribiera un comentario sobre el asesinato. Se negó. Entró en un período de profundo silencio. En su carta de condolencias a la recién enviudada Coretta Scott King, escribió: «Algunos acontecimientos son demasiado grandes y terribles para hablar de ellos». La reverenda Dra. Barbara Holmes contrasta el silencio de Merton, entonces de alto perfil, con la dinámica vacía y exasperante de las figuras públicas que ofrecen «pensamientos y oraciones» tras los tiroteos en las escuelas hoy en día. «La única opción responsable es guardar silencio», dice Holmes, refiriéndose a Merton. «No puedo decir nada ante este mal».

Aunque Merton fue un prolífico intelectual público y una destacada voz contra el racismo, el militarismo y la avaricia, consideraba que el silencio inmersivo de la vida contemplativa formaba parte de la lucha por la justicia. Como escribió en el momento álgido del movimiento por los derechos civiles y Vietnam, «hago del silencio monástico una protesta contra las mentiras de los políticos, los propagandistas y los agitadores, y cuando hablo es para negar que mi fe y mi iglesia puedan alinearse con estas fuerzas de injusticia y destrucción».

Gandhi tenía una visión similar de las dimensiones morales del silencio. En un artículo publicado recientemente en *The Hindu*, uno de los periódicos más importantes de la India, Rajeev Kadambi, politólogo de la O. P. Jindal Global University, analiza la cuestión de por qué Gandhi no condenó inmediatamente a Estados Unidos por el uso de la bomba atómica en las ciudades japonesas de Hiroshima y Nagasaki en 1945. ¿Podría haber sido, se pregunta Kadambi, «un silencio táctico que esperó a que los acontecimientos se desarrollaran»? Por insondable que parezca, dice Kadambi, la negativa de Gandhi a ofrecer una respuesta verbal, en su momento, alimentó los rumores de que el «apóstol mundial de la no violencia y crítico del imperialismo occidental» respaldaba de algún modo el uso de la bomba atómica. Gandhi rompió su silencio para decir sólo esto: «Cuanto más lo pienso, más siento que no debo hablar sobre la bomba atómica. *Debo actuar si puedo*».

Gandhi fue un maestro de lo que Kadambi llama «la cualidad mágica de la acción no hablada». Kadambi sugiere que el silencio de Gandhi —enraizado en el principio yóguico de *ahimsa*, la no violencia en la intención, el pensamiento y la acción— fue un acto para «romper con la circulación de la violencia y la contraviolencia».

Cada lunes, Gandhi observaba un «día de silencio». Además de la meditación y la contemplación, continuaba con su correspondencia a distancia, recibía visitas de forma selectiva y escuchaba atentamente en las reuniones y asistía a las cumbres importantes sin hablar. Mantuvo su «día de silencio» semanal incluso en los momentos de intensidad y agitación de su trabajo de varias décadas para desmantelar la ocupación del Imperio Británico en la India. Cuando otros, incluso amigos cercanos, le suplicaron que hiciera una excepción y hablara, se negó. Su «día de silencio» semanal era un centro de toda su obra. «A menudo se me ha ocurrido», escribió, «que un buscador de la verdad tiene que estar en silencio».

Cuando llegaban los martes y Gandhi volvía a hablar, pronunciaba discursos especialmente pausados y elocuentes, sin notas, en una especie de arrebato. Llevaba su conciencia silenciosa a los escenarios políticos hinchados y ventosos. En su autobiografía, Gandhi escribió: «Un hombre de pocas palabras rara vez será irreflexivo en su discurso; medirá cada palabra». Gandhi lamentaba el carácter de la mayoría de las reuniones a las que asistía, con «gente impaciente por hablar» y el presidente «atosigado con notas para pedir permiso para hablar». Observó que «cuando se da el permiso, el orador suele sobrepasar el límite de tiempo, pide más tiempo y sigue hablando sin permiso. No se puede decir que toda esta charla sea beneficiosa para el mundo. Es una gran pérdida de tiempo».

En una ocasión, tras un periodo de quince días de silencio, pocos meses antes de su asesinato, ofreció una reflexión:

Uno no puede evitar la sensación de que casi la mitad de la miseria del mundo desaparecería si nosotros, mortales preocupados, conociéramos la virtud del silencio. Antes de que la civilización moderna llegara a nosotros, se nos concedían al menos de seis a ocho horas de silencio de las veinticuatro. La civilización moderna nos ha enseñado a convertir la noche en día y el dorado silencio en descarado estruendo y ruido. Qué gran cosa sería si en nuestras ocupadas vidas pudiéramos retirarnos a nosotros mismos cada día por lo menos un par de horas y preparar nuestras mentes para escuchar la Voz del Gran Silencio. La Radio Divina siempre está cantando si tan sólo pudiéramos prepararnos para escucharla, pero es imposible escuchar sin silencio.

En el ruido y la furia de la política actual, hemos pensado en el ejemplo de Gandhi como fuerza silenciosa de transformación social. Él también vivía en una cultura de punto y contrapunto, y empleó el silencio como una forma de romper con los binarios aparentemente imposibles y ayudar a resolver los ciclos de conflicto y violencia absoluta. Gandhi sintonizaba con «el silencio dorado» no como un medio para retirarse de la lucha, sino como un medio para transformarla. Veía su vida política como una extensión de su trabajo espiritual como «buscador de la verdad» y, en consecuencia, el silencio era para él una fuente de claridad tanto práctica como espiritual.

El poder del silencio socialmente comprometido de Merton y Gandhi puede encontrarse en nuestro mundo actual. De hecho, a menudo se puede encontrar en lugares inexplorados.

En el verano de 2020, Sheena Malhotra —autora y profesora de estudios de género y de la mujer en la Universidad Estatal de California— estuvo en una manifestación de Black Lives Matter en el norte de Los Ángeles tras el asesinato de George Floyd. La manifestación se produjo justo después de los primeros meses de encierro en la pandemia del COVID-19 y a las pocas semanas de uno de los mayores movimientos de protesta de la historia de Estados Unidos. «Cuando los acontecimientos evocan tanta ira, cuando las cosas están en su punto de ebullición, es difícil pasar de ahí al silencio», dice, describiendo la forma en que se desarrolló la manifestación. «Pero lo hicimos: pasamos de gritar consignas a arrodillarnos, en silencio». Los cientos de personas reunidas se detuvieron y se arrodillaron durante nueve minutos, observando los nueve minutos que Derek Chauvin mantuvo su rodilla en el cuello de George Floyd antes de su muerte.

Sheena cuenta cómo se desarrolló el silencio: «Te sentías abatido. Sentías la fisicalidad de ello. Sentías lo largos que eran esos nueve minutos en tu cuerpo. En algún momento, mientras sigues arrodillada, te sorprende lo interminable que es esto, como si pasaran vidas, y esto no se acaba. Pero entonces», recuerda, «empiezas a mirar a tu alrededor, y hay una multitud a tu alrededor. Hay gente de todos los colores. Te das cuenta de que hay jóvenes negros con sus madres. ¿Cómo se debe sentir esto? ¿Cómo de existencial es esta amenaza para su ser? Se hunde».

En el crisol del silencio —compartido por cientos de personas— Sheena sacó a la luz capa tras capa de pensamientos y sentimientos latentes. «Pasé por toda esta gama de emociones. Tristeza. Ira». Y luego, reitera, «la ira se transformó en compasión por la gente que me rodeaba. Pasé a un espacio de euforia, como "Estamos todos aquí. Estamos todos aquí para estar juntos. Y es significativo estar aquí juntos"». Entonces, en ese espacio, yo recuerdo haber mirado a los policías que se encontraban en el perímetro y pensar: «¿Qué están sintiendo?».

«El silencio es como un océano», nos dice Sheena. «Puede cambiar de forma. El silencio te da el espacio para un cambio de forma de las emociones. Te da el espacio para absorber la energía de la gente que te rodea». Al volver a reflexionar sobre aquel día de verano en Los Ángeles, recuerda una especie de transformación positiva del colectivo: «Podías sentir este cambio en la energía de toda la multitud. Es el silencio el que permite el espacio para que eso ocurra».

Sheena, junto con su colega la profesora Aimee Carrillo Rowe, editó una antología titulada *Silence, Feminism, Power: Reflections at the Edges of Sound*, que dedicaron a la difunta Audre Lorde. Aunque rinden homenaje a los defensores y académicos que han denunciado la censura y la opresión durante décadas, también hacen referencia a la importancia de liberarse de una «postura puramente opositora», de considerar «el silencio como una fuerza de opresión no examinada que debe ser desechada». Subrayan que «el silencio nos permite el espacio para respirar. Nos permite la libertad de no tener que existir constantemente en reacción a lo que se dice».

El volumen contiene un ensayo de Sheena en el que se refiere a su propia lucha contra el cáncer de ovario. Describe cómo su tratamiento le abrió una serie de perspectivas sobre el lugar que ocupa la falta de palabra en la labor de la justicia. «Al igual que el fuego significa la transformación de la forma de la materia en aire, el silencio también», escribe, «abre el espacio para imaginar lo inimaginable, nos permite un lugar para la reflexión, la rearticulación y la desarticulación para que podamos entrar en otra forma de comunicación que está más allá del lenguaje».

SANTUARIOS

Trabajar en el Capitolio es una clase magistral en el arte de discernir la señal del ruido.

Durante los años en que Justin fue director legislativo de tres miembros del Congreso, se esforzó por aprender a sortear el ruido siempre presente de los teléfonos que suenan, los chismes de fondo, las alarmas que señalan las votaciones sobre la legislación, las alertas para atender las bandejas de entrada de los correos electrónicos absurdamente llenas, y los grupos de presión que reparten invitaciones a recepciones en clubes nocturnos borrachos y bulliciosos. Pero, con el tiempo, Justin descubrió que algunas de las voces más ruidosas y molestas que había encontrado no podían clasificarse como ruido. En cambio, eran señales. A menudo hablaba con defensores de los derechos humanos que mostraban una gran indignación por la contaminación de los ríos y la situación de los refugiados que huían de Alepo. Estas voces no eran distracciones no deseadas; eran señales de necesidad. Había que escucharlas.

Para Justin, hacer caso omiso de este tipo de señales habría sido una abdicación de la responsabilidad. Por supuesto, lo que describe no es sólo un hecho del servicio federal. Es la realidad de los terapeutas, los bomberos, los profesores, el personal médico y otras innumerables profesiones orientadas al servicio. Es la realidad de todos los que tenemos hijos o cuidamos de padres y seres queridos mayores. No podemos ignorar las señales del tiempo. Entonces, ¿cómo podemos mantener la claridad y la energía en medio de tanta agitación y urgencia?

El filósofo radical Slavoj Žižek criticó en una ocasión el mindfulness al afirmar que permite a las personas alejarse de su estrés sin abordar las causas subyacentes del mismo. Te permite estar *en el mundo pero no ser parte de él*, explicó. Apreciamos su punto de vista. No podemos dejar que el impulso de la serenidad interior obstruya nuestros deberes exteriores.

¿Cuál es entonces la alternativa?

Creemos que es posible tejer el silencio en una vida plenamente comprometida. Si queremos vivir en la realidad actual —y si queremos cultivar la fuerza y la concentración necesarias para mejorar la realidad actual—, necesitamos espacios de descanso inmersivo, espacios de mínimo sonido y estímulo, espacios en los que simplemente no tengamos que decir nada. Hemos llegado a creer que el silencio es esencial para la renovación. Es un requisito para hacer lo correcto de forma sostenible. En los próximos capítulos, ofreceremos decenas de recomendaciones para encontrar auditiva, informativa y de tranquilidad interna, al tiempo que cumplimos con las obligaciones de la vida. Pero hay algo que hemos aprendido y que compartiremos ahora mismo: Mira *a los profesionales*. Recurre a aquellos que han navegado con éxito por estas cuestiones a través de circunstancias tensas durante períodos de tiempo considerables.

Cherri Allison es una de esas personas. Lleva más de cinco décadas buscando el justo equilibrio entre la palabra y el silencio y entre la responsabilidad y la renovación.

«Para mí, como mujer afroamericana que creció en estos Estados Unidos, la presión constante era *estar* callada», nos cuenta Cherri en una entrevista reciente. Hizo todo lo posible para no sucumbir a la presión. «Podían despedirme, podían descontarme el sueldo. Pero no podían quitarme mi verdad», dice con seriedad. Sin embargo, Cherri reconoció pronto que el silencio tenía algo que ofrecerle, el tipo de silencio que se produce por su propia voluntad. «No me di cuenta de la *fuerza que* requería estar en ese lugar de silencio», nos dice. «Encontrar ese silencio me permitió no tener que dar una paliza a nadie, ni maldecir a nadie, ni que me despidieran del trabajo, para que no pudiera seguir haciendo el trabajo». El trabajo que quería continuar —para el que estaba destinada— era el de la justicia para las víctimas de la violencia. Es un trabajo por el que Cherri, que ya ha cumplido los setenta años, ha recibido recientemente un premio a la trayectoria profesional.

Cherri es la antigua directora ejecutiva de uno de los mayores centros de justicia familiar del país. El centro, con sede en Oakland (California), ofrece un refugio seguro contra la violencia doméstica, las agresiones sexuales, el maltrato infantil, el abuso de ancianos y el tráfico de personas. Es un espacio vibrante, normalmente perfumado con lavanda y lleno de animadas conversaciones, risas y música, así como cajas de pañuelos para las lágrimas que acompañan al trabajo. Cherri siempre ha acogido con agrado toda la gama de expresiones que se dan aquí, especialmente las que salen del corazón. «Hay que ser muy valiente para ir allí», nos dice. «Hablo de sentarse, sentir y *escuchar* a tu corazón. Y si lo haces, esos son los momentos en los que se te saltan las lágrimas de verdad».

Cherri quiere seguir conectada a esas lágrimas reales, aunque no siempre veía cómo podía hacer eso *y* desempeñar su trabajo. Solía «sobrellevar» su jornada laboral como le habían enseñado en la facultad de Derecho, un *modus operandi* típico también en el trabajo en crisis. Pero descubrió que el esfuerzo de ese enfoque —mantener esa distancia con el «profundo dolor» de su corazón— era insostenible:

> Miras a una víctima a la cara y sientes su espíritu dañado y su desesperanza, y entonces se va, y la siguiente está ahí mismo… No hay pausa para dejar que su historia se hunda… ¡Es sólo Bam! ¡Bam! ¡Bam! ¡Bam! Todo el día.

Su personal podría haber recurrido a la misma estrategia de «ejercer el poder», pero Cherri estaba decidida a que no cometieran los mismos errores que ella. Cherri dice que sentarse en silencio y escuchar con el corazón les permite a ella y a su personal entrar en *relación directa* con las personas a las que deben ayudar, para que no olviden que su papel es de *servicio*, no de salvador. Aconseja a su personal que «guarde silencio y escuche y sea testigo de *su ser*». Recuerda a su equipo que debe explicarles todas las opciones que tienen a su disposición y «sentarse y ver cómo se mantienen en su poder». Recuerda haber llegado a esta conclusión: «Cuando por fin me detuve y hablé con una víctima *como si fuera una persona*, en lugar de decir: "Oh, *soy la abogada*". ¡Dios mío! Se me revelaron tantas cosas». Continúa: «Tenían tantos conocimientos, información y experiencia que aportar. Me convirtió en un proveedor de servicios *mucho* mejor».

Cuando Cherri tomó las riendas del Centro de Justicia Familiar en 2011, se embarcó en un experimento. Antes de que ella y su personal directivo iniciaran su reunión diaria, les pidió que se sentaran en silencio para reflexionar juntos. A veces, empezaban la reunión con un poema o una cita inspiradora. Alguien podía hacer una pregunta conmovedora. O simplemente se sentaban y respiraban juntos. Ella sugería que se turnaran. Hacían espacio para el silencio. Dejaban espacio para su humanidad. Estas prácticas estaban muy lejos de la cultura operativa de la época. Pero Cherri decidió, a pesar de sentirse vulnerable como nueva directora, correr ese riesgo. «Realmente he empezado a abrazar el papel de anciana», dice. «Y lo que he descubierto es que conlleva mucho silencio».

Reflexionando sobre la importancia del silencio, Cherri dice: «No me importa en *qué* campo estés. El silencio es una herramienta poderosa». La práctica diaria que instituyó profundizó su cohesión como equipo. Fomentó una cultura de autocuidado. Les ayudó a recordar que debían escuchar con el corazón. El equipo continuó con esta práctica durante todo el mandato de Cherri, e, incluso después de su jubilación, siguen haciéndolo en la actualidad.

* * *

Incluso en las esferas más ruidosas de la vida, incluso en medio del barullo más constante de sonidos y estímulos, los caminos hacia el silencio son a menudo sorprendentemente sencillos.

Cuando Tim Ryan se presentó por primera vez a las elecciones al Senado del Estado de Ohio, el sacerdote de su iglesia católica le ofreció un juego de llaves del santuario. Aunque Tim agradeció el gesto, no fue hasta que las elecciones se pusieron feas que llegó a apreciar realmente el valor y la previsión de este regalo. Los jefes del partido local decidieron que era demasiado joven para dar el salto a la cámara alta de la legislatura. Cuando los anuncios de ataque, las habladurías y los obstáculos de la campaña empezaron a acumularse, aprovechó el espacio tranquilo del santuario como refugio diario para reponer energías y mantener la motivación. Lo necesitaba. La iglesia siempre había sido un lugar importante para él; era donde había crecido, donde su abuelo había sido ujier, donde desarrolló su «conexión original con el tiempo de silencio». Pero fue su experiencia en la campaña electoral la que le hizo reconocer la necesidad fundamental del silencio como conexión con el origen.

Cuando hablamos con Tim Ryan, ahora miembro demócrata del Congreso, nos habló del poder del silencio en su vida actual. Lo describe como una fuente esencial de energía y paciencia que alimenta su capacidad para responder a las señales importantes de forma sostenible. «Cuando estás en silencio, obtienes esa convicción interior que es esencial para asumir grandes retos… y vivir la vida que quieres vivir. Tiene que venir de dentro a fuera», nos dice. «Si no tienes más que ruido en tu cabeza y a tu alrededor, es difícil sintonizar. Está más allá de la razón. Está más allá de tu cerebro».

LA TIRANÍA DE LA MOLIENDA

El ruido del mundo va en aumento.

Pero también lo hacen las señales. También lo hacen los indicadores de lo que realmente requiere nuestra atención.

No sólo hay una cantidad creciente de interferencias no deseadas, sino un aumento de gritos genuinos e importantes de ayuda. Tanto si se trata de noticias alarmantes sobre refugiados o crisis medioambientales, como si se trata de la ayuda personal de seres queridos que se sienten sumidos en la depresión y la desesperación, gran parte del sonido y los estímulos del mundo moderno *están* justificados. No es «distracción». Es una señal de la necesidad de cambio.

Si observamos el mundo actual, existe una relación poco estudiada entre la señal y el ruido. Cuanto más ruido generamos, más numerosas y desesperadas son las señales de auxilio. ¿Qué riesgo corremos cuando nos agita el paisaje sonoro irregular? ¿Cuál es el coste cuando nuestra atención se ve desbordada? ¿Qué está en juego cuando nos consume principalmente el parloteo de nuestra cabeza? Hay una respuesta común segura: somos menos capaces de cuidarnos unos a otros y de ser buenos administradores de la naturaleza. El imperativo ético del tiempo de silencio no es sólo personal. Es planetario.

La artista de performance, teóloga y activista Tricia Hersey establece un claro vínculo entre la cultura del ruido y los problemas de apatía, agotamiento e incluso trauma. Ha organizado una «Escuela de Descanso» —en el espíritu de las legendarias Escuelas de la Libertad de los años 60— para formar a los activistas en primera línea de las luchas por la justicia de hoy en día para que hagan una pausa para centrarse y renovarse. Evangeliza el tiempo de silencio como un acto audaz y hermoso de resistencia a lo que ella llama «cultura de la molienda». «Vamos a ver si podemos hacer funcionar a un ser humano como una máquina y hacerlo trabajar hasta veinte horas al día, todos los días, durante siglos», dice, trazando una línea desde la esclavitud hasta un paradigma moderno de dominación que devalúa nuestras necesidades de silencio, de descanso, de sueño y de tiempo para soñar. «La molienda nos mantiene en un ciclo de trauma. El descanso puede interrumpir este ciclo», afirma. Al observar la cultura en la que vivimos —que celebra la adicción a la máxima producción de cosas mentales— alaba el poder del silencio como «rompedor de velos» y recomienda cultivar una habilidad vital que a menudo se pasa por alto: la siesta. «La culpa y la vergüenza que sientes por dormir la siesta no te pertenecen. Están fuera de lugar. El descanso es una necesidad primaria y un derecho divino».

En su innovador libro *How to Do Nothing: Resisting the Attention Economy* (Cómo no hacer nada: resistiendo a la economía de la atención), Jenny Odell señala cómo una cultura que glorifica el ajetreo y el máximo ruido nos separa de la naturaleza, lo que en última instancia provoca crisis ecológicas. Como ella dice, un sistema económico obsesionado con el crecimiento y «el pensamiento colonialista, la soledad y una postura abusiva hacia el medio ambiente se coproducen mutuamente». La obsesión moderna por las cosas mentales —ampliada masivamente por el auge de la vida en línea— significa un cambio de la «presencia» física en la Tierra a una «presencia» incorpórea en Internet. Odell prescribe el remedio del *placefulness*, o lo que ella llama «biorregionalismo».

Es la práctica de prestar atención al lugar en el que se vive: la flora y la fauna, el clima, el terreno, la forma en que los paisajes interactúan con las culturas. Odell encuentra el lugar a través de la observación de aves. Sea cual sea el modo en que lo encuentre, una cosa es cierta: requiere una atención silenciosa. En una conversación con Liv O'Keeffe, de la Sociedad de Plantas Autóctonas de California, Odell dice: «El biorregionalismo nos da una sensación de hogar, una forma de comprometernos y sentirnos parte de algo en un momento en que todo el mundo está enfrentado y atomizado». Hablando a título personal, añade: «Es la única manera que conozco de salir de forma fiable de este yo miope y estrecho, sobreestimulado y temeroso que se cultiva en la red».

Entonces, ¿cuál es el lugar de la falta de palabra en el trabajo de la justicia? ¿Cómo equilibramos la necesidad de decisión con la necesidad de calma y visión clara? ¿Cómo respondemos a los gritos del mundo con seriedad, evitando sin embargo las distorsiones del ruido y la urgencia? ¿Cómo nos sumergimos en el artificio de los conceptos intelectuales para poder sentir el dolor de otra persona, o incluso el nuestro?

Hersey, Odell y otras voces contemporáneas se hacen eco de lo que Gandhi subrayó hace setenta y cinco años: encontrar el silencio es una necesidad ética. Como San Bernardo, el santo patrón de los cistercienses, refirió una vez el mensaje del profeta Isaías: «El silencio es la obra de la justicia».

Pero este trabajo requiere un cuidado y una atención continuos.

EL FINO ARTE DE DISCERNIR

Preguntamos a Cyrus Habib, a quien conociste en el capítulo 2, sobre el vínculo entre el silencio y la justicia. Nos señala una sola palabra: «discernimiento». Lo compara con el hecho de que «cuando estás en una discusión con una persona a la que quieres, es mejor no decir lo primero que se te pasa por la cabeza». La quietud y el silencio», dice, «aunque sólo sean treinta segundos, pueden ser muy útiles para saber cómo proceder». Esta misma lógica, señala Cyrus, se aplica al trabajo a nivel macro de realizar un cambio sistémico. Como político de alto nivel, Cyrus estaba acostumbrado a un modo de acción social que consiste en moverse con rapidez, responder a los acontecimientos al instante y optimizar la apariencia en un comunicado de prensa. Pero el discernimiento, subraya, consiste en el trabajo más lento y a menudo invisible de determinar lo que es verdad. Se trata de imaginar lo que significa arreglar algo —realmente arreglar algo— en lugar de aplicar una tirita. Se ha centrado en desarrollar su capacidad de discernimiento a través de profundas prácticas de silencio como jesuita, encontrando la verdadera señal en medio de la estática. Hace hincapié en el discernimiento como una especie de punto de encuentro entre la contemplación y la acción.

Cyrus comparte con nosotros el ejemplo de cómo los jesuitas han estado lidiando con la cuestión de las reparaciones por la esclavitud. En 1838, en Maryland, un grupo de jesuitas vendió a 272 personas negras como esclavas a los propietarios de plantaciones de Luisiana para pagar las deudas de la entonces floreciente Universidad de Georgetown. En la última década, por fin, ha habido un ajuste de cuentas por estas atrocidades. La sociedad religiosa y los descendientes crearon conjuntamente la fundación para facilitar la investigación y el diálogo en 2019, sentando las bases para un programa de reparaciones. En 2021, anunciaron un compromiso inicial de 100 millones de dólares para inversiones destinadas a mejorar la vida de los descendientes de aquellos 272 hombres, mujeres y niños.

Aunque estos esfuerzos están muy por delante del gobierno de Estados Unidos y de la gran mayoría de instituciones educativas y religiosas a la hora de abordar los legados de la esclavitud, Cyrus subraya que la iniciativa de los jesuitas ha sido criticada por una sencilla razón: es lenta. Incluso después de cuatro años de estudio y diálogo, todavía están en una fase de aprendizaje. Pasarán años antes de que comience una acción real. Aunque Cyrus, que se formó como abogado, admite que a veces se pone nervioso con el ritmo, nos dice: «Esto es parte del objetivo».

El proceso se desarrolla con «mucho silencio», dice. Un pilar fundamental de la labor de reparación es la escucha silenciosa. Es escuchar a los descendientes de las personas que fueron esclavizadas, entender cómo ser justos y eficaces y cómo construir una auténtica asociación y confianza. También es escuchar internamente. Cyrus subraya que el proceso pasa por mucha oración y contemplación, una rigurosa búsqueda interior de señales sobre la forma correcta de proceder.

«¿Por qué tarda tanto?», pregunta Cyrus. «Es la necesidad de *discernir*».

En la tradición cuáquera, este proceso de discernimiento se denomina a menudo trillar: separar el trigo de la paja. Aunque los cuáqueros son conocidos por las reuniones religiosas silenciosas en las que se aconseja *hablar sólo cuando el espíritu te mueve*, también hacen hincapié en una dimensión práctica del silencio. Los cuáqueros tienen un tipo particular de reunión llamada Reunión de Adoración con Propósito de Negocios, en la que buscan respuestas a cuestiones mundanas, como por ejemplo, cómo tratar las disputas entre los miembros o cómo tomar decisiones financieras como organización. Cuando las cosas se calientan, se atascan o se confunden, la persona que preside la reunión, el «secretario», convoca un período de contemplación silenciosa del grupo. Esta es una herramienta primordial para la trilla.

«Para algunos, es potencialmente incómodo ese silencio», dice Rob Lippincott. «Pero yo sugeriría que el poder de ese momento es precisamente cuando se vuelve incómodo». Rob es un cuáquero de nacimiento que ha sido profesor de educación en Harvard y vicepresidente de la PBS, entre otras muchas funciones en el sector público y sin ánimo de lucro. Señala que, en épocas de conflicto, lo habitual es hablar más y más, adoptar posturas y posicionarse. El desacuerdo suele subir el volumen. Pero la tradición cuáquera fomenta una respuesta inversa: el silencio compartido. Emplean el silencio para transformar la dinámica en busca de la «unidad». Rob explica: «No es realmente un consenso, de forma exacta. Es una especie de consentimiento mutuo. No es un acuerdo profundo al 100%. Es más bien un "no me interpondré en el camino"».

«Cuando el secretario pide silencio», dice Rob, «me permito centrarme. Tomo aire. Entonces soy capaz de centrarme. ¿Cuál es el verdadero problema? ¿Cuál es el verdadero conflicto? ¿Estoy molesto por algo? ¿Hay un defecto de razonamiento en alguna parte?». Cuando el periodo de silencio se hace bien, dice, todo se detiene. Ni siquiera se oye el crujido de los papeles. «El silencio me permite apartarme de mi instinto de "lanzarme"», dice Rob. «Me permite esperar, incluso a que hable otra persona que se sienta un poco más despejada, lo que suele ser lo más impactante e interesante para mí», dice. Nos cuenta que no es raro que otra persona diga exactamente lo que él estaba pensando, sólo que más claro. «Es como: "¡Vaya! Estamos progresando". Es un ejercicio de unión».

LA VERDAD Y EL PODER

En su libro *Consolations: The Solace, Nourishment, and Underlying Meaning of Everyday Words*, el poeta David Whyte ofrece lo siguiente:

En el silencio, la esencia nos habla de la propia esencia y nos pide una especie de desarme unilateral, nuestra propia naturaleza esencial emerge lentamente mientras la periferia defendida se atomiza y se deshace. A medida que el borde ocupado se disuelve, empezamos a unirnos a la conversación a través del portal de un desconocimiento presente, de una robusta vulnerabilidad, revelando en la forma en que escuchamos, un oído diferente, un ojo más perceptivo, una imaginación que se niega a llegar demasiado pronto a una conclusión, y que pertenece a una persona diferente de la que entró por primera vez en la quietud.

En el mundo de la geopolítica, la frase «desarme unilateral» suele significar una abdicación de la responsabilidad de defenderse, dejando las armas que se necesitan para afirmar la soberanía. A menudo, en efecto, utilizamos las palabras para mantener nuestra identidad, para afirmar nuestra individualidad, para defender nuestro punto de vista. Y a veces es necesario, para señalar lo que es imprescindible y mantener nuestro terreno en las inevitables escaramuzas que se producen en un mundo de puntos y contrapuntos.

Pero, ¿qué sucede cuando simplemente dejamos esas armas? ¿Qué ocurre cuando dejamos de tener una opinión o defender un punto de vista para demostrar nuestra valía? «Vulnerabilidad robusta», dice Whyte. «Desconocimiento presente». Un refinamiento de la percepción. Una revelación de nuestra naturaleza más profunda.

Cuando Rob Lippincott describe la intervención consciente del silencio en una reunión conflictiva, no está describiendo una especie de censura. Está hablando de la introducción de la amplitud. Se puede hablar de lo que hay que hablar, pero sin la presión superficial. En el claustrofóbico atasco de opiniones, se abre una puerta oculta. Se siente una brisa fresca.

Es como la claridad y la presencia que describe Sheena Malhotra, la que se bajó en esos nueve minutos de silencio en la manifestación de Black Lives Matter en Los Ángeles. O, como Cyrus comentó, el lento y silencioso trabajo de discernimiento que están llevando a cabo los jesuitas hoy en día. La falta de palabras tiene un lugar en el trabajo de la justicia. Es esencial para resolver los desafíos, tanto grandes como pequeños.

Aunque la fe cuáquera se basa en la práctica del silencio, los cuáqueros también aprecian el principio de «decir la verdad al poder». El primer uso conocido de esta frase en la prensa es de una publicación de los años 50 llamada *Di la verdad al poder: Una búsqueda cuáquera de una alternativa a la violencia*, que pretendía inspirar a la gente a desafiar el desarrollo de las armas nucleares y el militarismo de la Guerra Fría. En la conversación con Rob, exploramos esta sencilla propuesta: *la parte más difícil de decir la verdad al poder es discernir la verdad en sí misma*. «Escuchar la verdad es una verdadera disciplina; es lo fundamental de la meditación», nos dice Rob. «Si tengo muy claro que algo es cierto cuando he sondeado las profundidades en silencio, entonces vale la pena compartirlo».

Al igual que sucede con los discursos galvanizadores que Gandhi pronunciaba los martes al salir de sus retiros semanales, hay una cierta dimensión moral en las palabras que surgen del silencio. Gandhi utilizaba un término sánscrito concreto, *satyagraha*, para describir el poder espiritual del movimiento que ayudó a liderar. Es una palabra que transmite esta cualidad particular de la palabra que surge de la totalidad de lo inefable. Como el valor cuáquero de «decir la verdad al poder», la palabra *satyagraha* se traduce como «la fuerza que nace de la verdad». Percepción clara. Acción clara. Es el puente entre el silencio y la justicia.

Nada de esto quiere decir que el tiempo de silencio vaya a resolver automáticamente los problemas de la época. Por supuesto, también es vital hacer el trabajo mundano de la justicia: desafiar los sistemas opresivos, reducir radicalmente las emisiones de gases de efecto invernadero, construir economías equitativas. Todos estos cambios son necesarios. Pero, por sí solos, no son suficientes. Si no abordamos la urgencia y la agitación subyacentes en la conciencia humana, ni siquiera las políticas más ilustradas resolverán las crisis sociales y ecológicas a las que nos enfrentamos hoy. A menos que reimaginemos nuestras concepciones del «éxito» y el «progreso», replanteando el paradigma de la obsesión por el PIB y la máxima producción posible de estímulos sonoros, persistirán las tiranías de lo que Tricia Hersey llama «cultura de la molienda».

PARTE II
EL SILENCIO DEL SILENCIO

5

FLORENCE NIGHTINGALE SE ENOJARÍA

Cuando Faith Fuller era una niña, le encantaba perderse en los densos bosques de las montañas de Berkshire, en el oeste de Connecticut. «Realmente no teníamos vecinos», nos cuenta, «y la vida en casa era… complicada». Al ser la más joven, con diferencia, de cuatro hijos, creció como hija única. «El bosque era mi compañero. Me sentía vista, reconocida y conocida por el bosque». Faith se sumergía en excursiones que duraban todo el día: vadeando arroyos helados, buscando tesoros, descansando sobre el vientre para sostener los brillantes ácaros rojos del trébol que moteaban el suelo del bosque. «Desde los seis hasta los diez años, no había ninguna diferencia real entre el bosque y yo», recuerda.

Al entrar en la edad adulta, Faith se volcó en la meditación y encontró otra vía fiable para sumergirse en el silencio. Durante más de seis décadas, ha buscado y saboreado estos estados. El silencio ha sido una fuente de compañía y renovación.

Pero nunca esperó que fuera la receta médica que algún día le salvaría la vida.

Un día, en 2015, cuando volvía a casa del trabajo, Faith fue golpeada de frente por un coche que venía en dirección contraria. Ese coche, según nos cuenta, se saltó la mediana, lo que la obligó a subir el coche a la acera, atravesar el follaje y chocar contra un muro de cemento. «Mi hombro estaba pulverizado, como pequeños trozos de grava», nos cuenta. Pero su cerebro también estaba malherido. «Volver de un traumatismo cerebral grave es como renacer en este sentido; eres como un niño al principio, no tienes mucho lenguaje, te cuesta seguir instrucciones, y si son complicadas» —se encoge de hombros— «simplemente dices: "A la mierda, no puedo"». Faith describe su cerebro en ese momento como tierno y crudo.

Al principio, la lesión cerebral de Faith era demasiado grave para que pudiera hablar directamente con el personal médico. No sólo le faltaban las palabras, sino el sentido del tiempo y del lugar, incluso de la identidad. Sólo reconocía su propio nombre y la presencia de su mujer, Marita, que se encargaba de todo. El equipo médico evaluaba la evolución de Faith cada día. «Me esforzaba por responder o ser receptiva. Pero era *agotador*», recuerda Faith. «Luego me dejaba caer y se me iba la mano a la nada. Pero no era una nada aterradora. Era un apoyo y un cuidado. Es donde necesitaba estar».

Faith describe el periodo que precedió al accidente como «ocupado, ocupado, ocupado, ocupado... pero no ocupado trivial, sino *significativamente* ocupado». Aun así, Faith sabía que había límites a lo que podía resistir incluso entonces. «Puedes pensar en mí en el mundo como una especie de arroyo burbujeante», dice, recordando los arroyos de su infancia. «Pero el arroyo tiene una fuente. La fuente es el enorme y vasto silencio, y el arroyo burbujeante sale de ese enorme y vasto silencio. Y si burbujeo demasiado tiempo en el arroyo y no vuelvo a ese silencio, el arroyo se seca».

Como cofundadora y presidenta de una empresa internacional de formación y entrenamiento, Faith había viajado continuamente por el mundo, desde San Francisco a Dubai, Tokio o Estambul—asesorando a líderes de organizaciones, y enseñando y dirigiendo equipos de consultores. Hacía lo posible por dedicar tiempo a la meditación y a la naturaleza, pero su caudal se estaba secando. «Fui a ver las cicatrices y las marcas de los derrapes donde me habían sacado de la carretera», dice. «Es curioso, no lo entendí *realmente* durante algún tiempo. Pero me empujaron fuera de la carretera en la que había estado, literal *y* metafóricamente».

El equipo médico de Faith hizo hincapié en un protocolo para evitar la sobreestimulación de las regiones clave del cerebro en recuperación. La niña descansaba en un espacio con poca luz y poco sonido, donde los cuidadores mantenían sus voces en un susurro. Durante las semanas siguientes a la lesión, los médicos le desaconsejaron trabajar, socializar, utilizar su teléfono inteligente o, en general, asimilar mucha información. Pero, para Faith, parecía haber algo más en la prescripción que el simple razonamiento fisiológico que le dieron los médicos. Los primeros días después del accidente —antes de que Faith tuviera sentido del tiempo o del lugar— fueron, como ella dice, «bastante encantadores, porque no había diálogo interno... no había narración del yo». Se ríe y dice: «Claro, tenía daños cerebrales y estaba muy drogada. Pero la tranquilidad era *profunda*. Fue una experiencia oceánica».

Faith cree que el descanso del sonido y los estímulos ordinarios creó un espacio en su conciencia. Fue la apertura a través de la cual llegó la curación. Cuando hablamos recientemente con Faith, fue inequívoca: «El silencio permite al cerebro recuperarse».

La curación de Faith tras el accidente reavivó en ella la reverencia y el compromiso con el silencio. Esa «experiencia oceánica» era nueva, pero no del todo desconocida. Con el tiempo, se convirtió en una inspiración para volver con más regularidad a «la fuente», para dedicar mucho tiempo a la referencia en silencio, a la meditación y a los paseos por el bosque, como los que hacía de niña. Ella, Marita y sus dos queridos perros se mudaron de la bulliciosa zona de la bahía a una zona rural de Oregón, un lugar con abundantes pájaros cantores y menos distracciones.

La curación de Faith también provocó en ella una pregunta que ningún fisioterapeuta o experto científico ha podido responder satisfactoriamente:

¿Cuál es la base biológica del poder del silencio para sanar el cuerpo y aclarar la mente?

Es una cuestión que los investigadores están empezando a explorar.

EXPECTATIVAS EN LA MENTE

El silencio —a nivel auditivo— ha sido históricamente de poco interés para la ciencia convencional. Ha sido una variable de control en la investigación de laboratorio más que un tema principal de investigación. De hecho, la mayoría de los científicos que han descubierto información útil sobre el silencio lo han hecho accidentalmente.

Piensa en el Dr. Luciano Bernardi, profesor de medicina interna en la Universidad de Pavía y músico aficionado. En los primeros años del siglo XXI emprendió un proyecto apasionante: investigar la idea de los filósofos griegos clásicos de que la música favorece la salud. Estudió los efectos de seis tipos de música —todos ellos con diferentes tempos, ritmos y estructuras melódicas— en los sistemas cardiovascular y respiratorio de sus sujetos. Ordenó al azar las pistas de los seis tipos de música seleccionados e insertó «pausas» de dos minutos de silencio para que los sujetos volvieran a la línea de base. Pero ocurrió algo extraño. Cuando los sujetos escucharon estas pausas, no volvieron a la línea de base. Se relajaron. De hecho, se relajaban mucho más profundamente durante las pausas de silencio que incluso durante las piezas musicales más lentas y relajantes, por lo que Bernardi tuvo que replantearse toda la premisa de su experimento. Acabó concluyendo que el silencio contribuía más a la buena salud cardiovascular y respiratoria que la música. En 2006, el estudio de Bernardi fue el artículo más descargado de *Heart*, una revista de cardiólogos revisada por expertos. Aunque pueda parecer intuitivo que el silencio calme los sistemas circulatorios, nadie lo había demostrado empíricamente. Bernardi, sin quererlo, contribuyó a provocar un cambio. Ahora se acepta generalmente que el silencio es algo más que una variable de control.

De hecho, hoy en día, el silencio es un área cada vez más importante de la investigación científica. Desde que se publicó el estudio de Bernardi, los neurocientíficos de Stanford han determinado cómo esos intervalos de silencio entre piezas musicales activan las partes de nuestro cerebro asociadas al tipo de atención relajada que potencia la memoria de trabajo. Aprovechando el creciente interés por la ciencia de la atención plena, investigadores de universidades de todo el mundo han utilizado equipos de resonancia magnética —tecnología de la imagen que permite seguir el flujo sanguíneo a través del cerebro— para demostrar cómo las prácticas de meditación silenciosa ayudan a mejorar la atención y a mitigar los factores relacionados con la depresión y la ansiedad. Una serie de estudios han demostrado cómo la meditación silenciosa nos ayuda a discernir mejor entre los estímulos importantes y los superfluos: «La señal y el ruido». Aunque los médicos han discrepado en el pasado sobre el valor del «descanso cognitivo» para la recuperación de las conmociones cerebrales y otras lesiones cerebrales traumáticas, los nuevos descubrimientos refuerzan la importancia de protocolos como el que siguió Faith. Cada vez se reconoce más que evitar la «tensión cognitiva» —demasiados estímulos mentales— permite la regeneración de las neuronas y el restablecimiento de las funciones cerebrales.

Estos hallazgos científicos de vanguardia refuerzan lo que la sabiduría popular ha transmitido durante milenios. Y hace más de 150 años, uno de los profesionales de la medicina más destacados del mundo defendió con fuerza el silencio como una necesidad para la salud.

En el otoño de 1854, Florence Nightingale, la talentosa hija de una rica familia inglesa, se ofreció como voluntaria para una misión en uno de los entornos más pobres y deprimentes que se puedan imaginar. Dirigía un equipo de enfermeras en el Hospital de Scutari, en la actual Estambul, que atendía a los soldados heridos y enfermos en la Guerra de Crimea. El hospital estaba construido sobre una alcantarilla que se reventaba a menudo, dejando a los pacientes gravemente enfermos vadeando las aguas residuales. Murieron diez veces más soldados por enfermedades contraídas en el hospital, como el tifus, la fiebre tifoidea, el cólera y la disentería, que por heridas sufridas en la batalla. Las heridas gangrenosas no fueron atendidas, e incluso se ignoraron las normas higiénicas más básicas de la época. Los burócratas del ejército británico eran en su mayoría indiferentes. Tenían una guerra que ganar.

En aquellos días, las condiciones en un hospital militar eran en su mayoría un asunto de las instituciones religiosas voluntarias y las organizaciones de caridad. Nightingale —que fue la primera mujer miembro de la Real Sociedad de Estadística— sorteó la burocracia del ejército presentando con maestría los datos vitales. En un colorido gráfico circular de una página, demostró la caída en picado de las enfermedades e infecciones evitables con sus protocolos de atención al paciente. A continuación, fue capaz de aplicar rápidamente reformas radicales, como los requisitos de limpieza y lavado de manos, al tiempo que garantizaba la alimentación básica de los pacientes. Las condiciones mejoraron drásticamente. En medio de la muerte y el hedor de Scutari, es casi inconcebible que alguien priorice el ruido auditivo como una preocupación de primer orden. Pero Nightingale lo hizo.

En 1859, refiriéndose a su experiencia en la Guerra de Crimea, Nightingale escribió: «El ruido innecesario, por lo tanto, es la ausencia más cruel de cuidado que se puede infligir tanto a los enfermos como a los sanos». Al tratar a los soldados por los síntomas que describió como «palpitaciones, sudoración, fatiga profunda, respiración suspirante, un corazón persistentemente rápido» —condiciones que ahora se consideran generalmente relacionadas con el TEPT— Nightingale abogó por la silencio como la cura más importante. Tras su estancia en Crimea, escribió miles de cartas y docenas de libros, informes y planes centrados en la creación de sistemas de atención más humanos y eficaces, especialmente para los pobres de las ciudades. En estos documentos, describió con frecuencia cómo el «ruido alarmante» en los hospitales producía un conjunto específico de condiciones que socavaban la salud y bloqueaban la curación: aumento de la presión arterial, insomnio, aumento de la ansiedad.

Aunque a Nightingale le preocupaban los niveles generales de volumen, tenía una sofisticada manera de distinguir entre los distintos tipos de ruidos. Por encima de todo, criticaba el tipo de «ruido que crea una expectativa en la mente», como los sonidos de las conversaciones susurradas, las charlas de pasillo que están fuera del alcance de la inteligibilidad. Son ruidos que mantienen la mente acelerada o, en sus palabras, niegan al paciente la sensación de «cierre». Se refiere al tipo de ruido que reclama nuestra conciencia, el que persiste tanto en el cuerpo como en la mente.

Entonces, ¿por qué Florence Nightingale —en un abismo pútrido de miembros amputados y suciedad alucinante— se centró tanto en el aparentemente insignificante problema del ruido? Es porque reconoció algo sobre la naturaleza del ruido. Nos aleja de la presencia necesaria para la curación. Es la presión sobre nuestras capacidades de adaptación, un impulsor de la respuesta de lucha o de la luz, una amenaza casi universal para la sensación de bienestar.

El ruido, en esencia, es el estrés.

La investigación moderna respalda esta propuesta.

Hace veinte años, Rosalind Rolland, científica del New England Aquarium, intentaba comprender cómo los factores ambientales afectan a las funciones reproductivas y endocrinas de los mamíferos oceánicos en peligro de extinción. Ella y su equipo entrenaron a perros para que detectaran el olor de las heces de las ballenas en el océano mientras viajaban en barcos. Luego, en la bahía de Fundy, en Canadá, los buzos recogieron muestras de heces de ballena para analizar los niveles hormonales. El equipo de Rolland observó cómo diversas condiciones del entorno acuático, incluido el ruido, modificaban la composición química de las muestras. En 2001, observaron un descenso extremo —casi de la noche a la mañana— de la presencia de hormonas del estrés en sus muestras de estudio. Sin embargo, a la temporada siguiente, descubrieron que los niveles de hormonas del estrés habían vuelto a su nivel anterior. Rolland examinó todos los factores posibles, incluida la medición —por hidrófono— de los niveles de sonido transmitidos a través de las aguas de la bahía. Ella y su equipo llegaron a ver una sola explicación plausible para el repentino descenso del estrés: una pausa temporal en el tráfico marítimo con la suspensión del comercio mundial que siguió a los atentados del 11 de septiembre. Algo similar ocurrió en la primavera de 2020, cuando el tráfico marítimo mundial disminuyó rápidamente en medio de la pandemia de COVID-19. Aunque nadie tomó la iniciativa de realizar otra expedición de perros olfateadores de heces de ballena, los científicos marítimos de todo el mundo escucharon en sus hidrófonos. Muchos oyeron el resurgimiento del canto de las ballenas —un importante indicador de su salud— que durante mucho tiempo había desaparecido de las aguas ruidosas y de alto tráfico.

Nos parecemos mucho a nuestros compañeros mamíferos del océano. Y para nosotros hay una clara explicación fisiológica de la relación entre el ruido y el estrés. Cuando las ondas sonoras golpean nuestros tímpanos, hacen vibrar los huesos del oído interno, provocando ondas en los párpados de una cavidad del tamaño de un guisante y con forma de espiral llamada cóclea. Unas diminutas estructuras pilosas dentro de la cóclea convierten estos movimientos en señales eléctricas que el nervio auditivo transmite al cerebro. Los neurocientíficos han descubierto que estas señales se dirigen a la amígdala, los dos grupos de neuronas con forma de almendra que posiblemente constituyen la base biológica principal de nuestra vida emocional, incluidos nuestros impulsos de acción rápida, como la respuesta de lucha o huida. Cuando las señales llegan a la amígdala, se inicia el proceso por el que segregamos las hormonas del estrés. Demasiados estímulos provocan un estrés excesivo, como demuestra la presencia de sustancias químicas del estrés, como el cortisol, en nuestra sangre. Pero las consecuencias del estrés no acaban ahí. En lo que se denomina «condiciones seguras y sociales», nuestros pequeños músculos del oído medio se activan, lo que nos permite sintonizar con las frecuencias de rango medio, como las de la voz del hombre. Sin embargo, cuando estamos en modo de lucha o huida, estos pequeños músculos se desactivan; escuchamos principalmente las frecuencias más bajas, como las de los depredadores del pasado, y las más altas, como las de otra persona o criatura que grita de dolor. Las frecuencias medias se vuelven más difíciles de oír. En otras palabras, bajo presión, *dejamos de oír* una y otra.

«Los ruidos provocan estrés, sobre todo si tenemos poco o ningún control sobre ellos», explica Mathias Basner, profesor de la Universidad de Pensilvania especializado en procesamiento auditivo y descanso. «El cuerpo excreta hormonas del estrés, como la adrenalina y el cortisol, que provocan cambios en la composición de la sangre y de los vasos sanguíneos, que han demostrado estar más rígidos tras una sola noche de exposición al ruido», dice Basner, describiendo la vía clásica del estrés inducido por el ruido. Durante años, nuestra preocupación ha sido que el ruido excesivo puede causar pérdida de audición, un problema grave que también puede conducir al aislamiento social y la soledad. Pero un amplio conjunto de trabajos revisados por expertos en las últimas décadas ha demostrado que los riesgos incluyen enfermedades cardiovasculares, hipertensión arterial, derrames cerebrales, obesidad, diabetes, disminución de la función cognitiva y del aprendizaje, depresión y trastornos del sueño, así como las diversas complicaciones que se producen después de cualquiera de ellas. Al igual que esas ballenas estresadas de la bahía de Fundy, estamos soportando impactos fisiológicos reales por el aumento de los niveles de ruido. A nivel mundial, la Organización Mundial de la Salud considera que la acústica es la segunda contaminación, después de la atmosférica, en términos de costes para el bienestar humano. Un estudio reciente de la OMS calcula una pérdida de 1-1,6 millones de años de vida al año sólo en Europa occidental debido a enfermedades, discapacidades y muertes prematuras. En 2019, Bruitparif, una organización francesa sin ánimo de lucro que vigila los niveles de ruido, publicó un informe en el que analizaba los «mapas de ruido» generados por una red de sensores acústicos. El informe concluyó que un residente promedio de cualquiera de las partes más ruidosas de París y sus suburbios circundantes pierde «más de tres años de vida saludable» por alguna combinación de condiciones causadas o empeoradas por el ruido de los automóviles, camiones, aviones, trenes y otras máquinas industriales. París ocupa el puesto 9 en un índice reciente de las cincuenta ciudades más ruidosas del mundo. Esto nos hace preguntarnos: ¿Cuántos años de vida saludable pierde el residente medio de las tres ciudades más ruidosas del mundo (Guangzhou, Delhi y El Cairo), para las que no existen estadísticas? ¿Y qué hay de las ciudades del mundo en desarrollo, cada vez más ruidosas y de rápido crecimiento, para las que hay pocas actividades de control de los decibelios, si es que hay alguna?

Como ocurre con otros tipos de contaminación, los impactos del ruido recaen desproporcionadamente en las personas sin poder económico o político. Como dice la periodista Bianca Bosker, «el ruido nunca es sólo sonido; es inseparable de cuestiones de poder e impotencia». Un reciente estudio a escala nacional en Estados Unidos sugiere que los barrios urbanos más pobres suelen tener dos decibelios más de ruido que las zonas afluentes. En una escala logarítmica, esto se registra. Los resultados también afirman que las ciudades con mayor proporción de residentes negros, hispanos y asiáticos se enfrentan sistemáticamente a niveles de ruido más altos.

Lamentablemente, más ruido significa también menos sueño, y dormir menos está resultando ser un problema mucho mayor de lo que quizás cualquiera de nosotros había imaginado. El investigador del sueño y neurocientífico Matthew Walker lo expresa sin rodeos: «Cuanto menos se duerme, menos se vive». Con la llegada de los dispositivos personales de seguimiento de la actividad física, como Fitbit, un innovador estudio de 2015 descubrió que los trastornos del sueño son cinco veces más propensos a afectar a las personas de raza negra participantes en la investigación. Esta «brecha del sueño» contribuye a numerosos efectos en la salud que, según Walker, incluyen enfermedades cardíacas, obesidad, demencia, diabetes y cáncer. En su exitoso libro, *Why We Sleep: Unlocking the Power of Sleep and Dreams*, Walker escribe: «El mejor puente entre la desesperación y la esperanza es una buena noche de sueño». Pero, cuando vivimos en entornos incesantemente ruidosos, puede ser difícil —si no imposible— cruzar ese puente.

No es que las advertencias de Florence Nightingale se ignoren uniformemente en el mundo moderno. Los médicos de Faith, por ejemplo, reconocen la realidad de que el ruido auditivo supone un estrés para el cuerpo y la mente, y que es necesario evitarlo para un paciente en proceso de curación. Pero este tipo de protocolos son la excepción. A pesar de lo que la investigación moderna está demostrando sobre los efectos del estrés de la estimulación auditiva excesiva en la salud humana, la mayoría de nuestros hospitales se salen de lo normal en cuanto a ruido, como ilustró la experiencia de Justin en la unidad de cuidados intensivos para recién nacidos. La unidad de cuidados intensivos (UCI) media registra con frecuencia el nivel de «un restaurante animado», en lugar de los treinta y cinco decibelios recomendados por la Organización Mundial de la Salud. Un estudio descubrió que «los picos de más de 85 dBA se daban en todos los sitios, hasta 16 veces por hora durante la noche y con más frecuencia durante el día». Según un estudio de la Universidad Johns Hopkins en 2005, los niveles de decibelios de sus hospitales han subido una media de cuatro decibelios por década desde 1960, lo que sospechan que ocurre en casi todos los hospitales modernos actuales.

Los picos en los niveles de decibelios suelen deberse al sonido de las alarmas. Por supuesto, las alarmas son necesarias en un entorno hospitalario. En el mejor de los casos, son *señales* para los médicos sobre lo que hay que hacer. Sin embargo, también existe una problemática «adicción a la comodidad» que hace que no tengamos en cuenta los verdaderos costes del exceso de alarmas. Hace poco supimos de un monitor cardíaco que tiene ochenta y seis notificaciones sonoras diferentes. *Ochenta y seis*. Habría que ser un sabio de la acústica para distinguir una de otra, e incluso si eso fuera posible, las principales investigaciones muestran que entre el 72 y el 99 % de las alarmas clínicas son falsas. Esto da lugar a la fatiga de las alarmas, que es cuando un profesional médico no reacciona o retrasa la respuesta a una alarma debido a la sobrecarga sensorial. Aunque es posible estudiar los impactos del aumento del ruido en el personal médico, es más difícil cuantificar las consecuencias fisiológicas y psicológicas de largo alcance en los pacientes.

¿Qué diría Florence Nightingale?

EL RUIDO SE CONVIERTE EN RUIDO

Faith sabía que estaba en buenas manos. Su equipo médico era muy consciente de la importancia de un paisaje sonoro sereno. Faith describió la sensación de ese tiempo como la de estar «envuelta en el material más suave posible, como un esponjoso algodón». El silencio era una presencia sanadora. Sin embargo, a medida que se recuperaba, Faith seguía luchando con otros tipos de ruido —informativo e interno—.

A pesar de décadas de formación budista y de la práctica en el arte de gestionar el parloteo mental, Faith se vio rápidamente superada por el impulso de coger su teléfono, abrir su portátil y, sobre todo, rumiar todas las responsabilidades que había dejado sin atender. «No se me permitía trabajar», recuerda. «Los médicos estaban siempre enfadados conmigo porque no podía soportar no hacer las cosas». Considera que se lo podría haber puesto más fácil para el equipo médico: «Sólo quieren que tu cerebro descanse». Pero, en lugar de eso, a las pocas semanas de su recuperación, estaba obsesionada con la preparación y la logística de un viaje de trabajo previsto a Europa. Todavía iba a ir, le dijo a todo el mundo. «Era cómico», admite ahora. «Tenía esa incapacidad para desconectar. Era la parte más dura de la receta».

Aunque podría parecer que Faith era una adicta al trabajo incorregible, estaba actuando de acuerdo con una tendencia para la que todos estamos programados. Somos criaturas que buscan información. Es natural que nos aferremos incesantemente a las cosas mentales. En el capítulo 2, te presentamos a Adam Gazzaley y Larry Rosen, el dúo de neurocientíficos y psicólogos que ha estudiado ampliamente cómo funcionan nuestros «antiguos cerebros» en un mundo moderno. Explican cómo estamos «impulsados a buscar recompensas de información en sistemas muy parecidos a los que impulsaron a otros animales a buscar recompensas de comida y jugo», aunque no sea crítico para la supervivencia». En otras palabras, los mecanismos fisiológicos del cerebro humano no siempre distinguen demasiado entre hacer clic en un jugoso hipervínculo debajo de una noticia o recoger una mora madura en el

bosque. «La información por sí sola desencadena estos mismos mecanismos antiguos de recompensa», explican Gazzaley y Rosen. No es de
extrañar que devoremos las noticias, el correo electrónico y los cotilleos.
Para nuestros antiguos cerebros, son irresistiblemente sabrosos.

A medida que el estado de Faith mejoraba, los médicos fueron sua-
vizando los protocolos de descanso. Y, con la indulgencia, sus tendencias
de búsqueda de información se dispararon. Faith volvió a lo que ella
llama la «realidad por defecto» de la saturación de información. «Estaba
decidida a volver a la normalidad, a restar importancia a cualquier sínto-
ma, incluidos los nueve meses de visión doble que tuve». Al volver al
crescendo externo de sonidos y estímulos, Faith notó un aumento de su
propio pensamiento rumiativo. «Mi silencio interno *disminuyó* a medida
que me recuperaba», recuerda.

La experiencia de Faith nos devuelve a la noción de que existen
vínculos sutiles entre los diferentes tipos de ruidos. Las distracciones
auditivas, informativas e internas se refuerzan mutuamente.

Para entender cómo funciona este refuerzo, Gazzaley y Rosen afirman que es importante tener en cuenta un tira y afloja de dos fuerzas
que compiten entre sí: la atención *descendente* y la atención *ascendente*.
La primera, la atención *descendente*, se centra en objetivos individuales,
como ir a buscar agua o comida para la familia, escribir una novela o
seguir las recomendaciones del médico para recuperarse de una lesión
en la cabeza. La segunda es la atención *ascendente*, es decir, los estímulos a los que reaccionamos, ya sea la caída de una rama de un árbol, el
sonido del claxon de un coche o el hecho de que nos llamen por nuestro
nombre entre la multitud. Gazzaley y Rosen afirman que la conectividad constante nos ha hecho más sensibles que nunca a las interferencias
ascendentes. Ha hecho que nuestro mundo sea más ruidoso, *tanto por
dentro como por fuera*. «Las notificaciones de los dispositivos tecnológicos y las expectativas de la sociedad, que nos han condicionado a responder de forma más referente a las distracciones externas ascendentes,
también han dado lugar a más distracciones generadas internamente»,
afirman.

En nuestras conversaciones, Gazzaley y Rosen nos describen este estado como un «dilema de interferencia». Pensamos en ello como un «dilema de ruido».

En el mundo moderno, la «interferencia ascendente» suele comenzar con un pitido o una vibración en el bolsillo. Por inocuos que parezcan un simple zumbido o un tono de llamada personalizado conjuran proyecciones mentales que florecen como algas en la mente. Nos demos cuenta o no, esa interferencia ascendente suele convertirse en un bucle de retroalimentación de ruido externo e interno.

He aquí un ejemplo ilustrativo de Gazzaley y Rosen. Digamos que estás conduciendo por una autopista con mucho tráfico y recibes un mensaje de texto. Te mantienes concentrado en conducir con seguridad hacia tu destino (tu objetivo descendente). Pero, por mucho que intentes ignorarlo, la vibración empieza a sentirse, en sus palabras, «como una brasa ardiendo en tu bolsillo que va acompañada de una creciente ansiedad: «¿quién está enviando mensajes de texto a estas horas y qué tiene que decirte?». (Se trata de una distracción ascendente de tu propia mente.) Con tu atención desviada, pierdes la salida, y tienes que interrumpir tu conducción segura una vez más para coger el teléfono y redirigir tu rumbo. Todo esto tiene que ocurrir para volver a la pista hacia tu objetivo original de arriba hacia abajo.

Ese simple zumbido, esa distracción ascendente, produce una cascada de interferencias internas y externas. El ruido engendra ruido.

Entender esta dinámica nos ayuda a comprender mejor el papel del ruido en la cognición. En la década de 1970, la pionera psicóloga ambiental Arline Bronzaft descubrió que las puntuaciones en los exámenes de lectura de los alumnos de secundaria de Manhattan cuyas aulas daban a las vías del metro elevadas con altos niveles de decibelios iban hasta un año por detrás de las de los alumnos de aulas más tranquilas situadas en el lado opuesto del edificio. Dado que la respuesta de estrés al ruido está bien establecida, estaba claro que los picos intermitentes en los niveles de decibelios —casi al nivel de un concierto de heavy metal— eran inherentemente problemáticos. Pero el problema iba más allá de las amígdalas agitadas. Si miramos a través de la lente de Gazzaley y Rosen, podemos ver que la interferencia de los chillidos de los trenes probablemente rompió la capacidad de los estudiantes para escuchar con atención, enviándolos a sus pensamientos discursivos, socavando el objetivo descendente de escuchar al profesor. El ruido externo probablemente alimentó el ruido interno, perjudicando la atención y, a su vez, desafiando la cognición y la memoria.

Mientras que el estudio de las vías del metro es un ejemplo de simple inferencia auditiva, el ejemplo de Gazzaley y Rosen sobre el zumbido del teléfono inteligente del conductor es más profundo. Este tipo de simulación digital decididamente moderna nos recuerda, extrañamente, a Florence Nightingale, escribiendo a la luz de las velas en su casa señorial del Londres victoriano. ¿Por qué? Porque el denominador común de las formas de zumbido, ping y chirrido del ruido ascendente que encontramos en el paisaje sonoro moderno es la «expectativa en la mente». Al igual que las conversaciones susurradas y las charlas de pasillo fuera del alcance de la inteligibilidad en una enfermería del siglo XIX, las alertas de noticias y las notificaciones de likes de Instagram cargan nuestras mentes rumiantes, negándonos lo que Nightingale llamaba la sensación de «cierre».

Un estudio reciente de varios cientos de adolescentes en los Países Bajos descubrió que los altos niveles de uso de las redes sociales estaban significativamente relacionados con la reducción de la atención y el aumento de las tendencias de impulsividad e hiperactividad un año después. Otro estudio reciente sobre mil seiscientos adultos estadounidenses descubrió que una pausa de un mes en el uso de Facebook daba lugar a mejoras sustanciales en el bienestar emocional, como la reducción de la soledad y el aumento de la felicidad. «Es el ruido interno, la interferencia interna, lo más insidioso», nos dice Larry Rosen en una conversación reciente. Especialmente para los jóvenes, el uso de las plataformas tecnológicas conlleva una serie de lo que él llama «obligaciones sociales»: la necesidad de comprobar periódicamente el estado de la cuenta, mantener la imagen y responder a los mensajes con prontitud, para no dejar a alguien «en lectura», a la espera de una respuesta. Estas obligaciones pueden parecer triviales, pero llenan la conciencia de parloteo distraído. Rosen considera que son la causa principal del aumento de la ansiedad moderna, lo que describe como «estrés en la mente».

Hace poco hablamos con Judson Brewer, neurocientífico y psiquiatra, sobre la relación entre la ansiedad y el ruido interno.

«Es una relación directa», nos dice. «La ansiedad», dice, «no es sólo tener un montón de pensamientos repetitivos: es quedar atrapado en ellos». Brewer subraya que esos «pensamientos repetitivos» surgen cuando no tenemos suficiente información para predecir con exactitud el futuro. Estamos sujetos a perseverar en ellos, a quedarnos atrapados en la preocupación.

«Miedo + Incertidumbre = Ansiedad», resume.

Con el aumento exponencial del volumen de información en el mundo, parece, en teoría, que debería haber *menos* incertidumbre y, a su vez, menos ansiedad. Pero no funciona del todo así. «Es como beber de una manguera», dice Brewer al describir el flujo de información moderno. No tenemos suficiente memoria de trabajo para aprovecharla toda. Además, con el aumento de la desinformación, el incremento de los contenidos inexactos se traduce en más inseguridad, menos confianza y, en consecuencia, más ansiedad. Brewer subestima la forma en que las noticias de *clickbait*, la publicidad de algoritmos y otros medios astutos de compromiso continuo hacen cosquillas a nuestros receptores de dopamina —nuestros centros de recompensa que se supone que promueven comportamientos que sustentan la vida, como comer y procrear— de maneras que nadie había imaginado antes. «Las vías de la dopamina siempre han estado ahí», dice Brewer. «Son nuestro mecanismo de supervivencia más antiguo. Pero nunca se habían aprovechado de esta manera». En un esfuerzo por abordar una importante pieza de desinformación, añade: «Mucha gente escribe sobre la dopamina como esta molécula de la felicidad. *No* es así. Pregunte a cualquiera de mis pacientes adictos a la cocaína. Les hace estar inquietos, paranoicos, contraídos; no hay felicidad en ello».

Nuestros sistemas económicos y sociales parecen construirse cada vez más sobre bucles de retroalimentación viciosos de ruido interno y externo. Hoy en día, cada vez se entienden mejor las implicaciones de todo ese ruido para nuestra claridad mental y nuestro bienestar. Como escribe Ethan Kross, psicólogo de la Universidad de Michigan, en su exitoso libro *Chatter*, «la rumiación verbal concentra nuestra atención de forma estrecha en la fuente de nuestra angustia emocional, robando así neuronas que podrían servirnos mejor». Explica que «atascamos nuestras funciones ejecutivas» —nuestras capacidades para atender a los objetivos de arriba abajo— «atendiendo a una "doble tarea", la tarea de hacer lo que sea que queramos hacer y la tarea de escuchar nuestra dolorida voz interior». El ruido interno —a cualquier edad— incluye toda la charla dolorosa del yo *sobre el yo* en sus circunstancias pasadas, presentes y futuras, ya sean reales o imaginadas.

También se reconocen cada vez más las consecuencias fisiológicas del ruido interno. Steve Cole, profesor de medicina de la UCLA, ha documentado cómo la sensación de amenaza crónica que suele acompañar al diálogo interno hiperactivo conduce a una sobreexpresión de los genes de inflamación. Como él y sus colegas señalan, esto también puede significar una disminución de la expresión de las células necesarias para defenderse de los virus y otros patógenos. Kross resume la vanguardia de la investigación de esta manera: «Cuando nuestras conversaciones internas activan nuestro sistema de amenazas con frecuencia a lo largo del tiempo, envían mensajes a nuestras células que desencadenan la expresión de genes de inflamación, que están destinados a protegernos a corto plazo, pero que causan daño a largo plazo». Como subraya Kross, «los genes son como las teclas de un piano». Cuando nos enfrascamos en una charla rumiante, tocamos notas discordantes.

Entonces, teniendo en cuenta todo lo que sabemos ahora sobre las causas y consecuencias del ruido, ¿qué podemos decir sobre la base biológica del poder del silencio para sanar el cuerpo y aclarar la mente?

Hay un elemento común a todas las interferencias no deseadas en el paisaje sonoro interior y exterior. Es, en una palabra, el estrés. El ruido impulsa la respuesta de lucha o huida, desequilibrando nuestros sistemas físicos y cognitivos. Los distintos tipos de ruido se alimentan mutuamente, creando circuitos de retroalimentación perniciosos que ponen a prueba nuestra sensación de bienestar y afectan a nuestra salud corporal hasta el nivel celular.

Aunque décadas de investigación demuestran la importancia de trascender el ruido para lograr una buena salud y cognición, reconocemos que hay otro aspecto de la pregunta de Faith que sigue sin respuesta. Su intuición de que el silencio le permitía recuperarse —que proporcionaba la apertura a través de la cual llegaba la curación— era algo más que trascender el ruido. También estaba activo

TU CEREBRO EN LA EXPERIENCIA OCEÁNICA

La profesora Imke Kirste, de la Facultad de Medicina de la Universidad de Duke, dirigió un estudio poco habitual, colocando ratones en el interior de cámaras anecoicas durante dos horas al día, versiones en miniatura de las que John Cage introdujo en Harvard en 1951. Ella y su equipo comprobaron las respuestas a cinco tipos de sonidos: sonidos de crías de ratones, ruido blanco, la Sonata para dos pianos en re de Mozart, sonido ambiente y silencio. Dentro de la cámara anecoica, los ratones sólo podían oír el sonido directo de las crías, el ruido blanco o los virtuosos clásicos sin interferencia de los sonidos ambientales. En cuanto a la exposición al silencio, los investigadores dejaron que la cámara hiciera su magia, eliminando el ruido exterior y absorbiendo todas las reflexiones de sonido y ondas electromagnéticas en su interior. Tras la aplicación de cada variable sonora, el equipo midió el crecimiento celular en el hipocampo de cada ratón, la región del cerebro más asociada a la memoria. Kirste y su equipo acabaron rechazando su hipótesis de que los sonidos de las crías darían los mejores resultados. El silencio, de hecho, provocó la respuesta más fuerte de los ratones, produciendo el mayor número de neuronas recién crecidas y sostenidas. *Escuchar el silencio* aceleró de forma demostrable el crecimiento de las células cerebrales vitales.

Sin embargo, en el análisis de Kirste el poder del silencio no tenía que ver con la relajación. De forma contraria a la intuición, observó que el saludable silencio se presentaba en realidad como *una especie de estrés*.

De los cuatro estímulos, escribió, el silencio era «el más excitante, porque es muy atípico en condiciones salvajes y, por tanto, debe percibirse como una alerta». Aunque está de acuerdo en que la mayor parte del estrés cotidiano perjudica el crecimiento y la curación del cerebro, Kirste considera que el «estrés» particular del silencio novedoso es algo diferente, algo que incluso podría considerarse «estrés bueno» o «eustrés». Este término, eustrés, fue acuñado en la década de 1970 por el endocrinólogo Hans Selye para describir el esfuerzo intensivo que realmente mejora el funcionamiento. Kirste aclara lo que ocurre aquí. «Los estudios de imagen funcional indican que intentar oír en silencio activa el córtex auditivo», dice, «poniendo "el sonido del silencio", la ausencia del sonido esperado, al mismo nivel que los sonidos reales».

Así que, en resumen, hay algo activo en no escuchar nada. No es simplemente «desconectar». Es, más bien, un tipo de esfuerzo positivo.

Volvemos una y otra vez a las palabras de Kirste («Intentar escuchar en silencio») porque implican algo profundo tanto para nosotros, los mamíferos mayores, como para los ratones. Nos recuerdan la práctica del Nada yoga, de escuchar el «sonido no golpeado». También nos recuerdan los resultados de los estudios de resonancia magnética de los practicantes de meditación profunda, que prestan atención asiduamente en espacios prácticamente sin sonido ni estímulos. El intenso estado de receptividad focalizada es también un tipo de esfuerzo. Requiere concentración. Es el tipo de esfuerzo *bueno*.

Esta idea del silencio como una fuerza activa, no pasiva, resonó para Faith. «Es la creatividad del universo que fluye por tu mente. Nunca querrías detenerla», dice. Pero cuando la mente se calma, observa, nos encontramos activamente inmersos en la concentración, *encontrándonos* realmente *con* el silencio. Tal y como le ocurría a ella de pequeña.

6

UN BOTÓN DE SILENCIO PARA LA MENTE

«¿Qué es el silencio en la mente?»

Hemos planteado esta pregunta a neurocientíficos, físicos y psicólogos académicos, y hemos obtenido respuestas que suenan sorprendentemente similares a las ofrecidas por los físicos modernos y los místicos védicos: Una mente viva, al igual que un universo vivo, siempre está vibrando, disparando, zumbando, chirriando. Siempre está reuniendo y sintetizando datos sensoriales. Estar literalmente «en silencio» —en el sentido de no pensar, no percibir, no hacer nada— es estar, en una palabra, muerto.

Sin embargo, muchos de los expertos técnicos con los que hemos hablado están de acuerdo en que existe el «silencio» en una conciencia humana viva. Hay una condición de presencia que está más allá del ruido. ¿Cómo lo saben? Porque lo han experimentado por sí mismos.

Cuando hemos compartido con investigadores académicos y clínicos cómo muchas, si no la mayoría, de las personas describen su silencio más profundo como algo que ha ocurrido en condiciones que no son auditivamente o incluso informativamente silenciosas, nadie se ha sorprendido. Fue Joshua Smyth, profesor de medicina y salud bioconductual, quien nos habló de un participante en uno de sus estudios sobre la reducción del estrés que encuentra un silencio interior inigualable tallando esculturas de madera con una ruidosa motosierra.

El silencio en la mente es un fenómeno real. Pero es muy difícil de definir.

Así que, dados los límites de la descripción y categorización de este estado de silencio interno por parte de las comunidades médica y científica, recurriremos primero a otro tipo de autoridad para explorar los contornos del fenómeno: nuestro amigo Jamal, una estrella de baloncesto de 14 años de edad.

¿Por qué es Jamal un experto? La adolescencia, tal vez lo recuerdes, es una época de máximo ruido interno, un periodo de la vida en el que la mayoría de nosotros obtiene su sentido del yo de un mundo exterior voluble. En la edad de la Educación Secundaria, la mayoría de nosotros confiamos en otras personas y en las circunstancias externas para que nos digan quiénes *somos* y quiénes *no*. Hay una tendencia a estar siempre «actuando». La norma de la Escuela Secundaria de ajustarse constantemente a las expectativas externas es un potente motor de ruido interno.

Pero, a pesar de estar en esta fase de la vida, Jamal conoce íntimamente el silencio interno.

«Cuando estoy caliente, siento que no puedo fallar un tiro... como si cada tiro que hago entrara», nos dice. «Y sé que estoy caliente, y mis *compañeros* lo saben, y me dan el balón, y cuando ellos están calientes, yo hago lo mismo. Así es como funciona». Nos mete de lleno en el último cuarto de un partido de campeones: el corazón golpeando, las zapatillas chirriando, el público animando. «Te lo tomas como una posesión por otra, en lugar de centrarte en lo que pasó en el pasado o en lo que va a pasar. Tienes que estar presente». Cuando está en este estado, nos dice, «mi mente está en silencio».

Consideremos los tiros libres. Jamal los describe como «puntos esencialmente seguros». Pero reconoce que podría fallar esos puntos libres si no entra en ese lugar tranquilo dentro de sí mismo. «Respiraré profundamente para concentrarme en lo que está pasando... para que mi corazón deje de latir», nos dice. «Quiero tomarme mi tiempo». Jamal tiene un ritual para encontrar su tranquilidad en estos momentos: «Suelo hacer un regate, y luego hago girar el balón entre mis manos, y después tiro». La reacción es instantánea. Si se precipita, si deja que factores externos le distraigan, si se preocupa aunque sea un nanosegundo por las opiniones de los demás, el balón rebota en el aro. Si su mente está en silencio, fluye.

Le preguntamos a Jamal si puede recordar un momento en el que el «calor» fuera inalcanzable. «Sí, fue el último partido de la temporada», dice, con ligera resignación. Se refiere al abrupto final de su temporada de 2020, justo cuatro días antes de que las escuelas de California declararan un periodo de refugio para la COVID. «Estuve mucho tiempo pensando en ese partido». En medio de la incertidumbre del momento, el gimnasio estaba repleto de sus compañeros y sus padres, gente que normalmente no acudía a los partidos. Querían estar juntos y apoyar al equipo local. Había una energía frenética en el edificio. Pero, en aquel momento, nadie sospechaba que estuviéramos ante una pandemia en toda regla. Al principio del partido, recuerda que falló un tiro y una voz en su interior le dijo: «¿Qué está pensando la gente?». Sentía la presión de rendir; su imagen estaba en juego. No podía «calentarse», porque no podía librarse de la charla interna.

Así que, aunque los principales neurocientíficos del mundo carezcan de una forma concisa de describir la naturaleza de un estado interno de silencio, Jamal tiene una. Es estar «caliente» en la cancha. Los héroes de Jamal, Stephen Curry y LeBron James, también tienen su frase: «en la zona». En psicología, el término que más se acerca a describir este aspecto activo del «silencio en la mente» es *flow*.

Mihaly Csikszentmihalyi —el pionero de la psicología positiva que popularizó el término «flow»— dirigió en su día un estudio a gran escala sobre las percepciones de flow en todo el mundo. Él y sus colegas descubrieron que, con independencia de las diferencias de edad, sexo, cultura o nacionalidad, la percepción del lenguaje utilizaba alguna variante del término *flow* para describir un tipo específico de estado. La experiencia del *flow* no era sólo una peculiaridad de las élites afluentes e industrializadas», escribió Csikszentmihalyi. «La relataron con las mismas palabras las ancianas de Corea, los adultos de Tailandia y de la India, los adolescentes de Tokio, los pastores navajos y los agricultores de los Alpes italianos». Csikszentmihalyi y su equipo nos han proporcionado una palabra para un fenómeno subjetivo que es difícil de estudiar o definir, pero que ha sido fundamental para la experiencia humana desde los albores de la vida humana.

Hay un vínculo intuitivo entre el silencio y el *flow*. Cuando Jamal describe el lanzamiento de un tiro libre o la recepción del balón por parte de un compañero, es evidente que está trascendiendo el ruido. Pero también hay un elemento común menos obvio. Csikszentmihalyi y otros estudiosos señalan que el *flow* ocurre cuando estamos en estado de eustrés. Al igual que los ratones inmersos en las cámaras anecoicas del estudio del profesor Kirste, entramos en el estado de *flow* en el «punto medio» entre la angustia y el aburrimiento, cuando nos enfrentamos a un reto pero no nos sentimos abrumados, como cuando Jamal y sus compañeros de equipo están bien emparejados con el equipo contrario. Csikszentmihalyi y su veterana colega Jeanne Nakamura describen este «punto dulce» como «desafíos percibidos, u oportunidades de acción, que estiran (sin sobrepasar ni infrautilizar) las habilidades existentes». Es el momento en el que nos volcamos con toda nuestra conciencia en la tarea que tenemos entre manos, entrando así en un estado de atención prístina.

Cuando empezamos a preguntar a la gente «¿Cuál es el silencio más profundo que has conocido?» pensamos que estábamos haciendo algo mal. ¿Por qué, nos preguntábamos, nos hablaban de ruidosas fiestas y de escalar montañas en condiciones meteorológicas adversas? «Quizá no entendieron la pregunta», pensamos. «Eso suena ruidoso». Pero con el tiempo nos dimos cuenta de que estábamos equivocados. Estaban describiendo la experiencia interior del silencio.

Aunque nuestros propios estados mentales son subjetivos, hay algunas características claras que podemos identificar en las experiencias de diferentes personas. Csikszentmihalyi describe varios rasgos definitorios del *flow*, uno de los cuales es que llega a un aspecto central del silencio interno. Es lo que él llama «pérdida de la autoconciencia reflexiva». Como escribe, la «pérdida de la autoconciencia no implica una pérdida del yo, y ciertamente no una pérdida de la conciencia, sino más bien, sólo una pérdida de la conciencia del yo». Y aclara: «Lo que se desliza por debajo del umbral de la conciencia es el concepto del yo, la información que utilizamos para representarnos quiénes somos». Esta es una fuente no sólo de diversión, sino también de crecimiento personal. «Cuando no estamos preocupados por nosotros mismos», escribe Csikszentmihalyi, «tenemos la oportunidad de ampliar el concepto de quiénes somos. La pérdida de la conciencia de uno mismo puede conducir a la autotrascendencia, a la sensación de que los límites de nuestro ser han sido empujados hacia adelante».

He aquí otra forma de describir lo que ocurre en el estado de quietud interior: dejamos de hablarnos a nosotros mismos sobre nosotros mismos.

Esto se debe en parte a la necesidad. Cuando estamos inmersos en el estrés de la vida, no tenemos reservas de atención para dudar, preocuparnos o autocomplacernos. Según las estimaciones de Csikszentmihalyi, nuestros filtros atencionales pasan por alto algo así como el 99,999 % de los fragmentos de información recogidos, con el fin de filtrar el escaso porcentaje del 0,001 % de estímulos relevantes. Con una atención limitada, los investigadores especulan que las formas más sofisticadas de pensamiento —como la autoconciencia reflexiva— son un precio demasiado alto. No tenemos capacidad cognitiva de sobra para fijarnos en el pasado o en el futuro o en el estado del ego.

Esto no quiere decir que la inmersión en el *flow* lleve a una extinción del sentido del yo. Csikszentmihalyi describe lo que ocurre como una especie de evolución. Hay un yo que retrocede y un yo que emerge. El yo que retrocede es el que está preso de su autoconcepto y de sus intereses. Está cautivo de los ruidosos interrogadores que se preguntan constantemente «¿Cómo me clasifico? ¿Qué pensarán? ¿Qué significa esto para mí?». Ahí es donde Jamal se quedó atascado después de fallar aquel tiro durante el último partido de la temporada 2020. El nuevo yo —el que emerge a través del *flow*, el que está «caliente» en la cancha— es a la vez más «diferenciado», portador de una sana individualidad y singularidad, y más «integrado», capaz de percibir la unidad con los demás y la comunión con lo que se extiende más allá de la piel. Cuando Jamal tira y sacude a los defensores, sigue siendo Jamal, pero es una versión más presente y conectada de sí mismo. Incluso en la cúspide de la absorción ansiosa de sí mismo —la escuela secundaria— Jamal puede, como Houdini, deslizarse a través de los barrotes de la «autoconciencia reflexiva» y entrar en un estado mental que se siente expansivo, casi eterno.

Esto es el silencio en la mente viva.

MAPA DE RUIDO MENTAL

En *The Wall Street Journal* en 2014, el autor e investigador Michio Kaku declaró: «Ha llegado la Edad de Oro de la Neurociencia». Según él, «hemos aprendido más sobre el cerebro pensante en los últimos 10-15 años que en toda la historia de la humanidad».

Si se examinan los principales periódicos, podcasts, revistas y publicaciones académicas de la última década, se encontrarán connotaciones triunfalistas similares. Los avances en física, informática, estadística y otros campos han hecho posible una extraordinaria gama de nuevas tecnologías con un vertiginoso abanico de siglas —RM, PET, EEG, TC, ECP, TES—, que han permitido a los científicos no sólo observar las arquitecturas físicas del cerebro, sino también estudiar las implicaciones neurobiológicas de los pensamientos y las funciones del sistema nervioso. Estos avances tienen enormes implicaciones para nuestra comprensión del cerebro y para nuestra capacidad práctica de mejorar la vida de los seres humanos, como los nuevos tratamientos médicos: un «marcapasos cerebral» para los enfermos de Alzheimer y un exoesqueleto robótico para permitir que los parapléjicos caminen.

Sin embargo, entre todos esos avances, no debemos engañarnos creyendo que estamos desentrañando alguno de los grandes misterios de la conciencia humana. Cuando hablamos con neurocientíficos sobre el potencial de las tecnologías de neuroimagen para descifrar los estados mentales del silencio, en general se mostraron inflexibles en sus renuncias. Por

ejemplo, aún no disponemos de nada parecido a una «máquina de resonancia magnética en movimiento» que permita seguir de forma no intru-
siva el cerebro en un estado de baja actividad, como el que tiene Jamal
cuando está encestando. Incluso cuando se puede ver la actividad cerebral
en tiempo real, revela poco sobre lo que una persona está *experimentando*
en ese momento, dice Adam Gazzaley. Una persona puede tener una idea
que le cambie la vida o un retroceso debilitante, pero estos acontecimientos «pueden ser bastante sutiles desde el punto de vista neuronal», nos dice
Gazzaley. Al mismo tiempo, una persona puede encender la máquina con
lo que parece ser un «evento» importante que ni siquiera se registra en su
conciencia. Preguntamos a Gazzaley si sería posible utilizar las tecnologías
de neuroimagen más avanzadas de hoy en día para identificar señales o
proxies de una mente que está «tranquila».

«Más o menos tranquilo», aclaró con una risa.

Aunque todavía estamos muy lejos de poder vincular directamente la
actividad cerebral específica medible con la experiencia vivida correspon-
diente, la neurociencia está, sin embargo, consiguiendo una mejor comprensión de la «geografía» del cerebro. Estamos más cerca de poder decir
qué regiones y redes del órgano pensante tienen más relación con la
ansiedad, la preocupación y el pensamiento autorreferente. Estos avances
tienen importantes implicaciones para entender el significado del ruido
y el silencio en la mente.

Mark Leary, profesor de psicología y neurociencia de la Universidad
de Duke, reflexionó una vez: «Si el *yo* humano tuviera instalado un botón
de silencio o un interruptor de apagado, el *yo* no sería la maldición para la
felicidad que a menudo es». Inspirados por la observación de Leary, nos
hemos propuesto responder a esta pregunta: ¿Existe un mecanismo neurobiológico que pueda acercarse a un «botón de silencio» para el cerebro?
Si es así, ¿dónde lo encontramos? Hace poco hablamos con Arne Dietrich,
un neurocientífico de la Universidad Americana de Beirut especializado en
los mecanismos neurocognitivos de un cerebro como el de Jamal cuando
juega a la pelota. Acuñó el término «hipofrontalidad transitoria» para describir lo que ocurre en la quietud interna del estado de *flow*. «Transitorio»

describe el estado temporal de esta forma de conciencia. «Hipo» describe una ralentización de la actividad en el «frontalidad» (o sea, la corteza prefrontal (CPF) del cerebro, donde formulamos nuestro sentido de un yo separado). Según Dietrich, los estados de *flow* y otras formas expandidas de conciencia —incluidos los estados mentales provocados por sustancias psicodélicas y enteógenas— facilitan una experiencia de unidad porque las áreas del cerebro donde formulamos nuestro sentido del yo y del tiempo se disuelven. Dietrich se apresura a señalar esta ironía: mientras que estos estados se anuncian a menudo como «una forma más evolucionada de conciencia», surgen a través de la *disminución de* la actividad en nuestra región más evolucionada y más celebrada del cerebro, el CPF.

Dejando de lado la evolución o la involución, de lo que Dietrich habla es de un camino hacia el silencio en la mente. Habla de un mecanismo biológico para superar la distracción interna que asola gran parte del mundo moderno.

Habla de un posible «botón de silencio».

Pero ésta no es la única idea de lo que constituye la base neurobiológica de una mente silenciosa. Mientras que el córtex prefrontal se desactiva durante algunas actividades de bajo esfuerzo físico, otras actividades de bajo esfuerzo —como la aritmética o la improvisación de jazz— parecen requerir más controles ejecutivos y un *aumento* de la actividad en el CPF. Por tanto, el «botón de silencio», de hecho, podría no tratarse simplemente de descansar una parte del cerebro. Podría tratarse más bien de poner en marcha un intrincado ballet en todo el orbe.

En el último capítulo, compartimos la descripción de Adam Gazzaley y Larry Rosen de las fuerzas de empuje y arrastre de la atención (de arriba abajo y de abajo arriba). Más que una simple disminución del CPF, algunos estudios sobre la atención describen una especie de sincronización entre diferentes *redes atencionales*, como, por ejemplo, el hecho de que Jamal se proponga encestar un tiro de tres puntos (objetivo descendente) mientras sigue vigilando a un defensor que se acerca (ascendente). Estos estudios también ponen de relieve el papel de las redes de *recompensa*, en las que intervienen neurotransmisores como la dopamina, que parecen reforzar la atención centrada al tiempo que disminuyen la impulsividad y la distracción. Esta teoría de la «sincronización» sugiere que una secuencia cuidada de diferentes funciones y actividades calma una mente ruidosa.

Algunas de las pistas más importantes sobre la ubicación de un posible «botón de silencio» han llegado a través de las investigaciones de las últimas décadas sobre los *estados por defecto* de nuestras mentes.

Hasta hace poco, la mayoría de los expertos consideraban que el cerebro «en reposo» era como un músculo relajado: vivo, pero en su mayor parte inmóvil y con poca energía. En 2001, Marcus Raichle, neurólogo de la Facultad de Medicina de la Universidad de Washington, y sus colegas dieron la vuelta a esta suposición. Descubrieron lo que algunos científicos sospechaban: que el cerebro está siempre muy activo y gasta *mucha* energía. De hecho, el conjunto de regiones cerebrales asociadas a los estados pasivos —la red de modos por defecto (DMN)— es un gran consumidor de energía.

Además, es ruidoso.

En su libro *Cómo cambiar de opinión*, Michael Pollan resume sucintamente la ciencia reciente, diciendo: «La red de modos por defecto parece desempeñar un papel en la creación de construcciones o proyecciones mentales, la más importante de las cuales es la construcción que llamamos el yo, o ego. Por eso algunos neurocientíficos la llaman "la red del yo"». Pollan habla de la autoconciencia reflexiva y de toda la preocupación, la rumiación, la autonarrativa y la autoimportancia que engloba. Esto supone un comentario desconcertante sobre la naturaleza humana: *nuestro «defecto», la DMN, se define por los ruidosos pensamientos sobre el «yo».*

Estudios recientes han descubierto que la DMN está correlacionada negativamente con las redes atencionales del cerebro. En otras palabras, cuando la DMN se activa, las estructuras y procesos que subyacen en nuestras capacidades atencionales se calman, y cuando las redes atencionales están activas, hay una reducción de la DMN. Pollan propone la metáfora de un balancín. En un extremo se encuentra la DMN; en el otro, la atención. Esto sugiere que las actividades que requieren nuestras redes atencionales, como las que producen un sentido de *flow*, disminuirían la actividad de la DMN y, con ella, todo ese pensamiento y preocupación autorreferencial.

Judson Brewer ha descubierto a través de sus investigaciones que los aspectos más ruidosos de la conciencia humana se corresponden con las actividades de dos partes principales del cerebro asociadas a la DMN: el CPF y la parte posterior cingulado (PCC). Mientras que el CPF es responsable del sentido verbalizado de su nombre e identidad intelectual, el CCP es más responsable del modo en que uno se siente a sí mismo. El CCP se asocia con el ruido inefable de la conciencia de uno mismo, el tipo de sensación corporal de malestar que se asocia con las punzadas de culpa o el malestar en torno a la imagen de uno mismo. Brewer, un meditador experimentado, es muy consciente de la brecha existente entre la experiencia en primera persona y los informes en tercera persona sobre la actividad neuronal. Por ello, ha dirigido estudios que aplican una innovadora metodología de «teoría fundamentada», que combina la neuroimagen con descripciones personales de primera mano de lo que ocurre. Por ejemplo, hace que los participantes en el estudio realicen «carreras cortas» de unos pocos minutos de práctica de meditación en una máquina de resonancia magnética o de electroencefalograma y luego les pregunta: «¿Qué estaba ocurriendo en tu experiencia?» En su mayoría, ha descubierto que la red de modo por defecto se ilumina en los puntos en los que los participantes en el estudio describen que entran en un estado mental o emocional de *constricción*, como cuando están meditando y se sienten frustrados y se esfuerzan por «superarlo». Por el contrario, descubre que la DMN, y en particular el PCC, se relajan cuando los sujetos entran en estados mentales y emocionales asociados a la *expansión/sensaciones* de facilidad, ausencia de esfuerzo y bondad amorosa—.

En sus estudios, Brewer ha utilizado como sujetos de control a personas que no meditan. A estos participantes se les enseñaba una práctica de meditación por la mañana y luego se les deslizaba en el escáner para intentar practicar lo que habían aprendido por la tarde. «En realidad eran más interesantes que los meditadores experimentados, en muchos sentidos», dijo al profesor de meditación y autor Michael Taft en una entrevista reciente. Según Brewer, varios de los meditadores novatos estaban «literalmente cambiando su actividad cerebral» en la región del PCC de rojo (activación) a azul (desactivación). Aprendieron a hacerlo después de sólo nueve minutos — «literalmente, tres carreras de tres minutos cada una»— de retroalimentación de neuroimágenes. Se adaptaban al momento. Brewer especula que estaban aprendiendo lo que se siente *al entrar y salir de su propio camino*. Estos sujetos fueron capaces de reducir temporalmente la actividad del PCC, lo que implica un potencial prometedor para gestionar «la red del yo».

Mientras que una sola sesión de meditación parece dar lugar a *estados mentales* que trascienden nuestra ruidosa configuración por defecto, las prácticas a largo plazo de meditación y otras formas de concentración pueden producir *rasgos mentales* más duraderos de tranquilidad. En un estudio de 2021, Kathryn Devaney, investigadora posdoctoral en Harvard, y un equipo de investigadores dieron a meditadores Vipassana experimentados y a sujetos del grupo de control dos tipos de ejercicios: tareas de concentración (que requieren un gran esfuerzo de las redes atencionales) y descanso, sin tarea explícita (que invita a la DMN a activarse). Descubrieron que los meditadores mostraban menos actividad de la DMN mientras estaban en reposo que el grupo de control. Devaney y sus coautores resumen sus hallazgos de esta manera: «La práctica de la meditación a largo plazo contribuye a la salud del cerebro y al bienestar mental al obtener un control supresivo eficaz sobre la DMN rumiante». Brewer también ha descubierto que los practicantes de meditación experimentados son capaces de recablear sus cerebros con el tiempo para hacer que la DMN sea menos activa, incluso durante los períodos de descanso.

Esto es una buena noticia. Podemos hacer que nuestro estado por defecto sea menos ruidoso. Podemos desarrollar las habilidades para hacerlo y, con la práctica, la capacidad para que nuestro entorno interior sea menos constrictivo y más expansivo. Trabajando con el CPF y el CCP, podemos encontrar no sólo un «botón de silencio» ocasional y temporal, sino una forma de reducir el ruido cotidiano en el ambiente de nuestra conciencia.

Todas estas investigaciones apuntan a algo contrario a la intuición sobre la tranquilidad de la mente. Nuestra idea habitual de «descanso» no es necesariamente tranquila. Imagina que has apagado el teléfono, la televisión, el ordenador y cualquier otra fuente de distracción auditiva e informativa que te rodea. Es un buen comienzo. Pero si sigues sentado en el sofá con una tarrina de helado, dando rienda suelta a tus peores paranoias y dejando que las fantasías egocéntricas se desborden, eso no es realmente silencio en la conciencia. Desconectar puede ser el estado más ruidoso de todos.

No estamos criticando la ensoñación a la vieja usanza. Como reconocen Kathryn Devaney, de Harvard, y sus coautores, «no todo el vagabundeo mental es rumiante». Hay tipos de pensamiento de tipo «cielo azul», por ejemplo, refiriéndose a los recuerdos, imaginando nuevas posibilidades, observando cómo las nubes hinchadas se convierten en conejitos y dragones y conejitos de nuevo: todo eso tiene poco en común con los sombríos desvíos de la mente autoobsesiva y rumiante. Pero Devaney y sus colegas concluyen que una práctica como la meditación o simplemente prestar atención consciente al silencio es útil para trascender el ruido de forma regular y fiable. «Los resultados primarios», escriben, «son consistentes con los efectos positivos del entrenamiento de la meditación en la supresión de la DMN».

Así que, aunque no exista un «botón de silencio» perfecto, podemos aprender a reducir el ruido.

LA NEUROCIENCIA DE LA AUTOTRASCENDENCIA

«Una sensación de *flow*, de estar con la respiración». Así es como una participante, una meditadora experimentada, en uno de los estudios de retroalimentación neuronal por resonancia magnética en tiempo real de Brewer, describió un momento especialmente brillante de la práctica. Según las lecturas del monitor, este momento concreto se correspondía con una notable reducción de la actividad en su PCC.

Aunque solemos asociar la fluidez con estados de actividad física —como Jamal encestando un balón de baloncesto—, la relación con la meditación sentada tiene sentido. La fluidez, al igual que la práctica de la concentración de la respiración, consiste en anclarse en el momento presente. Se trata de la integración de la mente y el cuerpo. De hecho, Csikszentmihalyi ha escrito a menudo sobre la meditación como una forma de entrenamiento para el *flow*.

En los estudios de resonancia magnética, Brewer y otros investigadores han hecho que los participantes en el estudio realicen diferentes tipos de meditación, incluida la práctica de «bondad amorosa», en la que uno se centra en sus sentimientos o intenciones de compasión hacia otras personas. A primera vista, estas prácticas no parecen tener nada que ver con el *flow*, a diferencia, por ejemplo, de la conciencia de la respiración. Sin embargo, en los estudios, han dado lugar a una reducción similar de la actividad en el PCC.

En una conversación reciente, Brewer nos señaló que la concienciación y las prácticas de bondad amorosa comparten, de hecho, un elemento central, uno que se vincula directamente con el *flow*.

«¿Qué sientes cuando piensas en un momento en el que alguien ha sido amable contigo?» nos preguntó Brewer, refiriéndose a una reflexión clave en la práctica de la amabilidad. «¿Te sientes contraído o expandido?»

«¿Y qué se siente cuando sólo se descansa en la conciencia de la respiración o de un objeto y no se está atrapado por el parloteo de la mente? ¿La sensación es de contracción o de expansión?»

Para nosotros, la respuesta a cada una de las preguntas era clara: expandida. La investigación de Brewer muestra que hay una cualidad compartida que surge en la conciencia cuando una persona realiza cualquiera de estas prácticas. No se trata sólo del estrés de la fatiga física, cuando el cerebro tiene que estar tan concentrado en la tarea que tiene entre manos que carece de recursos atencionales para albergar incluso un mínimo de autoestima o preocupación. Es una sensación de expansión más allá del aferramiento al sentido del yo separado.

La expansión tranquiliza la mente.

Existe un área emergente de estudio académico multidisciplinar centrado en las experiencias autotrascendentes (EAS), una categoría de experiencia que abarca los estados mentales de *flow*, el mindfulness, el asombro y los encuentros místicos, por nombrar sólo algunos.

David Bryce Yaden, de la Facultad de Medicina de la Universidad Johns Hopkins, y sus colaboradores describen en un artículo reciente las STE como «estados mentales transitorios de disminución de la autosaliencia y/o aumento de la sensación de conexión». Especifican dos subcomponentes de las EEC: un componente «aniquilador», «que se refiere a la disolución del sentido corporal del yo, acompañado de una reducción de los límites del yo y de la autosaliencia»; y un componente «relacional», «que se refiere a la sensación de conexión, incluso hasta el punto de la unidad con algo más allá del yo, generalmente con otras personas y aspectos del propio entorno o contexto circundante». La autotrascendencia es una especie de «ajuste de tamaño». Es una disminución de la importancia del yo egoico, al tiempo que aumenta nuestro sentido de interconectividad con el mundo que nos rodea. Somos a la vez más pequeños *y* más grandes, una simple gota en el océano, pero que forma parte de su inmensidad.

Los STE —casi universalmente— nos aportan esta sensación subjetiva de *expansión*. También suelen hacer algo más: *nos cierran la boca*. Considere el asombro. El psicólogo de la UC Berkeley Dacher Keltner, fundador del Greater Good Science Center, y su colega Jonathan Haidt definen el asombro como una combinación de dos factores: la «percepción de inmensidad» y la «necesidad de acomodación». El primero, la inmensidad percibida, se produce cuando «estás rodeado de cosas que son vastas o que trascienden tu marco de referencia, ya sea espacial, temporal o de significado». Es maravillarse ante una deslumbrante tormenta eléctrica. Es contemplar la escabrosidad de otro mundo del Gran Cañón. A veces, es la comprensión de la inmensidad y la grandeza del universo mediante la participación en un ritual sagrado o la contemplación de un concepto como la teoría de las cuerdas. La única respuesta vocalizada que basta es un «ahhh» o un «ohhh» o un «mmmm» o, quizás lo mejor de todo, una entrega total al silencio.

La segunda característica del asombro, la necesidad de acomodación, se da cuando una experiencia o realización «trasciende tus estructuras de conocimiento. No puedes darle sentido». Como explica Keltner, «te quedas sin palabras». Es una incapacidad para poner la realidad en categorías ordenadas. Ludwig Wittgenstein, el lógico austriaco y pionero en los campos de la filosofía de las matemáticas y la filosofía de la mente, ofreció este resumen al final de su obra magna, *Tractatus Logico-Philosophicus*: «De lo que no se puede hablar, hay que callar. De lo que no se puede hablar hay que dejarlo en silencio». Sus palabras son como el bendito colapso de un motor turboalimentado de cálculo lógico en los brazos amorosos del misterio cósmico.

Este encuentro con estructuras de conocimiento que superan nuestros marcos actuales recuerda el trabajo del psicólogo suizo Jean Piaget, quien señaló que el desarrollo de los niños se produce cuando hay necesidad de ampliar su visión del mundo. Trascienden sus paradigmas anteriores porque deben hacerlo. O, más exactamente, los trascienden *y* los incluyen. En resumen, cuando no podemos acomodar una observación o experiencia con nuestra estructura mental existente, crecemos. Esto no sólo ocurre en la adolescencia, como creían Piaget y otros de su época; ocurre a lo largo de toda la vida. Esto ha sido afirmado por una nueva ola de teóricos y psicólogos.

Summer Allen, colega de Keltner en el Greater Good Science Center, escribe que las experiencias de asombro «desvían nuestra atención de nosotros mismos, nos hacen sentir que formamos parte de algo más grande que nosotros mismos y nos hacen más generosos con los demás». Psicológicamente, escribe, los beneficios de la autotrascendencia a través del asombro parecen «dar a las personas la sensación de que tienen más tiempo disponible, aumentar los sentimientos de conexión, incrementar el pensamiento crítico y el escepticismo, aumentar el estado de ánimo positivo y disminuir el materialismo». Todos estos atributos hablan del tipo de *expansión* que Judson Brewer encuentra con la disminución de la actividad en el PCC. Sin nada que decir y sin un sentido prepotente de nosotros mismos, nuestras tendencias constrictivas se desvanecen. Como subraya

Keltner, una experiencia de asombro puede «calmar tu fisiología del estrés, activar el nervio vago, desencadenar la liberación de oxitocina, activar las redes de dopamina en tu cerebro». Continúa diciendo que esta respuesta biológica puede «ayudarte a explorar el mundo, hacerte más amable y llenarte de asombro».

La desactivación de «la red del yo» nos devuelve a las dimensiones morales del silencio, a la noción de Gandhi de que «casi la mitad de la miseria del mundo desaparecería si nosotros, mortales preocupados, conociéramos la virtud del silencio». O los sentimientos de Sheena Malhotra, que describió el silencio «como un océano» que desplaza la energía y transmite empatía incluso a través de una multitud de miles de personas. O lo que Rob Lippincott describe en el silencio utilizado en las reuniones de negocios cuáqueras que buscan encontrar la unidad en su «ejercicio de unión». Cuando nos alejamos de la experiencia ordinaria del cerebro del ruido, la constricción y la división, y entramos en estados de silencio, expansión y conexión, permitimos la transformación no sólo de nuestro ser individual, sino de nuestras relaciones, comunidades y sociedades.

En su artículo de 2017, Yaden y sus coautores escriben sobre la variedad más intensa del STE: la *experiencia mística*. «Algunas personas informan de que durante las experiencias místicas, el sentido del yo puede desaparecer por completo, creando una sensación de unidad sin distinciones con el entorno». Estas experiencias reciben muchos nombres, como experiencias religiosas primarias, conciencia cósmica, conciencia de Cristo, satori, samadhi, experiencias no duales y trascendentales, por nombrar sólo algunas. Aunque cada una de estas experiencias tiene su propio carácter y un significado matizado según la tradición de la que proceden, los neurocientíficos y los psicólogos señalan que las experiencias tienen cualidades comunes, como la propensión a generar un cambio de perspectiva a largo plazo.

Hace más de un siglo, William James, el académico de Harvard que hoy es ampliamente reconocido como el padre de la psicología estadounidense, describió las características unificadoras de la experiencia mística. Según James, comparten cuatro cualidades. Una es la cualidad noética.

Las experiencias se sienten reales y verdaderas, y «llevan consigo una curiosa sensación de realidad para después». Otra cualidad es la *transitoriedad*. Estas experiencias son breves, pero, si la experiencia se repite, es posible un elemento de «desarrollo continuo». Otra cualidad es la *pasividad: una* sensación de agobio o rendición. El sujeto se siente como si hubiera sido «agarrado y retenido por un poder superior».

La cuarta, y más importante, según James, es la *inefabilidad*: la sensación de que la experiencia «desafía la expresión».

Para James, la experiencia mística era algo no sólo saludable para la mente, sino que despertaba a todo el ser. Hablando sobre las experiencias místicas ante un público repleto en la Universidad de Edimburgo a principios del siglo xx, James dijo: «Lo único que [una experiencia mística] atestigua inequívocamente es que podemos experimentar la unión con algo más grande que nosotros mismos y en esa unión encontrar nuestra mayor paz». La búsqueda de esta «mayor paz» siguió siendo uno de los principales intereses de investigación académica de James hasta el final de su vida. Sin embargo, James, al igual que otros estudiosos, se encontró con que la ciencia de la experiencia mística era extremadamente difícil de estudiar. Esto se debe a que las experiencias místicas tienden a producirse de forma espontánea en entornos muy alejados de nuestros escáneres e instrumentos científicos. Incluso los tipos de los experimentos de «teoría fundamentada» que describe Brewer no son de mucha ayuda cuando se trata de descifrar los mecanismos neurobiológicos que entran en juego en una experiencia mística genuina. Como reconoció James, *son inefables*.

* * *

Hace poco preguntamos a Grace Boda sobre el silencio más profundo que ha conocido.

Sus ojos se llenaron de lágrimas y dijo: «Lo recuerdo como si fuera ayer, porque cambió el curso de mi vida».

«Tengo seis años. Estoy en primer grado. Es el recreo», recuerda. «Acaban de cortar el césped, así que todos estamos haciendo lo que siempre hacemos cuando acaban de cortar el césped: estamos raspando todos los recortes de hierba en un gran círculo para hacer un nido y jugar a los pájaros.

«Así que todos estos niños pequeños están dando vueltas y graznando. Los chicos se disputan el terreno y las chicas buscan gusanos, y mi trabajo, como soy la más pequeña del primer curso, es ser el pajarito», recuerda. «Así que estoy ahí graznando, y se supone que tengo que piar, pero en realidad sólo estoy soñando y buscando tréboles de cuatro hojas, y sólo estoy haciendo eso, y de repente, sin provocarlo, *¡puf!* ya no estoy en mi cuerpo».

La gracia se ralentiza: «Me experimenté a mí misma, mi conciencia, como distribuida a través de absolutamente todo. Recuerdo el momento de shock, como, "Oh, soy todo". Ni siquiera hay una palabra para ello. En mi imaginación de los seis años, pensé: "Esto debe ser Dios"... y me di cuenta de que estaba en esa presencia».

La gracia describe una presencia de pura bondad, y, como ella era *todo*, también era esa presencia. Había trascendido el «yo» y se había conectado con la totalidad. Aunque se le pedía algo. También había una pregunta presente», dice, «no con palabras, pero sabía que era: «¿Estás dispuesta? ¿Estás *realmente* dispuesta?». Su respuesta en ese momento fue lúcida: «Sabía, con cada célula de mi ser, con cada fibra de lo que hay en mí, que era absoluta, todo fuera: *Sí*. Es decir, *¡sí! ¡Sí!*».

«Y lo siguiente que sé es que suena el timbre del recreo: *¡POOM!* Y me partí. Fue una sensación como la de una banda elástica que se rompe. Volví a ser consciente de mi cuerpo y de que era una niña pequeña en el patio durante el recreo, y todos mis amigos estaban gritando y graznando y chirriando y corriendo a mi lado para ponerse en fila en los puntos para volver a nuestra clase.

«Y recuerdo que me dije a mí misma: "Nunca seré la misma"». Ella quería entender lo que esta experiencia mística estaba mostrando de ella. «Me crié en la Iglesia católica, así que pensé que me llamaban para ser sacerdote. Pero se lo conté al cura de mi iglesia, que me dio una palmadita en la cabeza y, por supuesto, me dijo: "Las chicas no pueden ser sacerdotes"». Podría haber sido un momento devastador para ella. No lo fue. «Simplemente dejé de hablar de ello», nos cuenta. «*Nunca* lo dudé, porque fue una experiencia directa, fuerte y poderosa», como la descripción de William James de lo noético. «Nunca dudé ni por un segundo de su realidad».

Grace, que ahora tiene sesenta años, se ha convertido en una consumada *coach* ejecutiva, tanto profesional como asesora espiritual de personas que buscan claridad, dirección o sentido en sus vidas. «Fue una iniciación y una dedicación», dice de aquella experiencia de primer curso. «Ha habido muchas experiencias desde entonces, pero esa primera vez orientó mi vida y cambió mi ser de una manera que no puedo empezar a describir, de una manera que permitió que todo lo demás siguiera».

No puede «empezar a describirlo», porque la experiencia fue, como diría William James, inefable. «Porque me abrió el corazón de par en par, ninguna palabra es adecuada. Todas las palabras se desmoronan, porque una palabra está, por definición, en contraste con una cosa diferente».

Al hablar de este silencio más profundo, Grace sólo puede llamarlo «un lugar en la conciencia». Durante más de cincuenta años, ha sido el pozo del que bebe, este lugar de «quietud interior y plenitud interior y plenitud interior y unidad interior». El «lugar» que Grace experimentó fue un *silencio arrebatador en la mente,* una limpieza fundamental del ruido en todos los niveles de percepción.

Así que, he aquí una pregunta: ¿Tiene algún sentido tratar de dar una explicación neurobiológica a tal evento?

Probablemente no.

En nuestra opinión, el significado de una experiencia mística como ésta no puede atribuirse únicamente a fenómenos observables externamente. Sin embargo, es posible respctar el misterio y, al mismo tiempo, realizar una exploración significativa en busca de señales de lo que ocurre en el cerebro y el sistema nervioso en ese estado.

Aunque resulta evidente que no es posible utilizar ningún tipo de neuroimagen para estudiar la actividad cerebral de una persona en una experiencia mística espontánea como la que tuvo Grace en el patio de recreo, los nuevos avances en neurociencia nos están acercando sorprendentemente. En particular, el renacimiento de la investigación en psicodélicos está presentando nuevos conocimientos sobre la neurociencia de la autotrascendencia.

En 2009, Robin Carhart-Harris recibió la aprobación del Reino Unido para estudiar los efectos de la psilocibina en el cerebro. Los voluntarios que participaron en el estudio se introdujeron en máquinas de resonancia magnética, recibieron sus hongos sintéticos y salieron a pasear por la alfombra mágica. Carhart-Harris planteó la hipótesis de que las imágenes cerebrales revelarían mucha actividad. Se vería «como el cerebro soñador», dijo a Michael Pollan. En lugar de ello, él y sus compañeros de equipo registraron una disminución del flujo sanguíneo en la DMN, lo que indicaba una relativa desactivación de «la red del yo».

Esto tiene un sentido intuitivo. Al igual que la experiencia de Grace cuando tenía seis años, un elemento común de las experiencias con psicodélicos y enteógenos es la pérdida o disminución del sentido de un yo separado o de una identidad egoísta rígida. Como en la experiencia infantil de Grace, esta trascendencia radical del ruido interno puede producir un cambio duradero. No sólo *estados* alterados, sino *rasgos* alterados.

En el «Experimento del Viernes Santo» de 1962, un grupo de veinte estudiantes de escuelas de teología fue dividido por la mitad para un estudio. A un grupo de estudiantes se le administró psilocibina (que era legal en aquella época); al otro se le dio un placebo activo. Todos asistieron juntos a un servicio religioso de Viernes Santo. El destacado líder de los derechos civiles, autor y teólogo, el reverendo Howard Thurman, dio el sermón junto con su bendición para el estudio.

Un hombre que recibió psilocibina, Mike Young, dijo que, cuando se ofreció para el experimento, no estaba seguro de su futuro en el ministerio. Mientras estaba bajo la influencia de la psilocibina, tuvo una experiencia mística de morir y renacer. La describió como «muy dolorosa» y «gloriosa» a la vez. Cuando volvió a casa con su mujer, ésta supo inmediatamente que había ocurrido algo importante. Casi cincuenta años después, sigue afectado por el experimento. Como dijo en una entrevista, «soy ministro universalista unitario como resultado de» —hace una pausa para enmendar su declaración— «*en parte* como resultado de esa experiencia con las drogas». No fue la única razón. Pero algo en él cambió para siempre.

El renombrado erudito de la religión Huston Smith también participó en el estudio y también recibió una dosis de psilocibina. A menudo escribió y habló de la experiencia como algo formativo. Ha dicho que sintió una «gratitud renovada» cada vez que pensó en ello. Treinta y cinco años después, dijo que el experimento «redondeó mi experiencia de lo sagrado al permitirme experimentarlo de forma personal». Y continuó: «Esto amplió permanentemente mi caja de herramientas experienciales… Desde entonces he sido capaz de comprender experiencialmente ese modo clásico de misticismo».

Por supuesto, esto no es sólo un testimonio de la experiencia psicodélica. Podemos tener experiencias místicas a través del ayuno, los cánticos, el trabajo de respiración, las postraciones, la privación sensorial o —como atestigua la experiencia de Grace— el puro misterio espontáneo. Sin embargo, el trabajo psicodélico puede ser un vehículo especialmente útil para entender la ciencia de la experiencia mística, porque es propicio para los estudios de control aleatorio. Estos experimentos de resonancia magnética demuestran que las experiencias místicas están fuertemente correlacionadas con una reducción de la actividad en las partes más ruidosas del cerebro.

Cuando Judson Brewer empezó a estudiar los cerebros de meditadores experimentados en estados de conciencia expandida, nos cuenta que él y su equipo «buscaron por todas partes el aumento de la actividad». Pero no lo encontraron. «Creo que nuestro cerebro es más eficiente durante una experiencia autotranscendente», nos dice. El uso que hace Brewer de la palabra «eficiente» implica algo importante. Hay una sorprendente «utilidad» en lo que podríamos llamar conciencia mística.

No hay nada más derrochador desde el punto de vista cognitivo que los ruidosos pensamientos sobre el «yo».

* * *

Entonces, ¿qué es el silencio en la mente?

¿Es una reducción de la actividad en la corteza prefrontal? ¿En la corteza cingulada posterior? ¿En toda la red de modos por defecto?

¿Se trata de un estado activo de *flow* en el campo de juego, dejando atrás todas las defensas y todos los pensamientos autorreferenciales?

¿Es el estado pasivo, en el que sentimos la inmensidad de la existencia y tenemos que abandonar nuestros viejos modelos mentales para acomodarnos a ella?

¿Es el encuentro místico enrarecido, en el que obtenemos un «tamaño correcto» cósmico que corrige nuestro sentido de separación y de autoimportancia egoísta?

Sí. La ciencia apunta a *todo lo anterior*.

Gracias a los importantes avances en neuroimagen y en nuestra comprensión de las bases biológicas de la mente y la conciencia, podemos explorar muchos más aspectos del significado del silencio, especialmente del silencio interno. Esto es algo bueno. Puede ayudarnos a dar sentido al mundo. Pero el hecho de que estemos viviendo la «edad de oro de la neurociencia» no significa que hayamos llegado a ningún tipo de comprensión mecanicista de los misterios del silencio en la mente. Como dijo Ludwig Wittgenstein, una de las mentes más rigurosamente lógicas de la historia de la humanidad, hay cosas que nunca podremos analizar, cosas que nunca podremos explicar verbal o lógicamente. Hay límites a lo que los decibelímetros e hidrófonos y resonancias y electroencefalogramas pueden decirnos.

Y eso está bien.

Como él dice, hay cosas que debemos «pasar en silencio».

PARTE III
EL ESPÍRITU DEL SILENCIO

7

POR QUÉ EL SILENCIO DA MIEDO

Tómate un momento para acompañarnos en un experimento mental. O, en realidad, más bien un experimento de sentimientos.

Imagina que te comprometes a pasar los próximos cinco años de tu vida en total silencio.

No hay que ocuparse de ninguna logística. No hay que preocuparse por cómo te vas a ganar la vida o mantener a tus seres queridos. Ya se han hecho todos los arreglos prácticos.

¿Qué es lo primero que piensas?

Cuando imaginas que esto ocurre realmente, ¿qué sentimientos surgen? ¿Cómo responde tu cuerpo? ¿Hay un presentimiento de soledad? ¿Hay una sensación de alivio? ¿O experimentas algo totalmente distinto?

Sin nada que decir, ¿cómo imaginas que cambiaría tu paisaje interior? Sin palabras, ¿hacia dónde podría gravitar tu mente?

Mientras te imaginas aventurándote en este mar de silencio, hay una pregunta más que queremos que consideres, aunque —al menos a cierto nivel— estamos bastante seguros de que ya sabemos la respuesta: ¿Da miedo?

EL PRIMER RUDIMENTO DE LA CONTEMPLACIÓN

El nombre de Pitágoras puede evocar temibles recuerdos de la clase de matemáticas de la escuela secundaria. Para muchos, el nombre del filósofo griego es el teorema geométrico para encontrar el lado largo de un triángulo rectángulo. Pero Pitágoras tiene mucho más que enseñarnos.

Hace unos 2.500 años —más o menos en la misma época en que Buda Gautama y Confucio caminaban por la tierra— Pitágoras de Samos hizo lo que algunos consideraríamos imposible hoy en día. Trascendió el aparente abismo entre la ciencia y la espiritualidad, combinando la contemplación mística con la investigación rigurosa.

Además de derivar el famoso teorema que lleva su nombre, Pitágoras fue pionero en la comprensión de las proporciones numéricas y los cinco sólidos regulares en geometría, conceptos que siguen siendo fundamentales en las matemáticas actuales. Inventó un sistema de afinación musical en el que las proporciones de frecuencia entre las notas se basan en una relación de tres a dos, un sistema que muchos estudiosos consideran que armoniza de forma única con las proporciones de la naturaleza. Pitágoras fue la primera persona que dividió el globo en las cinco zonas climáticas que todavía se utilizan en meteorología hoy en día. Identificó correctamente la estrella de la mañana y la de la tarde como el mismo planeta, Venus. Se cree que fue la primera persona de la historia que enseñó que la Tierra es esférica y no plana.

Sin embargo, Pitágoras no era lo que hoy llamaríamos un investigador empírico. Era el líder de una escuela de misterios, una sociedad que formaba iniciados para examinar cuestiones esotéricas sobre la naturaleza de la realidad. Los miembros de la escuela estudiaron la ciencia espiritual de la metempsicosis, o la «transmigración de las almas», un marco para entender la reencarnación. Desarrollaron intrincadas doctrinas en torno a la numerología y la astrología que apuntaban al orden dentro de la naturaleza, una armonía cósmica mensurable. Por ejemplo, Pitágoras propuso una *musica universalis*, la noción de que los planetas se mueven de acuerdo con ecuaciones matemáticas específicas que producen una bella, aunque inaudible, melodía en los cielos.

La escuela pitagórica fue revolucionaria. Rompió el rígido patriarcado de la época y fue el hogar intelectual de la primera mujer matemática y astrónoma conocida, Hipatia de Alejandría. La escuela perduró durante cientos de años tras la muerte de su fundador y sentó las bases de gran parte de la filosofía occidental, influenciando las ideas de Sócrates, Platón y todos los maestros que les seguirían. La escuela, a su vez, influyó en los matemáticos y astrónomos, como Copérnico y Newton, que darían forma a la ciencia moderna.

Algunos dicen que Pitágoras fue la primera persona que cumplió la vocación formal de filósofo: «Un amante de la sabiduría». Según Manly P. Hall, estudioso de las escuelas de misticismo del mundo, Pitágoras quería decir algo específico con el término «sabiduría»: «comprensión de la fuente o causa de todas las cosas». Según él, alcanzar la sabiduría requería «elevar el intelecto hasta un punto en el que conociera intuitivamente lo invisible manifestándose hacia el exterior a través de lo visible», alcanzando el punto en el que pudiera llegar a ser «capaz de ponerse *en relación* con el espíritu de las cosas más que con sus formas».

Si querías convertirte en un estudiante del círculo íntimo de la escuela pitagórica, tenías que comprometerte con una serie de pautas, incluyendo restricciones dietéticas, regímenes de estudio, ética personal y elecciones de estilo de vida. Si querías acceder a las enseñanzas esotéricas, tenías que asumir un compromiso mayor que el resto: *debías pasar por un periodo de cinco años sin hablar.*

«Aprende a estar en silencio», aconsejaba Pitágoras a sus alumnos. «Deja que tu mente tranquila escuche y absorba el silencio». El humanista del siglo xv Johann Reuchlin explicó que Pitágoras veía el silencio como «el primer rudimento de la contemplación», el requisito previo de toda sabiduría. Según Hall, Pitágoras mantenía sus propias prácticas de profundo silencio. Se retiraba regularmente durante meses a su templo enclaustrado sin pergaminos, instrumentos de escritura, escribas o compañeros. Sólo tomaba su propio brebaje para la salud, compuesto por semillas de amapola y sésamo, narcisos, malvas, pieles secas de cebollas de mar y una pasta de cebada, guisantes y miel silvestre.

¿Por qué Pitágoras consideraba que el silencio era la clave de la sabiduría? ¿Por qué exigía a su círculo interno de estudiantes que pasaran cinco años sin hablar antes de comenzar sus estudios formales? No se conoce el pensamiento exacto de Pitágoras sobre el tema, ni la justificación específica de este requisito para los miembros del círculo interno de la escuela.

Pero vamos a ver si podemos entender su razonamiento.

Vuelve, por un momento, al «experimento de los sentimientos» del principio de este capítulo. Imagina que eres uno de los iniciados.

¿Cómo podrían cinco años de silencio cambiar la arquitectura de tu mente?

En los retiros de meditación, los tiempos prolongados en la naturaleza y otros períodos de práctica contemplativa en silencio, hemos obtenido algunas pistas. El silencio, por supuesto, nos obliga a enfrentarnos a nosotros mismos. Sin distracción, tenemos que aprender a lidiar con nuestro propio ruido interno. Esto nos permite sintonizar con lo que realmente está ocurriendo tanto dentro como fuera de nosotros. En ausencia de juicios, conjeturas y actuaciones, la mente gira magnéticamente, como una brújula, hacia la verdad.

Pero no queremos dar a entender que es un proceso fácil. En el silencio profundo, nosotros primero quemamos montones de patrones habituales y formas de pensamiento y fantasías y ambiciones y lujurias y delirios. En el silencio, ambos hemos sentido un intenso deseo de huir, de hacer cualquier cosa para llenar el espacio.

En inglés, la palabra *diversion* designa el entretenimiento. En español y otras lenguas romances, la palabra similar *divertir* significa «entretener». Esta palabra plantea una pregunta: ¿De qué nos *divertimos* para pasar un buen rato? ¿Del aburrimiento?

¿Pérdida? ¿Mortalidad? Sentirse cómodo con el silencio profundo es sentarse en una habitación a solas con todos estos malestares y sacar energía de aquellas partes del cerebro —como el córtex prefrontal medial y el córtex cingulado posterior— que se especializan en proteger y decorar el sentido distintivo del «yo».

En *La genealogía de la moral*, Nietzsche escribe sobre el *horror vacui*, el «horror del vacío», o el pavor que siente el ser humano en ausencia de datos sensoriales o de estimulación mental. Este fenómeno es real. En un estudio de 2014, Timothy Wilson, psicólogo social de la Universidad de Virginia, dejó a voluntarios universitarios y miembros de la comunidad solos en una habitación escasa, sin teléfonos móviles ni entretenimiento, durante quince minutos. Los participantes tenían una opción: podían sentarse solos en silencio o pulsar un botón que les administraría una dolorosa descarga eléctrica. Aunque todos los participantes declararon inicialmente que pagarían dinero para evitar recibir una descarga eléctrica, el 67 % de los hombres y el 25 % de las mujeres acabaron optando por recibir una descarga en lugar de sentarse en silencio.

Eso fueron quince minutos. Imagina cinco años.

En la tradición mística cristiana, hay un término para el encuentro con la impaciencia salvaje del deseo y la aversión en un largo período de profundo silencio. Se llama «la noche oscura del alma». En el budismo, hemos oído describir el mismo fenómeno como el «pozo del vacío».

El silencio, en este sentido, da miedo.

Pero, ¿qué encontramos al otro lado?

EL FENÓMENO BÁSICO

El escritor y filósofo suizo Max Picard dice que el silencio es una «realidad primaria, objetiva, que no puede remontarse a nada más. No se puede sustituir por nada, no se puede intercambiar con nada. No hay nada detrás con lo que pueda relacionarse, excepto el propio Creador».

El poeta, dramaturgo y filósofo alemán Johann Wolfgang von Goethe tiene un término específico para esta categoría de realidad: «fenómeno básico». Goethe subrayó que los otros elementos que encajan en esta categoría de «fenómenos básicos» —fenómenos que no dependen de nada más— incluyen «el amor, la muerte y la vida misma». Incluso en medio de esta impresionante compañía, el silencio debería figurar en primer lugar. El silencio es el fenómeno del que nace todo lo demás. Picard escribe: «No se puede imaginar un mundo en el que no haya más que el lenguaje y la palabra, pero se puede imaginar un mundo en el que no haya más que el silencio». Continúa diciendo que el silencio «es un positivo, un mundo completo en sí mismo», que «lo contiene todo en sí mismo», que «no espera nada» y que «siempre está totalmente presente en sí mismo y llena completamente el espacio en el que aparece».

Como explicó Goethe, «cuando los fenómenos básicos se revelan a nuestros sentidos, sentimos una especie de timidez e incluso el propio miedo». ¿Y cómo podría ser de otro modo? Todos esos «fenómenos básicos» que describió Goethe —el amor, la muerte, la vida— pueden ser aterradores en sus propios aspectos. Nuestro pequeño yo, satisfecho con la diversión y las ilusiones, se agarra y se rasca y tiembla cuando se enfrenta a la plena inmensidad de la realidad. El silencio, la madre de los fenómenos básicos, puede ser el más aterrador. Sobre todo porque estamos acostumbrados al verdadero buffet de diversiones sensoriales 24/7, que es el mundo moderno.

El «fenómeno básico» de Goethe y el *horror vacui* de Nietzsche son formas bastante abstractas de describir la relación entre el silencio y el miedo. Busquemos una explicación más accesible: las películas de terror.

Supongamos que estás viendo cómo tu simpático protagonista es perseguido por carnívoros rapaces o tipos desquiciados con sierras de cadena a través de un bosque de pinos en plena oscuridad. Los cineastas y los editores de sonido suelen emplear la ausencia total de sonido e información en este tipo de escenas como herramienta para evocar un determinado grado de terror. Esto se debe a que el silencio crea una *pérdida de puntos de referencia*. En el silencio, hay menos barandillas a las que agarrarse, menos pistas que te ayuden a entender lo que está pasando.

En la película de 2013 de Alfonso Cuarón ganadora del Oscar, *Gravity*, unos desechos a alta velocidad golpean un transbordador espacial, dejando al personaje de Sandra Bullock cayendo sola en un traje espacial a través del vacío negro del espacio. Lo más aterrador de la espectacular destrucción de la nave espacial —su único medio de vida— es que se produce en total silencio. Las ondas sonoras de la explosión no se transmiten en el espacio. La escena no sólo es espeluznante porque es inusual; es espeluznante porque te da la sensación de que no tienes ni idea de lo que está pasando realmente.

El miedo al silencio es el miedo a lo *desconocido*. Pero también es el miedo a lo que puede *llegar a ser conocido*.

Esto se aplica tanto a las situaciones cotidianas como a los terrores cinematográficos extraterrestres. Si le preguntas a un joven de quince años, por ejemplo, que nombre un miedo cotidiano, es probable que te hable del «silencio incómodo». Ya sabes, ser sorprendido cara a cara con otra persona sin nada que decir. Sin guión. Sin agenda. Sólo la pesada conmoción de la presencia de otra persona sin desviarse. Tampoco superamos necesariamente esta incomodidad cuando llegamos a la edad adulta. El hermano de Leigh, Roman Mars, creador y presentador del podcast *99 % Invisible*, nos cuenta que captar el «tono de la habitación» —la cinta que se utiliza para suavizar los momentos de transición en la edición— suele ser la parte más incómoda de cualquier entrevista. Requiere que todos los presentes guarden silencio durante aproximadamente un minuto. Invariablemente, alguien —y confiesa que puede ser él— rompe el silencio para decir: «Bueno, probablemente es suficiente», cuando apenas han transcurrido treinta segundos.

Es difícil estar con otra persona en el vacío. Pero es más difícil estar completamente solo en él.

Unos mil setecientos años antes de que se produjera la primera película de terror, San Antonio, el Padre del Desierto original y precursor de todas las tradiciones monásticas cristianas, le hizo una buena carrera a Freddy Krueger. El místico del siglo iii y iv pasó veinte años solo en el desierto egipcio. Aunque es casi seguro que experimentó la dicha de la autotrascendencia, algunos de los registros de su experiencia del silencio recuerdan a una película de terror surrealista de los años 70. *La tentación de San Antonio,* un cuadro que forma parte del retablo de Isenheim de Matthias Grünewald del siglo XVI, muestra al sabio con su manto azul y su barba recia siendo arrastrado brutalmente por el suelo por bestias feroces de dientes rechinantes. Le tiran del pelo y le pinchan con varas intimidatorias, todo ello ante una escena apocalíptica de ramas quemadas y cielos nebulosos. Al observar el cuadro de *La tentación de San Antonio,* el psicólogo espiritual Robert Sardello comenta el simbolismo de las bestias: al entrar en el silencio, «nos encontramos con la ansiedad, el miedo, la fantasía, los pensamientos estúpidos y los impulsos zumbantes». En las profundidades del silencio, estos pensamientos e impulsos pueden ser insoportables.

Es importante señalar que San Antonio no intenta matar a estas bestias psíquicas en el cuadro. Ni siquiera huye de ellas. Mirando a San Antonio, se recibe el claro mensaje de que no tendría sentido intentar escapar o luchar contra las temibles criaturas. «Nosotros [los espectadores] sospechamos», dice Sardello, «que de alguna manera son una parte necesaria de nuestra totalidad».

En un intenso silencio, sacamos a la superficie nuestras feroces bestias. Convocamos a los depredadores hambrientos que han estado al acecho en los bajos fondos de nuestra propia psique. Si vivimos nuestra vida en una distracción ruidosa —en la diversión—, entonces dejamos que las bestias se desborden subrepticiamente, causando estragos desde lugares invisibles. Cuando entramos en un silencio profundo, no estamos necesariamente buscando matar a estas bestias. Las estamos sacando de las profundidades para traerlas a la luz, tal vez incluso para hacernos amigos de ellas.

Cuando hablamos recientemente con Roshi Joan Halifax, destacó lo aterrador y nutritivo que puede ser el silencio. En *Being with Dying,* escribe: «Cuando detenemos nuestra actividad mental y física habitual y nos sentamos en silencio, las dificultades suelen hacerse más visibles. Podemos volvernos aún más sensibles al sufrimiento y sentirnos en riesgo de sufrir un colapso». Continúa: «Lo que probablemente se está rompiendo es el ego —nuestra identidad como un yo pequeño y separado— y la parte sana de nosotros debería acogerlo». Considera que el encuentro directo con el silencio es una medicina curativa. Como escribe en su libro *La oscuridad fructífera*: «Si tenemos valor, tomamos el silencio como medicina para curarnos de nuestros males sociales, del sufrimiento de la alienación egocéntrica. En el silencio, el sagrado silencio, nos quedamos desnudos como los árboles en invierno, con todos nuestros secretos visibles bajo la piel. Y como el árbol del invierno, parecemos muertos pero estamos vivos».

EL SILENCIO EN EL DOLOR

A veces, entrar en el tipo de silencio desafiante no es una elección. A veces, la vida nos impone el silencio.

La mañana del 7 de abril de 2021, Justin recibió la noticia de que uno de sus amigos más queridos había muerto inesperadamente mientras dormía, justo antes de cumplir los treinta y cinco años. Se trataba de un amigo con el que Justin tenía todo un lenguaje personal compartido, toda una forma de ser. Podía hacer reír a Justin con más fuerza que nadie, desde el centro de su barriga, con tanta fuerza que se olvidaba de todas sus defensas y preocupaciones. Eran los mejores amigos desde tercer curso, cuando empezaron a cantar juntos canciones de los Beatles en el patio trasero y a participar en concursos amistosos sobre quién podía formular la descripción más larga y exagerada de un sándwich de pescado frito perfectamente cocinado. Durante décadas, habían compartido una inusual habilidad para estar presentes el uno con el otro y no decir nada.

Cuando Justin recibió la noticia, a primera hora de la mañana, estando en bata junto al gran enebro de su patio trasero, sintió un deseo indescriptiblemente fuerte de hablar con su amigo, de decirle una última cosa, de hacerle reír, de expresarle su amor. Pero la opción no estaba disponible. La puerta estaba cerrada. No había otro lugar al que ir que el silencio. Así que Justin se quedó allí, en el silencio. En unos minutos que parecían convertirse en horas, el silencio era palpable. Era espeso. Se llenó hasta el punto de sentirse casi como un estallido, con pena y aprecio e inquietud y agradecimiento. Era como si el silencio tuviera su propio color, una mezcla de tonos pardos y verdes. No podía hacer otra cosa que sostenerlo. Sentirlo. Llorar en él.

El silencio es un contenedor primario para el duelo. Es el espacio en el que podemos estar más presentes en el sentimiento y la memoria. Aunque es tentador huir y buscar distracción, el silencio —si podemos permanecer en él— tiene una forma de metabolizar la pérdida. Cuando dejamos que las palabras fallen, el significado emerge. La escritora, psicoterapeuta y mística judía Estelle Frankel ofrece una visión de por qué las culturas de todo el mundo honran el papel del silencio en nuestro duelo individual y colectivo:

> En la ley judía, se ordena a quien visita a los afligidos que guarde silencio, es decir, que no hable a menos que se le hable. Mantener el espacio sagrado del silencio para los dolientes les permite estar presentes en su dolor. En el silencio, no corremos el riesgo de trivializar la experiencia del doliente con nuestras bien intencionadas pero a menudo torpes palabras.

Leigh también sufrió una pérdida inesperada en el transcurso de la escritura de este libro. Su padre murió de COVID-19 en noviembre de 2020. Fue durante un brote en Ohio, cuando el número de muertos en Estados Unidos acababa de superar los 250.000. Como tantos, murió solo en la UCI.

Durante los días que precedieron y siguieron a su muerte, cuando estaba claro que los viajes en avión y las visitas al hospital quedaban descartados, Leigh se sentaba inmóvil en su salón mirando el fuego crepitante. Su hija, Ava, y su marido, Michael, se acurrucaban periódicamente con ella en el sofá o en el suelo. Se hablaba poco. El padre de Leigh estaba alejado de ella desde que tenía cuatro años. Su padre había estado ausente durante toda su vida. Había *muy pocas* historias que contar. Los conocidos ofrecieron generosas reflexiones sobre la pérdida de un padre. Pero al no conocer la naturaleza de esta relación padre-hija en particular, esas «palabras bienintencionadas pero a menudo incómodas» que describe Frankel fueron dolorosos recordatorios para Leigh de que en realidad había estado llorando a su padre toda su vida. En el silencio, Leigh se dio cuenta de que ahora estaba llorando la pérdida de una relación que *nunca había sido* ni *sería*. Con el tiempo, el lenguaje llegaría a describir ese dolor. Pero el primero en consolar a Leigh fue el silencio.

William Blake escribió: «Cuanto más profunda es la pena, mayor es la alegría». Nos aconseja experimentar toda la gama de la pena para que seamos capaces de para experimentar también toda nuestra alegría. Esta es una de las formas en que la presencia del silencio es la presencia de la *vida* misma. Sentirlo es tomar la «medicina» que describe Roshi Joan. Sentirlo es abrirse a toda la gama de la experiencia de ser humano. No es un «lado oscuro» del silencio. Es una expresión de nuestra totalidad, como dice Sardello de las tribulaciones de San Antonio. Aunque es intensamente incómodo —lleno de angustia e incluso de miedo—, el dolor, atendido en silencio, puede convertirse en un terreno fértil en el que puede florecer la alegría.

LA PEQUEÑA Y TRANQUILA VOZ

La inscripción del Templo de Apolo en Delfos, en la antigua Grecia, contiene dos palabras que a veces se atribuyen a Pitágoras: «Conócete a ti mismo». Hemos comprobado que las escrituras judías, cristianas, musulmanas, budistas y taoístas, entre muchas otras, consagran esta misma enseñanza de diversas maneras. Todas ellas aconsejan estudiar los propios pensamientos, palabras y acciones como preparación para comprender lo que hay más allá de ti.

En el capítulo 2, describimos cómo Cyrus Habib soportó semanas de ansiedad y duda durante su primer retiro de silencio como novicio jesuita. Se examinó a sí mismo a través del silencio y encontró el origen de su sufrimiento. Estaba basando su propia realización en lo que creía que los demás pensaban de él. Al absorber el silencio, la pregunta surgió espontáneamente en su conciencia: «¿Qué quieres?»

Entonces llegó la auténtica respuesta: «Estar exactamente donde estoy».

Como demuestra el estudio de los estudiantes de la Universidad de Virginia que se electrocutaron ansiosamente en menos de quince minutos, el tiempo en silencio no siempre es un camino directo hacia el autoconocimiento. Sumergirse directamente en el silencio puede amplificar el ruido interno. El encuentro con el silencio más profundo es, como dice Cyrus, un proceso activo de discernimiento de la «señal» de «lo que está real y verdaderamente en el corazón», en contraste con la «estática» del cerebro socialmente condicionado. Hay una razón por la que a menudo evitamos este trabajo. Hace falta valor.

Pablo Neruda escribe:

Si no estuviéramos tan pendientes de mantener nuestras vidas en movimiento, y por una vez pudiéramos no hacer nada, quizás un enorme silencio podría interrumpir esta tristeza de no entendernos nunca a nosotros mismos.

Lo que Neruda llama «esta tristeza de no entendernos nunca» es, según descubrimos, un mecanismo de defensa omnipresente contra un miedo primordial: *que no somos quienes creemos ser*. El poeta está describiendo cómo tendemos a protegernos de lo que podríamos descubrir si realmente prestamos *atención*. No es necesariamente que podamos descubrir algo «malo» en las profundidades de nuestra psique. Simplemente podríamos encontrar algo extraño o inconveniente, algo que no podemos explicar o controlar fácilmente. A menudo, preferimos desviar nuestra atención con algún tipo de botón de electroshock que mirar realmente en nuestro interior y hacernos las preguntas desafiantes sobre lo que hay en nuestro corazón, lo que realmente queremos. Sin embargo, como insinúa Neruda, el viaje hacia la «comprensión de nosotros mismos» es necesario para «interrumpir esta tristeza». Tal vez sea incluso un requisito previo para encontrar la alegría.

En la tradición judeo-cristiana, hay una frase misteriosa que describe lo que encontramos cuando prestamos una profunda atención interna. Estelle Frankel escribe al respecto de esta manera: «Las Escrituras también se refieren a la voz de Dios como un silencio que habla, *kol dmamah dakah*». Ella profundiza: «Esta frase hebrea, traducida con mayor frecuencia como "la voz tranquila y pequeña", expresa la paradoja esencial de la revelación divina: La voz de Dios, *kol*, es la voz de *dmamah*, silencio y quietud».

El pasaje del Antiguo Testamento del que se deriva esta expresión dice lo siguiente:

Y he aquí que el Señor pasó, y un viento grande y fuerte desgarró los montes, y desmenuzó las rocas delante del Señor, pero el Señor no estaba en el viento; y después del viento, un terremoto, pero el Señor no estaba en el terremoto; y después del terremoto, un fuego, pero el Señor no estaba en el fuego; y después del fuego, una voz apacible.

—Primer libro de los Reyes 19:11-12

Hay una cualidad hipnótica en este verso, incluso en la traducción. Hay percusión en él. Además, la descripción del terremoto, el fuego y los vientos es conmovedora, ya que hoy en día estamos inmersos en el cambio climático y en tantos trastornos. Elías se enfrenta a las adversidades y éstas desgastan las capas de su mente ordinaria. Entonces, después de todo, discierne dónde está la presencia divina: en «una vocecita tranquila». Los eruditos bíblicos a veces también traducen esta presencia como «la voz del frágil silencio».

La hermana Simone Campbell es abogada, defensora de la lucha contra la pobreza, directora ejecutiva de organizaciones sin ánimo de lucro y monja católica que ha desafiado a su propia iglesia en cuestiones de salud reproductiva y justicia económica de las mujeres. Sabe lo que es estar desgastada por los conflictos y los implacables acontecimientos del mundo. Describe una práctica sencilla como fuente de resistencia y claridad en su vida. Se sienta en silencio, baja la guardia y escucha lo que ella llama la «pequeña voz». Pero esto, señala, no es una práctica típica de atención plena. Es un acto de fe imprevisible. «La escucha profunda», dice la hermana Simone, «es un asunto arriesgado porque a menudo nos pide a cada uno de nosotros que cambiemos de alguna manera». Y el cambio puede dar miedo.

Esto también forma parte de la «medicina» de la que habla Roshi Joan. Enfrentarnos a nosotros mismos en silencio significa tener el valor de ser más conscientes de lo que ha estado oculto. Aunque hablar de «una voz tranquila y pequeña» implica un tipo de revelación divina bíblica, de lo que realmente estamos hablando aquí es de algo más familiar y accesible: *la intuición*. Elías fue un gran profeta, pero cada uno de nosotros tiene la capacidad de percibir signos silenciosos y de nuestra propia conciencia. Es lo que Cyrus describió como la capacidad de discernir «lo que está verdaderamente en el corazón». Es una parte esencial para llegar a conocernos a nosotros mismos.

MONACATO INSTANTÁNEO

Cuando pedimos a la gente que nos cuente el silencio más profundo que ha conocido, a menudo escuchamos historias de experiencias trascendentes pero fugaces: acontecimientos místicos espontáneos, como la visión del infinito de Grace Boda, de seis años, en el patio de recreo; la absorción arrebatadora inesperada en los bancos de la iglesia, o las sensaciones de obliteración del ego en estados psicodélicos. Son momentos en los que el corazón empieza a latir con fuerza y rapidez, no necesariamente debido a algún tipo de esfuerzo cardiovascular. Es la respuesta corporal a la pérdida del yo familiar. En estas experiencias transitorias, muchos describen una especie de silencio que es casi como un levantamiento del velo cósmico. Hay una claridad brillante y un temblor corporal.

Al explorar las implicaciones científicas, psicológicas y espirituales de las experiencias de autotrascendencia —incluidos los encuentros místicos, los estados de ánimo y los momentos de asombro— hemos observado sorprendentes similitudes entre estos breves acontecimientos y los periodos de silencio prolongado, como el que Pitágoras exigía a su círculo íntimo de estudiantes. Está el giro hacia el interior y la imposibilidad de desviarse. Está la extinción de nuestros típicos impulsos de actuar para otras personas o de intentar controlar las circunstancias y los acontecimientos. Está el «dimensionamiento correcto», lo que David Bryce Yaden, de la Facultad de Medicina de la Universidad Johns Hopkins, denomina «disminución de la autosaliencia», es decir, una disminución de la importancia del yo egoico. Y está lo que William James llamó la cualidad noética, o lo que describió como «percepción de las profundidades de la verdad no exploradas por el intelecto discursivo». Al igual que en el trabajo a largo plazo del silencio, estas condiciones suelen estar presentes en las experiencias fugaces del silencio profundo. Simplemente, están radicalmente condensadas.

En un panel con Michael Pollan y Dacher Keltner en la conferencia Wisdom 2.0 en San Francisco en 2019, Roshi Joan exploró uno de los aspectos menos reconocidos del asombro. «Creo que una característica del asombro que no siempre se aborda es *el miedo*», dice, «cuando nos abrimos a lo desconocido, a lo incognoscible, al misterio, a lo incipiente». En realidad, tenemos un momento de amenaza para nuestros egos», continúa. «El ego se deconstruye y hará todo lo posible para evitar que eso ocurra». En otras palabras, es natural tener miedo. A través de su extensa investigación sobre el asombro, Keltner calcula que alrededor del 21 % de las experiencias de asombro de las personas se definen por un sentimiento de miedo. La etimología de «asombro» —palabra que tiene sus raíces en el inglés antiguo y el nórdico antiguo— apunta al «miedo y el temor, especialmente hacia un ser divino». A medida que el significado de la palabra evolucionó en inglés, las fuentes de asombro comenzaron a abarcar también significados más seculares, como «asombro solemne y reverencial, teñido de miedo latente, inspirado por lo que es majestuoso en la naturaleza».

El sobrecogimiento —que Keltner describió en el último capítulo como las condiciones de «percepción de la inmensidad» y la «necesidad de acomodación»— llega a la esencia de por qué el silencio da miedo. El sobrecogimiento desafía los fundamentos mismos de lo que conocemos. Nos pide que cambiemos. Como vimos en el capítulo anterior, el denominador común neurobiológico de las diversas experiencias de autotrascendencia es una disminución significativa de la actividad en el córtex prefrontal medial y el córtex cingulado posterior, las partes del cerebro asociadas a nuestro sentido de la separación. Esto plantea una cuestión importante: *¿Qué parte del yo se asusta realmente en esas experiencias?* No eres necesariamente *tú* quien se asusta. Es la ruidosa red del modo por defecto, el yo limitado. Es «la red del yo» la que siente la aniquilación inminente.

Estelle Frankel, la experimentada profesora de mística judía, es también música. Ella considera la música como una metáfora de cómo entender y trabajar con el miedo. «Hay diferentes octavas del miedo», nos dice. «La octava más baja es la de la autopreservación. Es un mecanismo de supervivencia. Y la octava superior es la trascendencia. Tomas tu miedo personal y luego en la oración, en la meditación, lo llevas a la majestad. Sigue siendo una especie de miedo, pero es el temblor del desmontaje del yo».

«El miedo», en la octava inferior, «encoge nuestro universo», dice. «El asombro, en la octava superior, lo expande. El yo individual se trasciende. En lugar de que nuestra boca quejumbrosa hable, la mandíbula cae. Nos quedamos sin habla». Así que, tanto si se trata de una experiencia espontánea y fugaz de inmensidad y asombro como de un lento y deliberado retiro de cinco años lo que provoca el asombro, el resultado es sorprendentemente similar. Se produce un silenciamiento aterrador del ruido familiar y una apertura y sintonía con un nivel de experiencia que es más grande, más completo y más real.

UNA SABIDURÍA DIFERENTE

Si Pitágoras viviera hoy en día, probablemente no se le consideraría un candidato adecuado para la titularidad en una universidad importante. Con sus doctrinas astrológicas y numerológicas y sus inusuales recomendaciones dietéticas, no encaja en el molde de un empirista establecido. Y, sin embargo, fue capaz de traducir la conciencia del funcionamiento de la naturaleza en percepciones que produjeron mejoras reales en la vida de los seres humanos, de una manera que básicamente nadie parece ser capaz de hacer hoy en día. El profesor místico-científico demostró lo que significa fusionar lo sublime y lo mundano, lo espiritual y lo material, y todavía aparece en prácticamente todos los libros de texto contemporáneos de matemáticas de octavo curso.

Las ideas de Pitágoras son contrarias a la visión moderna de la sabiduría. En la visión del mundo más dominante hoy en día —el paradigma del crecimiento del PIB y la máxima producción de material mental—, la comprensión de la realidad es el resultado de la recopilación y el análisis de montones de datos, el debate *ad infinitum*, la publicación en revistas especializadas y la pontificación en la plaza pública. Incluso en el ámbito de la espiritualidad y la religión, a menudo demostramos sabiduría a través del análisis de las escrituras y la filosofía: predicando, enseñando, tele—evangelizando. Hay un denominador común en lo que consideramos hoy en día como sabiduría: *pensar, escribir, hablar*.

Para los pitagóricos, hay diferentes elementos centrales en el proceso de convertirse en sabio: *vaciar, abrir, recibir*. Los pitagóricos se definían, por supuesto, por un orden y una práctica extremadamente rigurosos. Debatieron y analizaron. Y, sin embargo, su teoría general de la clarificación de la conciencia se parece más al arrebato místico que a los cacareados secretos de productividad de los innovadores modernos.

Esta es una lección oportuna e importante.

Vivimos en una época en la que la humanidad está cansada de lo superficial. Estamos cansados de las medicinas que atacan los síntomas en lugar de abordar las causas profundas. Nos estamos dando cuenta de que las soluciones duraderas al cambio climático, la polarización y el malestar de las masas no surgirán ni siquiera de la aplicación más letal, ni del fármaco más maravilloso, ni del algoritmo más complejo. Nos enfrentamos a los límites de los últimos *life hacks* y perdemos la confianza en las estrategias políticas más inteligentes de suma cero. Hoy se hace evidente que necesitamos lo que Pitágoras más apreciaba: conocer el origen de las cosas. Necesitamos respuestas que surjan de esta profundidad.

Teniendo esto en cuenta, deberíamos considerar la recomendación de Pitágoras, uno de los genios más generadores de toda la historia registrada:

Adéntrate en el silencio. Absórbelo.

Deja que te asuste.

Deja que te reforme y amplíe tu conciencia.

8

LOTOS Y LIRIOS

«La palabra es de plata, el silencio es de oro».

En las primeras páginas de este libro, compartimos la interpretación del filósofo y matemático escocés Thomas Carlyle de la máxima «El discurso es del tiempo, el silencio es de la eternidad».

Aunque hablar de plata y oro, de tiempo y eternidad, pueda parecer una comparación —como si uno fuera más valioso que el otro—, no es necesariamente así como lo entendemos. Carlyle no está denigrando la sacralidad de la palabra. Al igual que la plata es un metal precioso, el tiempo es un misterio sagrado. Sin embargo, el tiempo es un misterio que los seres humanos medimos y manejamos, de manera práctica, en el curso de nuestra vida cotidiana. La palabra, como el tiempo, es inmanente. Y el silencio, como la eternidad, es trascendente.

Hoy en día, en medio de la proliferación masiva de estímulos mentales, está claro que nos enfrentamos a un déficit de silencio. ¿Cómo encontrar el contrapunto a tanto pensar y hablar? ¿Cómo impregnar de una sana dosis de eternidad nuestras vidas urgentes e impregnadas de ruido?

En todo el mundo, las tradiciones espirituales y filosóficas hacen hincapié en el equilibrio entre la palabra y el silencio como estado intermedio entre los mundos. Aunque las tradiciones religiosas suelen considerar sagradas las escrituras (como la Biblia, el Corán y los sutras budistas), la gran mayoría también reconoce el carácter sagrado del espacio donde las palabras y los conceptos se disuelven en el desconocimiento. Por ejemplo, los místicos judíos aprecian el «fuego negro» de la palabra escrita de la Torá, pero dan la misma importancia a los espacios blancos abiertos de la Torá —lo que se llama el «fuego blanco»—, el reino intemporal del silencio sin palabras.

Hemos observado que muchas de las grandes tradiciones religiosas y filosóficas no se limitan a considerar el silencio como un camino hacia la sabiduría. En las prácticas contemplativas más profundas de todas las tradiciones, encontramos un reconocimiento del silencio como la esencia de la propia sabiduría. Rumi llamó al silencio «la voz de Dios» y a todo lo demás «una mala traducción». Black Elk, un gran curandero visionario del pueblo Oglala Lakhota, preguntó: «¿Acaso el silencio no es la propia voz del Gran Espíritu?». El *Tao Te Ching* dice que «el nombre que puedes decir no es el verdadero nombre», y el análisis de la Cábala habla del «silencioso y fértil vacío» como la «Fuente» y «el vientre divino de todo ser».

Desde los sadhus de la India hasta los ritos de paso de los aborígenes australianos, prácticamente todas las tradiciones religiosas y espirituales consagran el silencio como un encuentro espiritual sagrado. ¿A qué se debe esto? ¿Por qué las tradiciones de sabiduría hacen hincapié en el silencio no sólo como vehículo de iluminación sino, en última instancia, como iluminación en sí misma?

EL DEDO Y LA LUNA

En el Lankāvatāra Sūtra, un texto budista mahayana que ocupa un lugar importante en las tradiciones zen, Buda enseña a «no apegarse a las palabras como si estuvieran en perfecta conformidad con el significado, porque la verdad no es de la letra». Dice que «cuando un hombre con la punta del dedo señala algo a alguien, la punta del dedo puede ser tomada erróneamente por la cosa señalada». Si queremos captar la «realidad última», dice, tenemos que considerar la posibilidad de que haya algo más que lo que se puede decir.

El maestro zen Thích Nhất Hạnh interpreta el sutra de esta manera: «Un dedo que apunta a la luna no es la luna. El dedo es necesario para saber dónde buscar la luna, pero si confundes el dedo con la propia luna, nunca conocerás la verdadera luna. La enseñanza no es más que un vehículo para describir la verdad», dice. «No la confundas con la verdad misma». Aunque estas enseñanzas budistas siguen reconociendo que las palabras ocupan un lugar valioso en nuestras vidas, honran un nivel de ser más amplio.

Hay una ciencia en el funcionamiento de nuestras palabras. Separan lo que se nombra de lo que no se nombra, para que podamos saber qué es qué. De hecho, en hebreo la palabra para «palabra» es *milah*, que significa «circunscribir o cortar». Con nuestras palabras, dividimos y diseccionamos para describir e indicar. Todo nuestro mundo humano depende de poder *señalar lo que queremos decir*, como el dedo a la luna. Y, sin embargo, hay otros niveles de realidad —por debajo, entre y por encima de lo que podemos articular— que trascienden las distinciones de los nombres de las cosas. Le pedimos a Estelle Frankel que nos profundice en este concepto. «Cuando estoy en mi modo de pensar, en las palabras, las cosas se rompen. Estoy en mi "saber"». Continúa: «Pero cuando estoy en silencio, estoy en mi *"no saber"; está* más allá del pensamiento conceptual».

Imagina que ves y sientes el mundo como un bebé.

Imagina que te encuentras con un perro grande y baboso o con un árbol en flor, sin que medien etiquetas o nociones preconcebidas de lo que tienes delante. La experiencia de un bebé no se define por qué es qué, sino por lo que es. En tu vida actual, cuando percibes un cambio en el clima o escuchas un sonido desconocido, ¿puedes sintonizar con un nivel de experiencia que —como la percepción de un bebé— va más allá de todo lo que «conoces»?

Fue Michael Taft, profesor de meditación y autor, quien nos ofreció por primera vez el término para captar este fenómeno: «superposición conceptual». Lo describe como lo que ocurre cuando nos encontramos con la mayoría de los objetos: *pensamos* en ellos en lugar de utilizar nuestros sentidos para *observarlos y experimentarlos* plenamente. Lo hacemos, sobre todo, cuando un objeto nos resulta familiar. «Así es como evolucionó el cerebro humano: para ahorrar energía», asegura Taft. «Si fueras caminando al trabajo y trataras de encontrar cada objeto de camino al trabajo con total claridad sensorial... nunca llegarías al trabajo; podrías ser una persona muy feliz, pero nunca llegarías a tiempo a ningún sitio». Taft describe el valor de ir más allá de nuestra «superposición conceptual» —nuestra taquigrafía mental—, donde podemos encontrar un mayor grado de lo que él llama «claridad sensorial». Si nos suspendemos, aunque sea brevemente, en un estado de «no saber», podemos encontrar la luna *directamente* a través de nuestros sentidos. No nos conformaremos con nuestro «concepto de luna». No la confundiremos con el dedo que la señala.

Cuando nos detenemos en un estado de «no saber» y nos dedicamos a la claridad sensorial, nos encontramos en una relación más directa con *lo que es,* no con lo que pensamos que es, con lo que *recordamos* que es, con lo que *tememos* que sea o con lo que *preferimos* que sea.

Quizá nadie haya captado el corazón de esta enseñanza de forma más sucinta que Bruce Lee en su película *Enter the Dragon.* Lee ofrece a uno de sus alumnos una enseñanza y le pregunta qué ha aprendido. Su alumno se lleva la mano a la barbilla y dice: «Déjame pensar». Lee golpea al alumno en la cabeza y le dice: «¡No pienses! *Piensa.* No te concentres en el dedo o te perderás toda esa gloria celestial». Lee dirige a su aprendiz lejos de su superposición conceptual y hacia su claridad sensorial.

Justin se encontró por primera vez con la metáfora del dedo y la luna cuando cogió un viejo libro sobre el zen a los diecinueve años. Le intrigaba la meditación, pero aún no estaba seguro de cómo salir de los paradigmas de una educación suburbana estadounidense hiperhablante, empapada de embriagador activismo político, secularismo escéptico y mucha, mucha televisión. La imagen del dedo y la luna era una invitación a un nivel más profundo de silencio. Era una rara afirmación de que no era necesario realizar o probar cosas o progresar constantemente en objetivos vitales preconcebidos. Habiendo vivido con un zumbido de ansiedad a menudo presente cuando era un niño —reflexiones sobre el pasado y preocupaciones sobre el futuro— encontró esta enseñanza un consuelo. Para una mente condicionada a preocuparse por el tiempo, era una invitación a relajarse en la eternidad.

Cuando Leigh empezó a asistir a retiros de meditación, algunos de sus profesores hacían hincapié en la importancia de establecer intenciones claras y firmes antes de iniciar un largo periodo de práctica. Ella tomó nota. De hecho, se lo tomó demasiado en serio. Llevaba un diario durante horas. En cada retiro, articulaba completamente un tema para su consideración —patrones tóxicos en las relaciones románticas, los pros y los contras de convertirse en madre, los próximos pasos en su trayectoria profesional, etc. El día en que una mosca entró en la sala de meditación, por lo demás inmóvil, Leigh tenía una intención firme. Pero la mosca aterrizó en su cabeza, luego en la de un vecino, luego en la de otro, y luego de nuevo en la de Leigh. Fue exasperante. Toda la ecuanimidad que había reunido se vio frustrada cada vez que la linterna regresaba. La conciencia de Leigh se consumía en fantasías sobre cómo ahuyentar a la pequeña amenaza zumbadora (preferiblemente sin que nadie se diera cuenta). Al cabo de un rato, se dio cuenta de que no había avanzado en absoluto en su intención del día. La mosca lo había arruinado todo. De repente, se detuvo y dejó que el absurdo de todo aquello penetrara en su corazón. Sonrió ante su propia arrogancia. Una vez más, había intentado que una aspiración personal excesivamente analizada y orientada al futuro fuera el objetivo de un retiro que se suponía que tenía que ser sobre el momento presente. Se había centrado en lo que pensaba verbal e intelectualmente que era el retiro, en lugar de la realidad viva de la experiencia.

La mosca la sacó de su ruido.

FLOTANDO EN LA NUBE DEL DESCONOCIMIENTO

«Meditación» casi siempre connota silencio. A pesar de los zumbidos, la palabra evoca imágenes de sentarse tranquilamente en un cojín, tratando de trascender la «superposición conceptual» en la mente y buscando la armonía con *lo que es*.

«Oración» evoca algo más activo: manos juntas y versos hablados. Suele entenderse como un acto verbal de pedir, o al menos la formulación de una petición dentro de nuestro monólogo interior. Esta palabra puede provocar fuertes sentimientos. Incluso entre los más piadosos, hay diversas opiniones sobre si es prudente pedir al poder superior lo que queremos personalmente. Al fin y al cabo, ¿quiénes somos nosotros para influir en el orden último de las cosas?

En 1945, el novelista y filósofo británico Aldous Huxley publicó un libro titulado *La filosofía perenne*, en el que trataba de identificar el núcleo místico de las grandes tradiciones religiosas del mundo. En el libro, Huxley describe la oración no como una sola práctica, sino como cuatro prácticas. Son (1) la *petición*, cuando pedimos algo que queremos para nosotros, (2) la *intercesión*, cuando pedimos algo para otra persona, (3) la *adoración*, cuando alabamos a lo divino, y (4) la *contemplación*, cuando nos vaciamos y simplemente escuchamos. Huxley describe la contemplación de forma más específica como «la pasividad alerta en la que el alma se abre a la base divina inmanente y trascendente de toda la existencia». La contemplación no presupone que podamos cambiar de algún modo el orden de las cosas. Se trata de abandonar la «superposición conceptual» y sintonizar con lo que es. Aunque la contemplación es, en cierto sentido, parecida a la meditación, es diferente a observar nuestros pensamientos o nuestras sensaciones o las ondas de nuestra respiración que suben y bajan. Se trata de encontrar tranquilidad en el yo como preparación para entregar nuestra agencia personal a un misterio mayor. No se trata sólo de distinguir el dedo de la luna, sino también de dejarse llevar por su luz. Al reflexionar sobre el significado de la contemplación, Huxley ofrece una reflexión: «La oración más elevada es la más pasiva».

La obra maestra espiritual anónima del siglo xiv *La nube del desconocimiento* da consejos sobre cómo entrar en un estado de contemplación inmersiva como la visión de Huxley del tipo de oración más pasivo. «La primera vez que practiques la contemplación», dice el autor anónimo, «sólo experimentarás una oscuridad, como una nube de desconocimiento». En lugar de intentar orientarse y navegar con los sentidos y el intelecto, hay que *olvidarse de todo*. El autor dice que simplemente hay que sintonizar con la «suave agitación», para dejarse llevar por el sentimiento. Abandona cualquier concepto de los contenidos situacionales y materiales de tu vida y flota en la adoración total de la esencia de la vida, la fuente de la vida misma.

El mensaje de este texto espiritual es que la realidad última —lo que podríamos llamar naturaleza, lo divino, Dios— está más allá de nuestro intelecto. La realidad más elevada sólo se puede conocer a través de la experiencia directa del amor. No a través de la palabra o el pensamiento, sino a través de una atención profundamente receptiva.

El fraile franciscano y maestro místico comprometido socialmente, Richard Rohr, subraya que permanecer en la nube del desconocimiento no significa faltar al respeto o devaluar la «mente pensante» que «funciona mediante conceptos, imágenes, palabras, etc.». Se trata simplemente de reconocer que nuestras mentes limitadas por el tiempo no pueden llevarnos hasta lo eterno. «Dios está más allá del alcance de los conceptos», dice. Para llegar más alto, tenemos que abrazar «la paradoja, el misterio, o la sabiduría del desconocimiento y lo indecible».

En la tradición zen, hay una historia en la que Buda llega para dar un sermón en el Pico del Buitre. Monjes, bodhisattvas, devas, seres celestiales y animales se reúnen para escucharlo. Todos están de pie, concentrados y serios, a la espera de lo que tiene que decir. El Buda se levanta y sostiene una sola flor blanca en su mano para que todos puedan verla. Luego lo hace girar entre el pulgar y el índice. Y eso es todo. Todo el sermón consiste en un simple gesto con una flor.

Un discípulo, Mahakashyapa, al verlo, rompe el estado de ánimo serio y esboza una leve sonrisa. En ese momento, se le transmite una enseñanza. Sin una sola palabra, se ilumina.

Unos quinientos años después de la época de Buda, Jesús se presenta ante sus discípulos junto al mar de Galilea en un momento en que muchos de ellos están preocupados por encontrar comida y otras necesidades materiales. Según consta en el Evangelio de Mateo, como parte del Sermón de la Montaña, Jesús dice: «Considerad los lirios, cómo crecen: no trabajan ni hilan; y sin embargo os digo que ni siquiera Salomón, con toda su gloria, se vistió como uno de ellos».

Jesús está llamando a sus discípulos a no estar ansiosos, sino a confiar en la abundancia de la creación. Y les muestra específicamente cómo hacerlo: *Mirad los lirios. Sed como una flor.*

Puede que necesitemos algo más que la luz del sol y el agua para sobrevivir. Pero nuestra verdadera esencia está en la misma simplicidad divina.

Qué idea tan radical. Si quieres vislumbrar la más alta sabiduría, mira a seres que ni siquiera hablan. Haz de ellos tus modelos de conducta.

A lo largo de la historia de la religión, ha habido un equilibrio entre el modo *katafático* de conocer —a través de palabras, ideas y distinciones— y el modo *apofático*: a través del silencio, los símbolos y la unidad. Al igual que la palabra y el silencio, o el tiempo y la eternidad, tanto la vía *katafática* como la *apofática* tienen su lugar y su importancia. Pero desde la Reforma y la Ilustración, en la mayoría de las tradiciones religiosas occidentales se ha producido un giro hacia la prioridad de las palabras, las imágenes y las distinciones. El énfasis de la Ilustración europea en el racionalismo y la primacía de la palabra impresa podría decirse que llevó a los líderes de la iglesia a poner énfasis en los sermones y el análisis de las escrituras por encima del encuentro con lo inefable. En un mundo de empirismo, racionalidad y competencia verbal, ¿cómo podría competir la forma etérea e intuitiva del silencio?

Las enseñanzas de Buda y Jesús que hemos descrito anteriormente —enseñanzas de lotos y lirios— apuntan a la esencia *apofática* en el corazón de las tradiciones de sabiduría del mundo. Richard Rohr destaca cómo la religión necesita esta conexión viva con lo inefable. Son estas «cualidades abiertas» las que hacen que la espiritualidad mística sea «dinámica, creativa y no violenta». Contrastan dramáticamente con las certidumbres rígidas y los juicios ruidosos de las religiones fundamentalistas y fanáticas.

EL MÁS ACTIVO DE TODOS LOS QUE ESCUCHAN

Las enseñanzas de los lirios y los lotos ilustran la noción de Aldous Huxley de que «la oración más elevada es la más pasiva». Estas enseñanzas, con mucha dulzura, nos indican el camino hacia la presencia y nos muestran cómo trascender el ruido del pensamiento autorreferencial y nuestra preocupación por el pasado y el futuro.

Y sin embargo, con inmenso respeto a Huxley, no estamos tan seguros de la palabra «pasivo».

Por supuesto, hay receptividad en la contemplación sin palabras. La flor no es «activa» en el sentido de crear sonido o movimiento. Pero emular a una flor es una salida verdaderamente radical de la condición humana ordinaria. Es difícil llamar a esa acción «pasiva».

El consejo de Pitágoras a sus alumnos — «Deja que tu mente tranquila escuche y absorba el silencio»— nos recuerda, curiosamente, los hallazgos de la profesora Imke Kirste con los ratones. Ella describió cómo «intentar oír en silencio activa el córtex auditivo», cómo el acto de escuchar la ausencia de algo estimula el desarrollo de las células cerebrales. La mente se expande cuando entramos en la receptividad más intensa. En estados profundos de atención silenciosa, experimentamos el eustrés que describe Kirste. Aunque escuchar el silencio profundo es una práctica receptiva, es activa. Como nos dijo hace poco Josh Schrei, mitólogo y presentador del podcast *The Emerald*, «el silencio de la atención concentrada es alerta y relajado al mismo tiempo». Anteriormente, nos referimos a la palabra *nada*: cómo significa «nada» en algunas lenguas romances y «sonido» en sánscrito, otra lengua indoeuropea. La práctica del Nada yoga es una práctica de escucha activa intensa: bajar el dial del ruido interior y exterior, idealmente a la nada, para poder escuchar la esencia de todo, el pulso de la vida. Según algunas interpretaciones, éste es el acto creativo supremo para un ser humano.

Dentro de las tradiciones hindúes, el tipo de conocimiento más sagrado, incluidos los cuatro Vedas, es el *shruti*, el producto de la revelación divina. Los textos posteriores se consideran *smriti* (análisis y elaboraciones). Mientras que *smriti* significa «lo que se recuerda», *shruti* quiere decir «lo que se escucha». La primacía de *shruti* implica que el proceso por el que el conocimiento fundacional más venerado llegó a la Tierra no fue a través del pensamiento o incluso de una visión en la meditación. Fue a través de la escucha. Fue dejando que la mente tranquila absorbiera lo que es. Fue prestando la más profunda atención imaginable a la naturaleza, al aire, a la vibración esencial de la vida. Los antiguos rishis se sintonizaron.

Una pieza central del servicio judío es la oración llamada el Shema, la afirmación de que «Dios es Uno». La palabra *shema* significa literalmente «escuchar» o «oír». Durante la oración, se indica a los fieles que se cubran los ojos para «cerrar los campos visuales y no ver las diez mil cosas», nos dice Estelle Frankel. «Escucha. Escucha la unidad. Escúchala», dice. Así es como se percibe la unidad de Dios. El objetivo de sintonizar activamente con lo auditivo, dice Frankel, es centrar toda la atención en «disolverse en la divinidad». El judaísmo, dice Frankel, «es una religión auditiva». La realización más elevada en el judaísmo ocurre a través de la audición más viva, al igual que en el hinduismo, a través de *shruti*. «En el sonido, puedes oír múltiples sonidos», dice, «pero todos se convierten en uno en tu experiencia». Esta percepción de totalidad es otra forma de describir la forma más elevada de oración.

No vamos a pretender entender exactamente cómo los más altos sabios de la antigua India o los más grandes maestros cabalistas han sido capaces de sintonizar hasta el punto de ser capaces de recibir una revelación atemporal o «disolverse en la divinidad». Pero he aquí una conjetura: la *práctica*.

Se prepararon rigurosamente para estar en silencio.

Como dice Schrei: «Los rishis vivían en la naturaleza. Cantaban mucho. Mantenían una determinada dieta. Todas estas cosas trajeron la sintonía… Tenían un régimen de práctica para preparar el recipiente para escuchar el sonido divino». Schrei explica que prácticamente todas las tradiciones de sabiduría hacen hincapié en la ética y la moral, evitando, por ejemplo, mentir o ser excesivamente materialista o hacer daño a otras personas, por razones que van más allá del mantenimiento del orden social. «La práctica ética es necesaria para que un ser experimente un silencio armonioso», dice. «Si mientes mucho, estarás atrapado en el ruido interno».

No es como si los antiguos sabios de la India o los grandes maestros del judaísmo —o los maestros contemplativos de cualquier tradición— se hubieran dejado caer un día para escuchar la revelación divina. Se prepararon.

A través de diversas tradiciones, los sabios han estructurado toda su vida en torno al propósito de llegar al lugar más allá de todo ruido, el lugar donde no hay más servicio al ego, el lugar donde, en palabras de Schrei, todo el cuerpo puede llegar a ser *como un diapasón*.

La escucha más profunda es, en cierto sentido, pasiva. Es un acto de recepción. Se trata, parafraseando a Huxley, de «abrirse» al cosmos. Sin embargo, la práctica de ordenar toda la vida para poder superar el ruido, para poder concentrarse plenamente en la grandeza del momento presente es, indiscutiblemente, *activa*.

MA

Tómate un momento para volver, una vez más, al «experimento de los sentimientos» que presentamos en el último capítulo.

Imagina cómo cinco años de silencio cambiarían la arquitectura
de tu mente.

Cuando imaginamos personalmente esta profundidad del silencio, nos imaginamos, por supuesto, dedicando mucha menos energía a la formulación de argumentos y opiniones. Imaginamos que se pone menos énfasis en la «superposición conceptual» de las distinciones y en nombrar las cosas, que se presta menos atención al dedo que señala y más a la sensación de la luna. Imaginamos que cinco años nos acercarían un poco más a los rishis de la antigua India, que podían escuchar la vibración fundamental de la vida.

Incluso con un tiempo relativamente corto de silencio, a menudo notamos cómo nuestra mente empieza a alejarse de nuestras propias preferencias y etiquetas y de los escenarios hipotéticos y se acerca a un mayor grado de presencia. A veces, encontramos un atisbo de este «restablecimiento» en tan sólo un breve momento de silencio, en la apreciación de los espacios ordinarios «en medio».

Este valor de sintonizar con los espacios vacíos —los espacios silenciosos— es, en muchos sentidos, una pieza central de la cultura tradicional japonesa. Lo encontrarás en su estética, arquitectura, ceremonia y comunicación. No es sólo una preferencia estilística; es una expresión del modo apofático de conocer.

En japonés, la palabra *Ma* combina los caracteres kanji de «puerta» y «sol». Juntos, estos ideogramas escritos crean una imagen: la *luz dorada que se cuela por las tablillas de la entrada de un templo*.

Una definición común para *Ma* es «espacio negativo». También se describe como un «hueco» o una «pausa» o incluso como el propio silencio.

Ma —como el silencio— es algo más que la ausencia. *Ma* se describe mejor como «potencialidad pura». Emana a través del espacio y del tiempo. Expande la percepción.

Ma describe los intervalos entre las notas de la música, los espacios que hacen perceptibles el ritmo y la melodía. Es la presencia temporal y vibratoria de la que surgen y a la que vuelven todos los sonidos. *4'33"* de John Cage es una expresión pura de *Ma*.

En el arte floral japonés del ikebana, el *Ma* describe el equilibrio dinámico entre las formas, los colores y las texturas de las flores y los espacios vacíos entre y alrededor de cada elemento meticulosamente colocado. Los objetos (las ramas y las flores) y el espacio (el *Ma*) tienen la misma importancia. Se anima al espectador a dar un paso atrás y a contemplar la totalidad de la creación.

Del mismo modo, el *Ma* es un elemento clave de la caligrafía, el haiku, la pintura, los jardines, la narración tradicional, la danza y el teatro japoneses. El objetivo es hacer que la «energía invisible» del *Ma* sea tan dramática o impresionante como el diálogo o el diseño que lo delinea.

La ceremonia formal del té, que comienza con una reverencia en silencio y se prolonga hasta cuatro horas de atención silenciosa, es un ritual de *Ma*. Se trata de la apreciación compartida del silencio. Como subraya el erudito Okakura Ka-kuzō en su clásico ensayo de 1906 *El libro del té*, la ceremonia formal trabaja con el silencio como una forma de tender un puente entre lo mundano y lo sagrado. Se trata de impregnar los actos ordinarios de comer, beber y lavarse con la reverencia de una conciencia exquisita.

Ma es tan importante que en el idioma japonés una persona *sin Ma* se llama *manuke*, un tonto.

Las raíces de *Ma* son profundas. Se deriva, en parte, de los principios de la vacuidad y la ausencia del yo que son comunes a varias escuelas del budismo. También deriva de la religión indígena de Japón, el sintoísmo, que hace hincapié en la armonía de las relaciones y el equilibrio con la naturaleza. El sintoísmo es una religión animista, en la que todos los elementos —las aguas, los árboles, las rocas, los vientos— son espíritus con capacidad de acción. Sin la suficiente *Ma*, un espíritu puede decidir no descender a la Tierra.

Ma también tiene raíces en la agricultura. Si plantas las semillas demasiado juntas, los cultivos no crecerán tan bien. Tendrás que hacer *mabiki*, un aclareo y eliminación del exceso de follaje para dejar espacio a *Ma*. El espacio vacío es una condición necesaria para que la vida florezca. Permite que cada uno de los elementos necesarios —agua, luz solar, tierra y aire— llegue a la plántula en crecimiento. Y, por supuesto, el espacio es especialmente valioso en un archipiélago pequeño y muy poblado.

No pretendemos poner la cultura japonesa en un pedestal. Si alguna vez ha caminado por las calles del centro de Tokio, abarrotadas de gente, hipercomerciales, de anime y de Hello Kitty, sabrá que es uno de los lugares más ruidosos y con más información del mundo. Sin embargo, en el Japón actual todavía se pueden encontrar elementos de una cultura tradicional que considera el silencio como algo sagrado. Encontrará signos de una sociedad organizada deliberadamente para que la gente sintonice con el espacio vacío «entre».

Años antes del accidente de coche, cuando Faith Fuller aún estaba en su fase de adicta al trabajo, viajaba regularmente a Japón para impartir cursos de formación. Recuerda que se reunía con sus alumnos y les hacía una pregunta superficial: «¿Cómo estás esta mañana?»

Su pregunta suele ser recibida con un largo periodo de silencio antes de una eventual respuesta.

«Siempre pensé: "No me están entendiendo. Déjame decirlo de otra manera"», nos cuenta Faith. Su colega japonesa Yuri Morikawa le daba a Faith un golpe amistoso con el codo. Le decía a Faith que esperara. «Tómate un momento para estar en silencio con la persona a la que saludas».

Yuri estaba instruyendo a Faith en *Ma*.

Cuando Faith preguntaba: «¿Cómo estás esta mañana?», los alumnos solían aprovechar su pregunta como una oportunidad para entrar en su interior y sentir cómo se encontraban en ese momento. Esto les llevaba algún tiempo. Como no tenían reparos en guardar silencio en una conversación con una persona que acababan de conocer, dejaban que el espacio sin palabras formara parte de la conversación.

Faith se ríe ahora de ello. Incluso como alguien que ha viajado por el mundo y ha estudiado ampliamente la comunicación intercultural, esto era —en la práctica— radicalmente nuevo para ella. Recibió muchos codazos.

Con el tiempo, Faith llegó a apreciar cómo esta aparente peculiaridad cultural era, de hecho, una expresión de algo profundo. Descubrió que sentirse cómodo en el silencio de otra persona aporta presencia y autenticidad a un encuentro. Es un antídoto contra la tiranía del más rápido y ruidoso. Si pudiera superar su impulso culturalmente condicionado de saltar y llenar el espacio, podría dejar que la luz dorada del sol entrara en estos encuentros. Podría dejar paso a la potencialidad pura.

* * *

La sociedad no siempre ha sido tan ruidosa como hoy. Pero nuestra pregunta, *cómo podemos conocer el silencio en medio del estruendo interior y exterior,* es, sin embargo, antigua. «El ruido interior», dice el Papa Francisco, «hace imposible acoger a nadie ni a nada». Acoger a la humanidad y a la naturaleza —afirmar la vida— requiere una disposición a flotar en el desconocimiento, a ser como una flor, para permanecer en el misterio del silencio.

No hace falta ser una persona religiosa ni adherirse a una sociedad filosófica secreta para impregnar tu vida de un poco de eternidad. En los próximos capítulos, nos embarcaremos en el trabajo práctico de encontrar el silencio en un mundo de ruido. Veremos cómo encontrar tanto el «silencio cotidiano», basado en campos como la psicología y el diseño organizativo, como el «silencio arrebatador», aplicando enseñanzas de origen místico a la vida moderna.

PARTE IV
TRANQUILIDAD EN EL INTERIOR

9
UNA GUÍA DE CAMPO PARA ENCONTRAR EL SILENCIO

Habla de la basura.

Barras de acero chocando.

Un grupo de televisores viejos y radios de baja calidad, que se suman a una cacofonía de ritmos de fiesta y comentarios deportivos.

Nada más que una capa de malla metálica para mantenerlo todo fuera.

En 2007, las crecientes pruebas sugerían que Jarvis Jay Masters no había cometido el delito por el que estaba encarcelado en el corredor de la muerte de San Quintín. El Tribunal Supremo de California emitió una inusual orden para que los fiscales reevaluaran todas las pruebas de su caso, sentando las bases para un eventual nuevo juicio. Un grupo de activistas había construido y publicitado un caso riguroso que demostraba que Jarvis era, de hecho, inocente, que había sido el chivo expiatorio de una conspiración para asesinar a un guardia de la prisión más de veinte años antes.

Mientras tanto, tras las rejas, Jarvis había llegado a ser considerado una especie de *mensch*, una fuente de calma y consejo, incluso para el personal del alcaide.

Mientras su caso seguía en apelación, Jarvis fue trasladado del confinamiento solitario — «El Centro de Ajuste», para usar la terminología oficial orwelliana— al Bloque Este, un lugar donde los reclusos gozaban de relativa libertad, incluyendo más espacio al aire libre, uso ocasional del teléfono y acceso a un economato que vendía barras de caramelo y paquetes de fideos ramen.

Jarvis había estado en régimen de aislamiento, el «AC» para abreviar, durante veintidós años, más tiempo que nadie en la historia de San Quintín. El traslado del CA al Bloque Este fue una victoria personal que tardó años en producirse.

Pero, cuando Jarvis llegó al bloque este, el ruido lo abrumó. Tuvo un ataque, el primero en décadas y el peor de su vida. Aunque no le hubiera deseado el aislamiento a nadie, se dio cuenta de que las sólidas puertas de las celdas habían ayudado a controlar el ruido exterior. En el Bloque Este, no tenía esa barrera de sonido. Tendría que profundizar en su práctica.

Jarvis es conocido hoy en día como «el budista del corredor de la muerte», tal y como se titula su reciente biografía. Tomó los votos con el maestro tibetano Chagdud Tulku Rinpoche en 1991. Durante décadas, ha sido uno de los principales alumnos de la monja budista estadounidense y popular escritora Pema Chödrön, a la que llama cariñosamente «mamá». Jarvis ha publicado su propia autobiografía, así como una poesía ganadora del premio PEN sobre el trabajo de domar la mente en circunstancias difíciles. Como aspirante a bodhisattva, trabaja para hacer lo posible por extinguir el sufrimiento de todos los seres sensibles. A lo largo de los años, se ha dado cuenta de que el austero campus de máxima seguridad de 170 años de la Prisión Estatal de San Quintín podría ser un lugar tan propicio para realizar este trabajo como cualquier otro.

Cuando hablamos con Jarvis, cuyo caso sigue en apelación, destacó que el ruido de San Quintín no es sólo auditivo. Es una vibración de miedo, uno de los ruidos internos más perniciosos que se puedan imaginar. Es el miedo a las próximas audiencias, a las revisiones de conducta y a las interacciones cotidianas con guardias de la prisión y reclusos intratables. Para algunos, es la angustia existencial de una muerte inminente sancionada por el Estado. Para casi todos —incluido Jarvis— se trata de reverberaciones de traumas infantiles y fantasmas emocionales persistentes de hogares violentos o de un sistema de acogida negligente. «Aquí *hay* que aquietar la mente», nos dice. «Si no, te volverás loco». Cuando entró en su celda por primera vez en 1981, a los diecinueve años, alargó la mano por encima de su cabeza y colocó fácilmente la palma de la mano en el techo. Recuerda que pensó: «Es como si me enterraran vivo». La celda le parecía un ataúd. Sabía que era la vía rápida hacia la locura, si la tomaba. Cuando hablamos por teléfono hace poco, una desconcertante mezcla de gritos furiosos y exuberantes nos sirvió de telón de fondo auditivo. «Los chicos del bloque siempre se ponían a gritar *justo cuando yo meditaba*», bromea Jarvis. «Pensaba que había una especie de gran conspiración». Ahora se ríe, porque no podía entender cómo parecían saber siempre *exactamente* cuándo estaba meditando. Con el tiempo, comprendió que la principal fuente de ruido era su propio parloteo interior. «Sólo era yo el que hacía ruido en mi mente», dice. «Mis *respuestas* al ruido eran probablemente las más ruidosas». Comprender esta realidad es una cosa; trazar un rumbo diferente es otra. Pero Jarvis sabía que tenía que encontrar una manera de afrontar este reto para sobrevivir en el Bloque Este. «Empecé a acallar el ruido *acallando mis respuestas al ruido*», nos cuenta. Hoy en día, ni siquiera el ruido más salvaje del Bloque Este le molesta. Ha encontrado formas de trabajar con ello. Jarvis tiene prácticas para encontrar la tranquilidad que van más allá de su meditación sentada habitual. Por ejemplo, escribió la mayor parte de su libro *Finding Freedom (Encontrar la libertad)* durante los grandes partidos —como cuando los Raiders juegan contra los 49ers—, cuando nadie dice su nombre ni se preocupa por lo que está haciendo. Encuentra la tranquilidad en los momentos en que hace saltos y yoga en su celda. La encuentra cuando estudia astronomía y planea cuándo será visible el próximo eclipse solar durante su tiempo en el patio. Sus circunstancias exigen una disciplina de momento a momento para gestionar sus propias percepciones y reacciones. Así es como se mantiene por encima del ruido.

Jarvis recuerda cuando su amiga e investigadora Melody le introdujo en la meditación hace unas décadas. «¿Estás loco?», le preguntó. «¿Intentas que me maten?». Le explicó que lo último que se hace en la cárcel es cerrar los ojos. Hicieron falta años de contratiempos personales y sucesos serendípicos para llevarle a la práctica contemplativa. «La palabra "meditar" no es una palabra con la que la mayoría de los chicos de aquí puedan identificarse», nos dice. En su mayoría, no piensan: «Vaya, esto es genial», dice riendo. «Siempre van a pensar "estás fingiendo" al principio, ¿no? Porque no creen que sea posible que te quedes tan tranquilo... Están esperando a que cometas un error».

Jarvis no intenta persuadir a nadie en San Quintín para que haga lo que él hace, pero hay ocasiones en las que la gente acude a él en busca de orientación. «Según mi experiencia, hay que meterse en problemas antes de hacer algo». Normalmente, es después de los problemas cuando Jarvis encuentra una oportunidad para presentar el silencio a un compañero de prisión. Describe un escenario típico: un hombre con un temperamento fuerte a punto de ser arrojado «al agujero» por insultar a los guardias. Jarvis reconoce que él fue una vez ese hombre. Otro escenario que puede provocar el cambio es cuando un recluso pierde a un ser querido. El dolor es el gran ecualizador. Preguntarán: «¿Cómo haces esto, tío? Tengo muchas cosas que hacer ahora». No los pone a leer sutras o a estudiar mantras; les aconseja cómo encontrar un poco de tranquilidad para sí mismos en el dolor y el caos. Un verdadero hito, nos dice, es cuando se dan cuenta de los límites de hablar, quejarse, culpar y perseverar. La percepción suele expresarse en una aspiración como «Voy a mantener la boca cerrada, tío». Lo cual, dice Jarvis, es un buen comienzo. Añade que todos tenemos que llegar al punto de «no querer crear más malas intenciones».

* * *

Cuando Jarvis piensa en su práctica de navegar por el ruido de San Quintín, descubre que ha cultivado un recurso sorprendentemente importante en él: la compasión.

Gracias a la tranquilidad que ha encontrado en su conciencia a lo largo de los años, ha empezado a prestar más atención a lo que realmente ocurre a su alrededor. Antes no había pensado mucho en las historias de los chicos con los que pasaba el tiempo en el patio jugando al baloncesto o levantando pesas. Pero, a medida que el ruido en su mente disminuía, empezó a notar tenues cicatrices en sus manos o en sus rostros. Intuyó que cada una de esas cicatrices tenía su propia historia, y empezó a hacer preguntas con cuidado y respeto. Aunque algunos de los chicos se mostraron reticentes, otros se sinceraron con él, a menudo hablando de cómo habían sido golpeados y abandonados de niños. Jarvis empezó a ver que el silencio tenía una dimensión moral. A través de él, podía ir más allá de su propio viaje y cultivar cierta empatía. Al principio, cuando todo el alboroto del bloque obstaculizaba su práctica de meditación, se quedaba atrapado en pensamientos negativos. «Pensaba: "Estos tipos están locos"». Pero luego, con el tiempo, recordaba que «están atrapados en una celda de cuatro por nueve, están en el corredor de la muerte». Se dio cuenta de que «con los gritos y los chillidos, estas personas sólo están lidiando con una parte de su naturaleza, dejándola salir». Se dio cuenta de que, en estas circunstancias, su comportamiento era probablemente bastante normal.

Un día, Jarvis se detuvo y se preguntó: «¿De qué sufren estos tipos?». Consideró los detalles de cada hombre, y luego amplió el panorama. Pronto se dio cuenta de que su pregunta se refería al origen de todo sufrimiento. «¿Qué está pasando *realmente* aquí?», se preguntó. «¿Cuándo y dónde empezaron sus heridas?». Entonces su mente volvió a centrarse en su propia realidad: «¿De qué estoy sufriendo *yo*?». En ese momento, vio que él y ellos no eran tan diferentes. Decidió escuchar más.

«Hay que aquietar la mente para poder escuchar *de verdad*», nos dice.

Tras unos años de práctica, Jarvis se dio cuenta de que había dejado que el ruido le endureciera. Intentaba fingir que estaba en algún monasterio y se esforzaba por mantener el paisaje sonoro de San Quintín fuera de su conciencia. Llegó a la conclusión de que tenía que dejar de resistirse a la realidad. Tenía que dejar entrar su vida. Tenía que dejar que otras personas entraran en su corazón. Empezó a permitir que todos los «gritos y chillidos» del bloque cambiaran su propia orientación interna hacia el sonido y el estímulo. «Empecé a sentir las cosas de una manera más suave», dice.

Jarvis hace una pausa y reflexiona: «Empecé a invitar al ruido para acallar el ruido».

* * *

Cuando hablamos por primera vez con Jarvis a finales de 2020, nos contó cómo, a principios de ese año, había experimentado el silencio más profundo que jamás había conocido. Estaba enfermo de COVID-19, muy enfermo. Después de un par de meses afortunados sin casos del virus, San Quintín había sido invadido. Los primeros días había estado tranquilizando a su vecino, un diabético, de la celda de al lado. Pero entonces «vi cómo enfermaba y moría», dice. «Me dio un susto de muerte, porque yo enfermé al mismo tiempo». La situación en San Quintín era terrible. El *New York* Times informó sobre el brote:

> Varios presos de edad avanzada han colgado fuera de sus celdas carteles escritos a mano en los que se puede leer «Inmunocomprometido» para que los guardias lleven máscaras cerca de ellos. Otros reclusos se niegan a salir de sus celdas por miedo a contraer el virus, según un recluso, y en los últimos días se ha oído a los guardias gritar por sus radios: «¡Hombre al suelo!» después de que los reclusos enfermos no pudieran ponerse de pie.

Jarvis tenía fiebres altas y migrañas debilitantes. Sólo habían pasado tres meses desde que la COVID llegó a Estados Unidos y todos los tratamientos estaban aún en fase preliminar. Jarvis recuerda que un médico se acercó a su celda y le entregó un frasco de medicamentos recetados con sus efectos secundarios enumerados en el reverso. «Le eché un vistazo y sentí que esta píldora me iba a *matar*. Cuidado con los dolores de hígado, los dolores de cabeza, los dolores de corazón, la presión arterial alta, el riesgo de ataques al corazón, el entumecimiento de los pies y las piernas… Quiero decir, era como, "¿Qué *es* esto, hombre?"» En su estado onírico de agotamiento, enfermedad y dolor, no dejaba de mirar la etiqueta del frasco, leyendo y releyendo la lista de dolorosos efectos secundarios mientras su mente se volvía hacia toda la gente que sufría en el mundo de la misma enfermedad.

Entonces le vinieron las palabras: «Ahora no se trata de ti».

En ese instante, la conciencia de Jarvis se amplió a todas las personas con enfermedades preexistentes, como su vecino, que fue el primer preso que murió de la COVID en San Quintín. «Hay mucha más gente más enferma que tú ahora mismo», se dio cuenta.

Pensó en las «personas con corazones débiles que estaban sufriendo ataques cardíacos en ese mismo momento». Pensó en «todas las madres que perderían a sus hijos, que podrían estar perdiendo un hijo en ese mismo momento». Su corazón se rompió. Se unió a ellos en su sufrimiento, y se sintió incluido en algo mucho más grande que él mismo. En sus palabras:

Fue como dar el pésame a tanta gente que está sufriendo, y de ahí pasó a decirme constantemente: «No estás solo. No estás solo… puedes superar esto».

Y eso me hizo callar.

Ni siquiera sabía si estaba despierto o dormido. Estaba así de tranquilo. Necesitaba sentirme así para salir de esa enfermedad.

Pasamos mucho tiempo con Jarvis hablando sobre el significado de esta experiencia: un encuentro extraño, inesperado y sanador con el silencio. «Yo no llamo milagros a ese tipo de cosas», dijo, describiendo el golpe de percepción que le llegó. «Pero fue un regalo para mí: que estuviera en condiciones de percibirlo, de recibirlo».

LA ESFERA DE CONTROL

¿Cómo encontrar el silencio en un mundo de ruido?

La respuesta es diferente para cada persona.

A veces es espontáneo. Pero normalmente es el resultado de un esfuerzo consciente.

Como seres humanos, todos tenemos diferentes medios para encontrar la tranquilidad. Incluso Jarvis, un profesor de meditación, te dirá que sentarse solo a meditar no es la única manera.

Todos tenemos diferentes grados de autonomía sobre cómo podemos elegir pasar nuestros días y organizar nuestras vidas. Un padre soltero que trabaja a tiempo completo con un salario mínimo tiene una capacidad diferente para estructurar su día que el jubilado, el estudiante universitario o el propietario de una pequeña empresa. Estos diferentes grados de autonomía influyen en cómo y cuándo podemos encontrar el silencio en nuestra vida cotidiana.

Jarvis se encuentra en un extremo de este rango de autonomía. Pasa veintitrés horas de cada día en su celda. La administración penitenciaria controla casi todos los aspectos de su vida, incluso si puede ducharse. No tiene prácticamente ningún control sobre los niveles de ruido y distracción que le rodean. Sin embargo, Jarvis se ha convertido en un experto en la gestión del ruido en su vida. Es capaz de organizar periodos de silencio. Modula las vibraciones del zumbido de la ansiedad y el miedo. Aunque los momentos de serenidad son escasos, es capaz de entrar en ellos con una gran atención. Tal vez lo más importante es que es capaz de estar presente para un silencio misericordioso cuando éste agracia su vida, como ocurrió cuando leyó la etiqueta del frasco de la medicación y escuchó las palabras «No se trata de ti en este momento». Como dice, con agradecimiento, fue capaz de «percibirlo» y «recibirlo».

El lugar obvio para buscar un «experto» en silencio es entre los monjes de clausura o los ermitaños que habitan en cabañas. Pero eso no sería lo más importante. Buscamos a Jarvis precisamente porque vive en un paisaje infernal de gran volumen. Una cosa es encontrar el silencio en una remota ermita del Himalaya, y otra es encontrarlo entre la ansiedad, los paisajes sonoros contaminados, el miedo y el trauma. Esto es lo que es relevante para la mayoría de la gente viva en este momento». Para Jarvis, la clave para encontrar el silencio fue determinar su *esfera de control*. Cuando pensó por primera vez: «Me están enterrando vivo», supo, instintivamente, que esta línea de pensamiento era catastrófica, aunque pareciera contener un núcleo de verdad. Tenía que tomar el control, encontrar la fuerza de voluntad para erradicar ese pensamiento. Y lo hizo. Si bien Jarvis no comenzó el entrenamiento formal de la mente a través de la práctica budista hasta años más tarde, tenía un lema personal que aprendió de la canción del líder de Funkadelic, George Clinton: «Free Your Mind and Your Ass Will Follow». Entendía que tenía que encontrar un punto de apoyo para gestionar sus pensamientos. Sólo entonces podría trabajar para tener una apariencia de control sobre sus circunstancias. Sólo entonces podría encontrar algo de libertad.

Solemos ser escépticos con la palabra «control».

Vivimos en un mundo probabilístico en el que miles de millones de fuerzas visibles e invisibles dan forma a todo lo que nos rodea, desde los bichos microscópicos de nuestros intestinos hasta las políticas de tipos de interés de la Reserva Federal o las configuraciones de los planetas y las estrellas en el cielo. Sin embargo, este concepto de *esfera de control* puede seguir siendo muy útil cuando trabajamos para navegar por un mundo ruidoso.

En una ocasión, Leigh ofreció este concepto de *esfera de control* a Justin para ayudarle a salir de un aprieto. Justin mantenía una relación profesional con un volcán en activo, un político influyente pero muy volátil. El trabajo apoyaba una causa social positiva en la que Justin creía, y era una buena oportunidad económica para su creciente familia. Pero el ruido que creaba en su mundo era implacable.

Una parte del ruido era el habitual: un número desmesurado de correos electrónicos, mensajes de texto, llamadas telefónicas y video-conferencias. Pero también había cosas más sutiles, como una malsana expectativa de disponibilidad las 24 horas del día y una tendencia a convertir las interacciones ordinarias en discusiones tensas, incluso abiertamente hostiles. Para evitar el conflicto, Justin mantenía su teléfono cerca y el timbre encendido. Empezó a comprobarlo compulsivamente con la esperanza de que una actitud complaciente ayudara a aliviar las tensiones. No fue así. Mientras Justin redoblaba sus esfuerzos, el ruido en su conciencia aumentaba. Su monólogo interno repetía conversaciones difíciles y proyectaba escenarios catastróficos. Sus nervios zumbaban como una línea de transmisión de alta tensión.

Justin no era ajeno al trabajo con mucho estrés y llevaba mucho tiempo estudiando y enseñando meditación. Así que tenía un respetable conjunto de mecanismos de afrontamiento. O al menos eso creía.

Cada vez que se alejaba para hacer una breve meditación o emplear alguna estrategia de reencuadre cognitivo, pensaba que había vuelto a navegar sin problemas. Pero luego volvía con el cliente y se veía arrastrado por otro remolino de ruido interno. Se dio cuenta de que estos patrones se convertían en un ciclo que se reforzaba a sí mismo. Las conversaciones no deseadas y la comprobación de los dispositivos a todas horas le llevaban a una mayor preocupación. Agotado, cubría el desorden con más ruido, compadeciéndose de sus amigos por teléfono o buscando consuelo en atracones nocturnos en Netflix de los más deliciosos *food trucks* junto al mar de América Latina.

En ese torbellino, Justin se dio cuenta de algo profundamente preocupante sobre sí mismo. En esos momentos, no habría buscado el silencio *aunque pudiera*. No quería enfrentarse a sí mismo. Se sentía mejor buscando la distracción que enfrentándose a la realidad.

En una llamada de control, Leigh le preguntó a Justin *qué era lo que anhelaba* en la situación, cuál era el mejor escenario que podía imaginar. Justin hizo una pausa para tomar asiento bajo el sol del desierto. Respiró profundamente varias veces. No sólo anhelaba un descanso o un equilibrio entre el trabajo y la vida privada. Había una sensación específica, casi una energía, que anhelaba. Se le ocurrió la imagen de estar de pie por la mañana ante un océano sereno. Después de describir ese anhelo,

Leigh le preguntó *qué era lo que más temía*. Dijo que temía tener que seguir soportando ese mismo ruido y estar alejado de esa sensación oceánica de «reinicio».

Leigh le presentó a Justin una imagen: la *diana de un arquero*. El círculo interior, le dijo, era lo que podía *controlar*, el anillo central era lo que podía *influir* y el anillo exterior era *todo lo demás*. Concéntrate en los dos anillos interiores, le dijo.

Para Justin, este no era un momento de «toma este trabajo y arrójalo». No estaba en condiciones de marcharse, al menos a corto plazo. Así que empezó a analizar de forma más sistemática lo que estaba en su *esfera de control* y lo que estaba en su *esfera de influencia*, donde podía seguir ejerciendo su autonomía para reclamar la tranquilidad que necesitaba en su vida.

Utilizando el marco de la *esfera de control*, Justin empezó a prestar más atención a las sensaciones de su cuerpo y al parloteo de su mente cuando el ruido le llamaba la atención. En lugar de limitarse a realizar alguna práctica de concentración *ad hoc* de vez en cuando, se volvió más disciplinado a la hora de emplear un conjunto diverso de estrategias para conseguir el silencio cotidiano, incluyendo ejercicios de respiración que había aprendido hace tiempo, breves descansos bajo los rayos del sol y excursiones regulares sin teléfono. También pensó en cómo podía *influir en* la situación planteando su preocupación por la sostenibilidad del acuerdo laboral. Mientras contemplaba los efectos del ruido en su mente y su cuerpo, renegoció nuevos parámetros con el cliente. La conversación fue mejor de lo que esperaba. Reclamó la posibilidad de un poco de silencio en su situación vital.

Lo más importante es que Justin descubrió que algo precioso estaba realmente en su *esfera de control*. Podía, como diría Jarvis, «acallar el ruido acallando las respuestas al ruido». Podía trabajar más hábilmente con sus percepciones y reacciones. El ruido no era el villano en sí mismo. Claro que era molesto, incluso doloroso. Pero el ruido indicaba lo que debía cambiar en la situación subyacente. Con un poco de distancia, Justin pudo ver que lo peor del ruido —el ruido interno— era una consecuencia de una forma equivocada de relacionarse con el cliente y con el trabajo en sí. Estaba demasiado apegado a los resultados. Y estaba totalmente en manos de Justin cambiar eso.

* * *

Saber lo que podemos cambiar, y lo que no, supone una cierta liberación. Los sistemas complejos, como los mercados de valores y las preferencias culturales globales, suelen quedar fuera del ámbito de nuestra *influencia* personal; caen en la diana de todo lo *demás*. Cuestiones como las medidas electorales locales y el comportamiento de nuestra pareja suelen entrar en el territorio de los acontecimientos en los que podemos *influir*. Pero, a menos que seas Angela Merkel, Warren Buffett o Beyoncé, el número de factores que *controlas* es probablemente pequeño. Pero eso está bien. Un pequeño espacio en el centro de la diana es en realidad todo lo que necesitamos, ya que el trabajo más importante ocurre en el interior.

Trascender el ruido de este mundo requiere algo más que tapones para los oídos de alta calidad o una «desintoxicación digital» en una cabaña fuera del alcance del móvil. Al igual que la experiencia de Justin, requiere una cierta «arquería» del corazón y la mente. Al igual que el arco y la flecha mejoran con la práctica, esta forma de tiro con arco mejora cuanto más se hace.

El ruido de la vida es, hasta cierto punto, inevitable. Sin embargo, podemos aspirar a un paisaje sonoro interno sereno, a una conciencia tranquila. Podemos identificar lo que está en nuestras *esferas de control* e *influencia* y, en consecuencia, aplicar estrategias para dirigir nuestras vidas en la dirección de lo que queremos mientras dejamos ir *todo lo demás*.

A partir del próximo capítulo, veremos estrategias específicas para encontrar el silencio. Pero, antes de poder aplicar estas estrategias, tenemos que ser capaces de identificar cuándo son necesarias, es decir, cuándo hay, de hecho, demasiado ruido.

SEÑALES DE RUIDO

No hay una fórmula rígida para la práctica diaria de Jarvis. Mientras trabaja para sortear el ruido —para averiguar cuándo y cómo aplicar su *control* o *influencia*— hace hincapié en un punto de partida esencial: *prestar atención*. Estudia los pensamientos en su cabeza y los sentimientos en su cuerpo. Insiste en que hay que buscar *señales*, incluso las más pequeñas, para poder dirigir y corregir continuamente el rumbo.

En el capítulo 4, introdujimos la distinción entre *señales* y *ruido*, entre los tipos de sonido y estímulo que indican lo que es necesario y los que hacen reclamos injustificados a nuestra conciencia. Hay un cierto tipo de señales importantes que podemos buscar dentro de nosotros mismos, en nuestras propias mentes y cuerpos. Son señales personales de que hemos dejado que se filtre demasiado ruido, de que nos hemos sobreestimulado o distraído. Es importante reconocer estas señales y poder actuar en consecuencia. Jarvis nos guía a través de un ejemplo.

«Hoy en día, son las cosas pequeñas y minúsculas las que me afectan», nos dice. «Como cuando me dan el desayuno y miro la bandeja y no hay mantequilla». Nos pinta este cuadro:

«¿Dónde está la mantequilla?»
«No conseguiste mantequilla, Jarvis», dicen.
O peor aún: «Está ahí, en su bandeja», cuando no es así.
Siempre me pilla. Me pilla desprevenido. Lo convierto en algo más grande de lo que podría ser, ¿sabes?

Para Jarvis, la sensación de «engancharse a las cositas» es una señal primaria. La buena noticia es que, tras años de práctica, sabe cómo recalibrar rápidamente. Ha convertido en una misión personal entender sus pensamientos, sentimientos y comportamientos, para percibir las señales que surgen para decirle que está «enganchado». Aunque este tipo de autoconciencia no es común dentro de San Quintín (o fuera de él, en realidad), Jarvis la considera una necesidad para sobrevivir. Su tono alegre se vuelve serio cuando nos dice: «Sólo hacen falta dos segundos para que toda tu vida cambie, especialmente aquí... En dos segundos, puedo estar en un calabozo en algún lugar».

Para Jarvis, otra gran señal de ruido sobrante es cuando está demasiado «metido en su cabeza», cuando se enreda en justificaciones intelectuales sobre lo que está bien y lo que está mal, quién tiene la culpa o por qué la vida se desarrolla de una manera y no de otra.

«La lógica es un viaje, ¿sabes?», dice con una risa.

El problema no es el pensamiento en sí, sino el tormento de pensar demasiado. «Sabemos cómo agitarnos muy, muy bien», explica Jarvis. «Somos profesionales en ello».

Sin embargo, añade, a menudo lo pensamos demasiado, «porque nos preocupamos por la gente que nos rodea, porque nos importan las causas que defendemos». Las «señales» no son el problema. Nos están diciendo algo, algo importante. No nos está aconsejando que suprimamos las señales. Lo que hace es aconsejarnos que prestemos mucha atención y actuemos en consecuencia para gestionar nuestras respuestas.

Al igual que Jarvis, los dos estudiamos nuestras propias señales. Reconocemos nuestras señales reveladoras de un exceso de estímulos externos y de parloteo interno: *irritabilidad y agitación; rigidez en nuestro pensamiento y comportamiento; actitud defensiva visceral, y aversión a escuchar* (como pueden atestiguar nuestros cónyuges y seres queridos). A menudo estas señales van acompañadas de una tensión en el cuello, el diafragma, las caderas o la parte baja de la espalda. A veces hay una respiración poco profunda y una sensación de precipitación.

Estas sensaciones físicas son en sí mismas señales importantes. En los límites de nuestra conciencia viven las emociones ruidosas, las que más tendemos a marginar, como la rabia y la desesperación. Estas emociones pueden hacer que Leigh sufra ataques de pánico a media noche. Justin apretará la mandíbula hasta el punto de sufrir un dolor crónico. Nuestra reacción automática a cualquiera de estas señales es estar en cualquier lugar menos aquí y en cualquier momento menos ahora; sin embargo, son indicadores clave de una discordancia más profunda, y, si los ignoramos, probablemente seguirán apareciendo. Si hay algo que necesita un cambio, es de esperar que esas señales sean más fuertes y llamen más la atención. Podemos esperar a que las señales nos encuentren, o podemos buscarlas proactivamente. Podemos «hacer inventario» del ruido haciéndonos preguntas:

¿Cómo es el ruido en este momento? ¿Auditivo? ¿Informativo? ¿Interno? ¿Qué estoy percibiendo? ¿Qué señales surgen?

¿Cómo se siente el ruido en mi cuerpo? ¿Cómo se manifiesta en mi estado de ánimo, mi perspectiva, mi concentración?

¿Cómo se refleja el ruido en mi trabajo y mis comportamientos? ¿En el tono de mis relaciones?

Una vez que percibas cómo es el ruido de tu vida, podrás aplicar la capacidad que tienes para hacer un cambio, por pequeño que sea. Es un proceso iterativo —lavado, enjuague, repetición— o, para nuestros fines: establecer tu objetivo, evaluar tus *esferas de control* e *influencia*, notar las señales, repetir.

* * *

Jarvis nos ofrece principios básicos para encontrar el silencio en medio del ruido extremo. Estudia la naturaleza del ruido que experimentamos: auditivo, informativo e interno. Comparte estrategias para percibir con precisión las señales entrantes y navegar a través de ellas.

En los próximos capítulos, partiremos de esta base y presentaremos una guía de campo para encontrar el silencio. Nos centraremos en cómo hacer un inventario de nuestros paisajes sonoros internos y externos y exploraremos ideas prácticas para aplicar nuestro *control* o *influencia* para elevarnos por encima del ruido, como individuos, familias, equipos y sociedades enteras. Estudiaremos las prácticas para gestionar el ruido *en el momento*, los rituales para encontrar el silencio *en el transcurso de un día o una semana*, y las posibilidades de encontrar el silencio arrebatador que puede traer la transformación a nuestras vidas en el *transcurso de un año o más*.

10

EL SUCESOR SALUDABLE
DE LA PAUSA PARA FUMAR

Leigh tiene una confesión que hacer.

Solía fumar.

En realidad, la confesión no es tanto que haya fumado. Es que *le encantaba*. Le encantaba el suave beso del cigarrillo cuando colgaba de sus labios. Le encantaba el «chisporroteo» cuando daba la primera calada. Le encantaba el remolino de humo que se elevaba en forma de rayos de sol y de luz. En contra de la mitología imperante en su familia, fue el tabaco —no el yoga— lo que enseñó a Leigh a inhalar y exhalar profundamente.

Sin embargo, había muchas razones para dejar de fumar: la tos persistente, el coste cada vez mayor, el olor a humo en su pelo cuando se acurrucaba en la cama por la noche. Y, por supuesto, su deseo primordial de vivir una vida larga y saludable.

Al recordar por qué tardó tanto en dejar de fumar, Leigh vuelve a recordar la única gran ventaja del tabaco: *los espacios de silencio que proporcionaba*.

Unas matemáticas de servilleta de cóctel revelan que esos espacios sumaban hasta dos horas y treinta minutos al día. Eso es más bien un agujero considerable. En las últimas décadas, cuando la mayoría de los fumadores abandonaron su adicción, también renunciaron a esas pausas del día socialmente sancionadas, especialmente en el trabajo.

Estudiosos de la Universidad de Edimburgo y de la división escocesa del principal centro de investigación social independiente del Reino Unido publicaron recientemente un estudio cualitativo sobre los motivos que llevan a los jóvenes a consumir cigarrillos en la actualidad. Tomaron el título de su publicación de una cita ilustrativa ofrecida por un participante en el estudio: «Si dices que fumas, tendrás más descansos». Los investigadores descubrieron que en «ciertos contextos laborales, sobre todo en el sector de la hostelería y en los trabajos de demanda continua en los centros de llamadas, ser fumador conllevaba la importante ventaja de obtener descansos cortos, y, en algunos casos, era la única forma de conseguirlos». Los autores profundizan en el tema: «Suelen ser ocupaciones poco remuneradas y poco cualificadas que, por lo general, tienen menos derechos».

Piénselo por un momento. Un gran número de personas elige conscientemente inhalar carcinógenos de eficacia probada porque, sencillamente, no hay otra forma de descansar de la rutina. Esto dice mucho sobre la necesidad insatisfecha de la humanidad de tener un tiempo de tranquilidad.

También plantea una pregunta: *¿Cuál es el sucesor saludable de la pausa para fumar?* En otras palabras, cuando te sientas abrumado por el ruido del lugar de trabajo, el hogar o las preocupaciones de tu cabeza, ¿qué hacer, a dónde ir y cómo hacer un *reset?*

¿Cómo podemos encontrar las bolsas de silencio que necesitamos en el día a día?

Puede que tengas cinco minutos para alejarte del ordenador. Puede que sólo dispongas de quince segundos cuando tu hijo esté cautivado por un juguete. En lugar de centrarte en la cantidad de silencio, piensa en la *calidad* del mismo, por muy fugaz que sea. ¿Hasta qué punto puedes sumergirte en los espacios entre todos los sonidos y estímulos?

En este capítulo, te ofreceremos una serie de estrategias para encontrar bolsas de silencio en tu día. No pretenden ser estrictamente prescriptivos, sino más bien ideas orientativas e inspiraciones. Sólo tú conoces las circunstancias de tu vida, tus preferencias y tus necesidades. Sólo tú sabes lo que está dentro de tu *esfera de control* e *influencia*. Aunque te animamos a aplicar lo que es útil y atractivo aquí, también te pedimos que tengas en cuenta que una fuerte reacción de «¡No!» puede merecer una investigación más profunda. Cualquier cosa que suscite una respuesta contundente puede tener algo que enseñarte. No vamos a entrar todavía en el trabajo de encontrar el silencio más profundo y transformador; eso vendrá en el próximo capítulo. Pero recuerda que estas prácticas de momento a momento —estas pequeñas bolsas de silencio— acumulan nuestra capacidad para reconocer y recibir el silencio más profundo cuando llega.

Del mismo modo, no vamos a entrar aquí en las prácticas de gestión del ruido en las relaciones, las familias y las organizaciones. Todo eso vendrá después. Empezamos con las prácticas individuales —las que están más en nuestra *esfera de control*— para sentar las bases de lo que sigue.

Antes de empezar a explorar, queremos compartir algunas recomendaciones generales.

En primer lugar, *mantén la mente abierta*. ¿Recuerdas al tipo que encuentra un silencio interno envolvente al tallar con una sierra de cadena? En medio del chisporroteo del motor y de los escombros, el ruido interior de ese tipo se disuelve. «El silencio es lo que alguien *cree* que es», nos recuerda Joshua Smyth. Así que, mientras exploramos las prácticas para encontrar el silencio, recuerda que el ruido de una persona puede ser el silencio de otra. No pasa nada si tu estilo es idiosincrásico.

En segundo lugar, *explora un montón de prácticas*. El ruido del mundo adopta muchas formas y opera en múltiples niveles. Así que es natural que necesites una gran variedad de herramientas para navegar por una gran variedad de terrenos. Podrías sacar una práctica diferente según el tipo de ruido al que te enfrentes, tu ubicación, tu estado de ánimo o lo que esté en tu *esfera de control* o *influencia* en ese momento concreto.

En tercer lugar, *presta atención a todas las señales*. Al igual que tenemos que estar atentos a las señales de nuestra mente y nuestro cuerpo que indican demasiado ruido, también es valioso prestar atención a las señales internas *positivas*, las indicaciones de que estamos encontrando descanso, alimento y claridad a través de la tranquilidad. A veces, estas señales agradables son más difíciles de detectar. La mayoría de nosotros somos profesionales a la hora de notar estímulos no deseados o desagradables. Esto es lo que los científicos cognitivos llaman nuestro sesgo de negatividad (o nuestra asimetría positiva-negativa), y a menudo es importante para nuestra supervivencia. Sin embargo, las señales de bienvenida son datos igualmente valiosos. Nos muestran cuándo vamos por buen camino, qué es lo que funciona en nuestras vidas y cómo aprovechar lo que es eficaz.

En cuarto y último lugar, *haz lo que te produce alegría*. Parte de la razón por la que decidimos escribir este libro es que la práctica de la atención plena se ha convertido, para demasiados, en un «debería», y, a veces, incluso en un garrote para el autodesprecio. Este principio nos vino a la mente inmediatamente cuando Leigh conoció a Zana, una compañera del equipo de voleibol de su hija. Congeniaron al instante. Zana se había convertido recientemente en socia de un gran bufete de abogados de San Francisco. Trabajaba hasta setenta horas a la semana con unos desplazamientos desalentadores mientras criaba a sus dos hijas por su cuenta. De alguna manera, rara vez se perdía un partido. Al enterarse de que Leigh estaba escribiendo un libro sobre el silencio, Zana se lanzó a una diatriba sobre la falta de práctica de la meditación. «¡Lo sé! Lo sé. ¡Tengo que meditar! Tengo que hacerlo. Llevo toda la vida queriendo hacerlo. No sé *por qué* no lo hago». Este tipo de espiral de vergüenza es común en nuestros círculos sociales. Pero no tiene por qué serlo. Nuestras prácticas pueden y deben ser relajantes, enriquecedoras y, nos atrevemos a decir, placenteras. Aunque es probable que se requiera cierta disciplina, elige las prácticas a las que te comprometerás con gusto y deja de castigarte por las que no harás.

Mientras exploras los principios y las historias de las próximas páginas, ten en cuenta estos cuatro consejos y considera lo que puedes integrar sin problemas —incluso felizmente— en tu vida.

IDEA 1: SÓLO ESCUCHAR

Era mayo de 2020. El mundo entero estaba bloqueado. Las calles de las ciudades estaban casi vacías. Los cielos estaban en silencio y los aeropuertos cerrados. Pero, para muchos de nosotros, la vida era más ruidosa que nunca.

Con reflejos de mangosta, Justin pulsó el botón de silencio una y otra vez para ocultar el indómito paisaje sonoro de su hogar a los colegas en las conferencias telefónicas. Había bebés que lloraban, avena que se quemaba, el zumbido del robot aspirador y el estruendo de los musicales de Disney a todo volumen. La hija de Justin, de tres años, tenía un libro infantil interactivo a pilas que reproducía grabaciones de las canciones de la película *Frozen* en un altavoz diminuto. Un día, lo puso en bucle durante casi una hora.

Justin estaba a punto de imponer la ley cuando, de repente, se dio cuenta de que aquella odiosa grabación contenía una significativa invitación.

«¡Suéltalo! Déjalo ir». Idina Menzel gritó como mezzosoprano.

Justin aceptó el consejo.

Salió a los rayos del sol del mediodía y se olvidó por un momento del trabajo y de las tareas domésticas. En el patio trasero, podía oír el sonido lejano de los coches que pasaban por allí y el suave canto de los pájaros. Sobre todo, oía la brisa que hacía crujir las incipientes hojas de primavera. No se detuvo a meditar en sí. Se limitó a escuchar, a nada en particular.

Hemos mencionado la milenaria tradición india del Nada yoga, a veces conocida como «el yoga del sonido». Algunos maestros describen la práctica como la sintonización con el «sonido del silencio». El maestro budista Theravada Ajahn Amaro ofrece instrucciones sobre cómo hacerlo: «Dirige tu atención hacia tu oído. Si escuchas atentamente los sonidos que te rodean, es probable que oigas un sonido interno continuo y agudo, como un ruido blanco de fondo». Amaro añade: «No hay necesidad de teorizar sobre esta vibración interna en un esfuerzo por averiguar qué puede ser exactamente. Sólo hay que dirigir la atención hacia ella». Dice que se puede «utilizar el simple acto de escucharlo como otra forma de práctica de meditación… Simplemente lleva tu atención al sonido interno y permite que llene toda la esfera de tu conciencia».

Esta práctica de simplemente escuchar —abrir los oídos, junto con la atención, a lo que está presente en ti y en tu entorno inmediato— tiene un efecto de limpieza y de despertar. Es como lo que Imke Kirste descubrió en su investigación: que el acto de *no escuchar nada* acelera el desarrollo de las neuronas. Cuando *nos limitamos a escuchar*, no nos preocupamos por la fuente del sonido. En cambio, utilizamos todo nuestro instrumento —ojos, atención, cuerpo y ser— para sintonizar con la vibración de la vida.

No hay una forma correcta de hacerlo.

Jay Newton-Small no había oído hablar del Nada yoga. Pero descubrió una variante de esta práctica por su cuenta, y le ha ayudado durante años. Jay fue durante mucho tiempo corresponsal en Washington de la revista *Time* y reportera de Bloomberg News. Ahora es la fundadora de una empresa que utiliza la narración de historias para mejorar la atención sanitaria. Durante décadas de trabajo en entornos de gran estrés y volumen en Nueva York y D.C., empezó a notar cómo la intensidad de la vida amplificaba una «estática» que ella podía oír si se tomaba el tiempo de escuchar. Así que, de forma habitual, llegaba a casa después de un día de trabajo, se sentaba en el sofá y se limitaba a escuchar el zumbido de sus oídos. Durante el primer o segundo minuto, normalmente lo experimentaba como un muro de zumbidos que podía sentir en todo su cuerpo. Pero después de unos cinco minutos de escuchar, notaba que el volumen del sonido disminuía. Entonces se levantaba del sofá y se iba a preparar la cena.

Jay se dio cuenta de algo importante: es el propio acto de escuchar el que disminuye el ruido. El zumbido de sus oídos al final del día era una representación de la tensión residual de un día frenético. Al prestar atención a esa energía y sentarse con ella, descubrió que se disolvía en su mayor parte. Su sistema nervioso volvió a su estado de equilibrio. El ruido del mundo se hizo más manejable.

Para la inmensa mayoría de nosotros, en la inmensa mayoría de las situaciones, el mero hecho de escuchar —simplemente notar el ruido y el silencio— está dentro de nuestra *esfera de control*. Tómate dos o tres minutos. Quizá salgas a la calle, como hizo Justin aquel día de primavera de 2020, o te sientes en el sofá después del trabajo, como hace Jay habitualmente. Detente y escucha los sonidos que te rodean y los que hay en tu interior. Presta atención. Déjate llevar.

IDEA 2: PEQUEÑOS REGALOS DE SILENCIO

En primavera, donde vive Leigh, las hojas ámbar del roble de California caen suavemente al suelo para prepararse para el crecimiento del verano. Entonces, como un reloj, comienza un coro disonante de motores de combustión en miniatura. Los sopladores de hojas del barrio de Leigh son algo más que un ruido de fondo. Son tan notorios que la ciudad vecina de Berkeley los prohibió por completo.

Tal vez tú tengas un análogo. En Nueva York, suelen ser los camiones de la basura. En Nueva Delhi, los bocinazos. La mayoría de los lugares densamente poblados tienen sus versiones del omnipresente dolor de cabeza sónico provocado por el hombre. Por supuesto, nuestra percepción de estos ruidos es relativa, como te dirá el consultor acústico Arjun Shankar:

> El sonido es cuando se corta el césped,
>> ruido es cuando tu vecino corta el césped,
>> y la música es cuando tu vecino te corta el césped.

Para Leigh, la cacofonía de los sopladores de hojas de otras personas es indiscutiblemente ruido. Sin embargo, de vez en cuando, tiene un respiro. Tal vez sea un minuto. Tal vez sean sólo diez segundos. Pero el ruido cesa de repente. Cuando Leigh nota esa pausa, es un regalo. Su amígdala se relaja. Su respiración se hace más profunda. Es casi como un retiro extremadamente condensado.

Todo este drama del soplador de hojas es una metáfora de una cuestión más amplia sobre la experiencia humana:

¿Cómo saborear los momentos en los que cesa el ruido?

¿Cómo aprovechamos esos «pequeños regalos» que nos llegan inesperadamente?

Tal vez lo más importante sea cómo reconocemos y aceptamos estos dones en primer lugar.

Brigitte van Baren ha construido su carrera consiguiendo que los ejecutivos de las grandes empresas multinacionales superen sus tendencias tipo A y honren los pequeños e inesperados momentos de silencio cuando llegan. En 1992, su consultoría con sede en los Países Bajos se convirtió en una de las primeras organizaciones en incorporar abiertamente la práctica del zen a la cultura corporativa. Un elemento clave de su trabajo es enseñar a sus clientes a aceptar e incluso apreciar cuando sus planes —grandes y pequeños— se ven frustrados. Casi todas las personas con las que trabaja desprecian la «pérdida de tiempo». Suelen detestar los retrasos en los aviones y trenes, la gente que llega tarde a las citas, las colas, los «tiempos muertos» y todos los demás silencios imprevistos. «*Creen que tienen el control* y *quieren tenerlo*, pero en realidad no lo tienen», nos dice Brigitte. Explica a sus clientes que, cuando creen que se les hace perder el tiempo, tienen dos opciones: (1) Estar frustrado y emocionado, y perder energía, o (2) aprovechar este tiempo como una oportunidad para encontrar claridad y renovación en el silencio.

«El silencio siempre está con vosotros», les recuerda. Estos aparentes retrasos son regalos, si los consideran como tales». Ella cree que uno de nuestros mayores activos es la capacidad de acceder al silencio, especialmente cuando ocurre algo imprevisto. Para cultivar esta habilidad, Brigitte ofrece unas sencillas instrucciones cuando los planes se desvían:

- Tómate este acontecimiento como un suave recordatorio de que no tienes el control absoluto de todo.
- En lugar de frustrarte, replantea el retraso como una oportunidad para saborear un momento no estructurado. Evita la tentación de llenarlo.
- Pregúntate: «¿Cómo puedo aprovechar este momento para recargarme?». Si recibimos estos momentos como pequeños regalos, nos dice, puede que pronto los esperemos con ansia en lugar de afrontarlos con temor.

Justin estaba hace poco en el coche, inmerso en la escucha de un episodio del podcast, cuando el sonido de la grabación se detuvo inexplicablemente. «¿Está llamando alguien?», se preguntó. «¿Se ha roto el Bluetooth?» Sintió la *contracción* fisiológica y psicológica de la que habla Judson Brewer como representante del ruido interno. Cuando el podcast volvió a sonar después de unos tres segundos, sintió que su cuerpo volvía a equilibrarse. Pero mirando hacia atrás, Justin se preguntó, *¿por qué no podía relajarse en ese hueco inesperado?* ¿Podría entrenarse para entrar en una sensación de expansión en lugar de contracción en un momento en que los sonidos y la estimulación ceden?

Pema Chödrön, la maestra y autora budista a la que Jarvis llama mamá, escribe sobre el cultivo de nuestra capacidad para descansar en el espacio abierto, incluso «cuando las cosas se desmoronan». Con esta frase, generalmente se refiere a las situaciones más grandes de la vida, en las que nuestros mapas de realidad se caen y perdemos la orientación, como la pérdida de un trabajo o la disolución inesperada de una relación. De lo que estamos hablando aquí es de un microcosmos infinitesimal de un acontecimiento tan grave. Y, sin embargo, el mecanismo fundamental de respuesta es similar. Cuando perdemos nuestros puntos de referencia, ¿podemos evitar el impulso de buscar llenar el espacio? ¿Podemos abrirnos? ¿Podemos entregarnos al silencio?

Desde los momentos triviales —como la interrupción de los sopladores de hojas— hasta los momentos más grandes —como cuando nos detenemos a considerar nuestra propia mortalidad— se aplica una línea de investigación extrañamente similar: *¿Cómo podemos ser más perceptivos y receptivos a los silencios que nos rodean?* Al igual que con la práctica de la escucha, el primer elemento más importante aquí es *notar*. Es prestar atención cuando surgen estas aperturas inesperadas. Cuando realmente nos damos cuenta, podemos empezar a apreciar. Podemos cambiar nuestra actitud hacia estos espacios abiertos, honrando los vacíos como regalos.

IDEA 3: LO QUE YA ESTÁS HACIENDO, PERO MÁS PROFUNDO

«¿Dónde encuentro mi silencio? Lo encuentro entre la respiración», dice Pir Shabda Kahn, el maestro sufí.

Según su linaje espiritual, la respiración te dice todo lo que necesitas saber sobre tu estado interno. «Si estudias la mística de la respiración, verás que toda emoción perturbadora —si quieres llamarla así— interrumpe el ritmo de la respiración». Y lo explica con más detalle, «Si te sientes solo, estarás atascado en la exhalación. Si estás enfadado, estarás atascado en la inhalación, y así sucesivamente».

Cuando Pir Shabda habla del «entre» la respiración, se refiere al momento entre la inhalación y la exhalación, la «oscilación» de una a otra. «No importa dónde me encuentre —en un aeropuerto ajetreado, en cualquier cosa— puedo, incluso en el momento, entrar en la conciencia a través de la respiración y encontrar mi camino hacia el silencio». Y añade: «Crear el hábito de una respiración rítmica, a largo plazo, es la panacea para todo». La calidad del «swing» de la respiración es tanto el diagnóstico como el remedio.

Esta «oscilación» de la respiración se produce cada pocos segundos. Y, si podemos entrar en ella con la suficiente profundidad, en un momento dado, podemos encontrarnos con un silencio expansivo. Pir Shabda considera que al menos deberíamos prestarle un poco de atención.

En 1999, Stephen DeBerry no tenía tiempo para el silencio. Ni siquiera tenía tiempo para pensar en respirar. «Estoy tan ocupado. Y soy tan importante. Soy el director general», dice, riéndose a carcajadas de sí mismo.

Stephen es antropólogo de formación, padre, atleta de élite y pionero de la inversión de impacto social en el espacio tecnológico. No hace mucho, fue nombrado uno de los cien afroamericanos más poderosos de Estados Unidos por la revista *Ebony* y *The Root/Washington Post*. Stephen —entonces, como ahora— estaba ocupado, comprometido e importante.

En aquel exigente momento de 1999, Stephen trabajaba con una asistente ejecutiva que también era profesora de yoga. Recuerda el momento en que ella hizo una suave intervención: «Me dijo: "Vale, chico importante, aquí tienes un truco: a lo largo del día, cuando te acuerdes de hacerlo, haz *tres respiraciones*. Lo vas a hacer de todas formas. Pero *presta atención*», subrayó. «Sólo tres. Tienes tiempo para eso, chico ocupado, ¿verdad?». Ella hablaba el lenguaje de Silicon Valley, con su obsesión por los *hacks* y la eficiencia, así que él no tuvo más remedio que escuchar.

Stephen lo pensó y se dio cuenta de que «sí, lo estoy haciendo de todas formas. Puedo prestar atención a eso», nos dice. «Y eso me cambió». Él sabe que probablemente no habría sido capaz de sostener sanamente la intensidad si no fuera por este cambio en su conciencia.

Desde entonces, Stephen ha estado trabajando con la atención a la respiración momento a momento como su puerta siempre accesible al silencio interno. Ha seguido el consejo: Tres respiraciones seguidas. Presta atención. Eso es todo. Lo hace en las reuniones, lo hace en los desplazamientos, lo hizo mientras hablaba con nosotros. Encuentra el silencio en este espacio en medio de la intensidad de su día a día. «Han pasado más de dos décadas», se maravilla, «y sigo haciendo más o menos lo mismo». Nos encanta la sencillez del planteamiento de Stephen: basta con prestar más atención a algunas de las respiraciones que ya estás haciendo.

Llevar tu conciencia al movimiento de la inhalación y la exhalación —y especialmente al espacio entre ambas— genera tranquilidad en la conciencia. Simplemente, te das cuenta de lo que está ocurriendo.

Y si puedes encontrar unos minutos de tranquilidad y quieres esforzarte un poco más, también puedes profundizar en la respiración y encontrar un tipo de silencio interno más profundo.

El excéntrico y popularísimo gurú holandés del bienestar Wim Hof (también conocido como el Hombre de Hielo por su afición a bañarse en agua helada durante horas y a escalar el monte Everest sin camiseta) ha popularizado un tipo de ejercicio de respiración yóguica que se basa en hacer una serie de unas treinta inhalaciones completas y exhalaciones rápidas, seguidas de una pausa con los pulmones vacíos durante todo el tiempo que se pueda aguantar. Cuando Justin realiza este tipo de práctica respiratoria —oxigenar el cuerpo lo más posible y luego abandonarlo todo durante uno o dos minutos— a veces llega a un lugar de inesperado y rico silencio interno. Es como abdicar momentáneamente de la responsabilidad de tener que hacer cualquier cosa, incluso respirar. Para permanecer en el espacio de quietud durante al menos treinta segundos sin jadear, Justin no puede tener pensamientos ruidosos; no puede dejar que su mente divague en el pasado o en el futuro. Tiene que permanecer en el presente. De lo contrario, sus reflexiones diafragmáticas le indicarán automáticamente que ha vuelto a caer en el pensamiento rumiante. El silencio interno es una condición previa para hacer el ejercicio.

Hay docenas de tipos de prácticas de respiración yóguica de distintos grados de intensidad que entrenan la conciencia para la tranquilidad. Puedes estudiar las disciplinas tradicionales del pranayama con un profesor o simplemente buscar ejercicios como la «respiración de caja» o la «respiración diafragmática» para aprender técnicas para calmar el cuerpo y tranquilizar la mente. La mayoría de ellas requieren menos tiempo que la pausa estándar para fumar en el lugar de trabajo.

Tanto si se trata de una conciencia integrada de la respiración en cada momento como de una práctica dedicada a ejercicios de respiración más intensos, es a través de la inhalación y la exhalación donde a menudo encontramos el encuentro más inmediato, directo y disponible con el silencio. Es un camino sencillo hacia un sentimiento y una conciencia corporal más profundos, hacia la sensación interior de expansión. Pensamos en estas prácticas como una extensión de lo que siempre hacemos: respirar. Sólo que más profundamente.

IDEA 4: EL SILENCIO EN MOVIMIENTO

Ruth Denison fue una instructora pionera de Vipassana en el siglo XX y una de las primeras mujeres occidentales en convertirse en maestra budista. Estudió zen en Japón en los años 60 y luego recibió la transmisión del maestro birmano de Vipassana U Ba Khin. Esto significa que Ruth alcanzó la mayoría de edad en una época austera de la práctica de la meditación. Era una época de estricta adhesión a la postura sentada. El movimiento —incluso los estiramientos entre periodos de meditación— estaba prácticamente prohibido. La quietud física se consideraba un atributo del Noble Silencio.

Aunque Denison era una profesora respetada en todo el mundo que hacía honor a las tradiciones de su linaje, rompía algunas normas de larga tradición. Por ejemplo, si uno iba a visitarla mientras daba clases a sus alumnos estadounidenses en un día cualquiera, podía encontrarla reuniéndolos a todos para ir al centro acuático local para una sesión de natación sincronizada. Algunos días, dirigía a sus alumnas bailando en formación. Otros días, animaba a todo el mundo a tirarse al suelo y contonearse como gusanos. Denison fue pionera en muchos de los diversos movimientos conscientes prácticas que son más familiares hoy en día, como caminar, estar de pie, saltar, acostarse, las asanas de yoga, comer con atención y reír.

Si el Buda pretendía que sus discípulos practicaran *únicamente* sentados sin moverse, Ruth nunca entendió el mensaje.

«Descubrí que tenía una afinidad natural para estar en contacto con mi cuerpo», declaró a la revista *Insight* en 1997. «Aunque sufría problemas de espalda que hacían que sentarse fuera extremadamente doloroso, pude estar en contacto con mis sensaciones corporales y empecé a disfrutar de niveles de concentración cada vez más profundos».

Ruth creía que el trabajo profundo en el cuerpo era una base necesaria para la atención plena y una forma de honrar las enseñanzas esenciales de Buda. Cuando llevaba a sus alumnos a hacer natación sincronizada o les invitaba a arrastrarse por el suelo, normalmente les pedía que mantuvieran el Noble Silencio y que se sintonizaran lo más posible con sus experiencias directas.

En el capítulo anterior, describimos cómo los estados de *flow* son similares al silencio en la mente. Cuando nuestro amigo Jamal está «caliente en la cancha», cuando «no puede fallar un tiro», nos dice que su «mente está en silencio». Ya sea en un partido de baloncesto de competición o en natación sincronizada, el estrés creado por el movimiento físico inmersivo exige la mayor parte de nuestra atención. Como no nos sobra la atención, nuestros filtros atencionales tienen que pasar por alto la abrumadora mayoría de la información reunida para filtrar una cantidad minúscula de material relevante. Como afirma Csikszentmihalyi, estas actividades dejan poca capacidad para la rumiación ruidosa sobre el pasado o el futuro.

El amigo de Justin, Clint, que hace poco empezó a practicar jiu jitsu, expresó este concepto de otra manera: «Si dejo que mi mente divague, me darán una patada en el culo». Cuando Clint se deja llevar por su propio ruido, se encuentra con que lo tiran a la colchoneta. Las artes marciales, al igual que muchos tipos de práctica física, entrenan la mente y los nervios para sintonizar con la tranquilidad interna, no sólo en ese momento, sino en la vida en general.

«Después de practicar», dice Clint, «siento este profundo silencio en mi mente y mi cuerpo durante un día o más».

La ciencia está empezando a reconocer el vínculo entre el movimiento físico y la tranquilidad interior. Pero el vínculo es intuitivo. *¿Has dado* *alguna vez un paseo para despejarte?* Claro, caminar no es una actividad tan intensa como la de Jamal haciendo un mate o la de Clint escapando a duras penas de una paliza. Pero el simple y repetitivo movimiento de los pies y el aumento de la frecuencia respiratoria y cardíaca que genera pueden llevarnos a elementos fundamentales de *flow*. Entre ellos está lo que Csikszentmihalyi describe como la «fusión de la acción y la conciencia» y la tendencia a la «experiencia autotélica», en la que la actividad se convierte en «intrínsecamente gratificante». Al igual que Judson Brewer descubrió reducciones sustanciales en la actividad del córtex cingulado posterior en los participantes de su estudio que entraron en un estado de *flow* autodeclarado, las actividades de movimiento físico que promueven la conciencia del momento presente probablemente amortiguan la actividad en los centros de ruido del cerebro, incluidas las regiones que conforman la red de modo por defecto.

Tus prácticas físicas no tienen por qué ser el epítome de la euforia atlética. Puedes simplemente revolcarte como un gusano en el suelo de la sala de meditación.

Lo que importa es que te metas de lleno en ella.

IDEA 5: MOMENTÁNEA *MA*

Aaron Maniam tiene asientos de primera en uno de los eventos deportivos más ruidosos del planeta. Como alto funcionario público en Singapur, fue responsable de organizar parte de la programación de las competiciones de Fórmula 1 del país, mundialmente conocidas y con un nivel de decibelios increíblemente alto. Como innovador ampliamente reconocido en temas de gobernanza electrónica y formación de funcionarios, poeta premiado, y ahora subsecretario del país en el Ministerio de Comunicaciones e Información, Aaron está tan inmerso como cualquiera en el sonido y los estímulos del mundo moderno. Pero, si pasas un rato con Aaron, te darás cuenta de que irradia la claridad de la tranquilidad. Está en su poesía. Está en el sentimiento y la cadencia de su discurso.

Cuando le preguntamos a Aaron cómo encuentra el silencio en medio de todo el ruido de su mundo, nos describe un sencillo conjunto de prácticas. Al igual que Pir Shabda Kahn y Stephen DeBerry, el enfoque principal de Aaron se basa en la conciencia de la respiración. Pero él centra esta conciencia específicamente en *las transiciones*. Al igual que el valor cultural japonés de *Ma*, honra *los espacios intermedios*.

«Soy un gran creyente —siempre que puedo recordarlo— en respirar profundamente antes de hacer cualquier cosa», dice. «Ya sea abrir la puerta, levantarme para salir de la habitación, abrir el grifo para tomar agua o encender o apagar las luces: sólo una respiración profunda». Y añade: «Y no lleva nada, como dos o tres segundos». Aplica esta práctica en su jornada laboral. «Antes de empezar un nuevo documento, antes de leer un nuevo correo electrónico —una respiración profunda— y luego continúo». Aaron recuerda que aprendió este método del autor David Steindl-Rast, un hermano benedictino. Aaron, musulmán practicante, procede de una gran y diversa familia singapurense que incluye, entre otras tradiciones religiosas, a los católicos. Ha tenido algunos de sus encuentros más profundos con el silencio en los retiros de los monasterios benedictinos. Aaron ha descubierto que esta técnica de trabajo con *las transiciones* ofrece una forma de llevar una presencia monástica a su vida profesional, que no es nada tranquila. «Tiendo a pensar en términos de círculos concéntricos de silencio, desde lo micro hasta lo macro», nos dice.

Aaron demuestra cómo aprovechar los momentos de silencio que a menudo pasan desapercibidos, los momentos de transición. La enseñanza del Hermano David es que podemos entrar profundamente en el micromomento, hasta el punto de *descomprimir el tiempo*. ¿Hasta qué punto puedes entrar en la plenitud de un momento de silencio? ¿Puedes concentrarte lo suficiente como para encontrar un poco de eternidad en el espacio de dos o tres segundos?

En nuestras propias vidas, hemos descubierto que, en lugar de estirar y saborear el tiempo, a menudo corremos a través de él, como aspirantes a campeones de Fórmula 1. Tendemos a ver las transiciones y los momentos no estructurados como vacíos que hay que llenar urgentemente. En una pausa de una fracción de segundo, es posible que sucumbamos al deseo de consultar el correo electrónico, enviar mensajes de texto o leer rápidamente las noticias del día. Pero —como aconseja la sabiduría de *Ma*— en estos espacios ocultos encontramos la conexión con la eternidad. Aunque el trabajo diario de Aaron se centra en la prosa de la política, busca que su experiencia cotidiana se parezca más a la poesía, donde *lo que no se dice* es tan importante como lo que se dice, donde *el espacio entre* es tan apreciado como la materia misma.

IDEA 6: HAZ UNA COSA

Schluuup.

«Es un sonido precioso, ¿verdad?» pregunta Faith Fuller al soltar el sello de un bote hermético.

Está preparando café, una tarea cotidiana y mundana que le resulta sorprendentemente trascendente.

Faith se dirige a la cocina cada mañana. Saca los botes —uno de café y otro de descafeinado— de su estante en el armario. Saborea el sonido al soltar el sello.

«Lo mejor es el olfato», nos dice, como si nos transmitiera un secreto. «Me encuentro con ese olor, y él se encuentra conmigo. En ese momento, estoy en el placer de esa conexión».

Con cuidado, recoge los granos de café, redondea la cuchara y coloca el contenido en la cesta de su cafetera de goteo estándar, decididamente poco glamurosa. Mide seis tazas de agua y se dispone a verterla en el depósito posterior. «Hay un momento de respeto y precisión al verter el agua», explica.

Faith se muestra mística sobre la elección que tenemos ante nosotros en cada tarea mundana. «Salir del resultado y entrar en el proceso», dice. «Si me centro en el resultado —la realización de la tarea—, me pierdo el olor del café que se está haciendo». También echaría de menos el sonido de la succión que adora, el tono chocolate de los granos, el brillo del agua, el poder de pulsar el botón de encendido... todo ello por no hablar del sabor del café en sí.

«Hacer una cosa no es eso: es una cadena de "una cosa"», nos dice Faith. «Y casi cada "una cosa" es una puerta a un momento de satisfacción».

Para Faith, la satisfacción es sensorial. Son momentos de placer. Y no se disculpa lo más mínimo por ello. «En el budismo», explica, «los cinco sentidos son puertas a la iluminación. No son un problema en el sentido puritano».

Para la mayoría de nosotros, preparar el café es, con demasiada frecuencia, una parte más de la rutina. Nos apresuramos a hacerlo como si fuera otra «tarea pendiente», derramando posos y salpicando agua. Corriendo para detener el pitido del microondas. Maldiciendo la leche cuajada.

Faith nos desafía a hacer un ritual de las pequeñas tareas cotidianas. Es decir, nos desafía a encontrar una experiencia de lo sagrado en lo ordinario.

La etimología de la palabra «ritual» proviene de la raíz sánscrita *Ritá*, que significa «orden natural» o «verdad». Los rituales no sólo consisten en consagrar hábitos positivos diarios o semanales. Tratan de conectar con algo superior. Lo que hacemos regularmente con atención y reverencia nos acerca a la presencia.

«Los rituales estabilizan la vida», escribe el filósofo coreano de origen alemán Byung-Chul Han. «Convierten el mundo en un lugar fiable. Son al tiempo lo que un hogar es al espacio: hacen que el tiempo sea habitable». Desde los momentos cotidianos «intermedios» hasta los estados más raros de asombro o la experiencia mística única en la vida, nuestros rituales para encontrar el silencio —grande o pequeño— estabilizan nuestras vidas. Hacen que el espacio y el tiempo sean más «fiables» y «habitables».

«Preparar el café es un ritual importante para mí», observa Faith. «Es un comienzo sencillo del día, antes de que las cosas se compliquen.

Es un amortiguador». Y añade: «Los rituales combinan la *estructura*, o el hábito, con el *corazón*. Hay que tener ambos. Si la estructura no tiene corazón, no estás presente; estás distraído. Pero el corazón sin estructura… no vas a conseguir una buena taza de café».

En el capítulo 8, describimos cómo somos más propensos a la *superposición conceptual* —el sutil ruido de etiquetar habitualmente las cosas en lugar de utilizar nuestros sentidos para observarlas y experimentarlas plenamente— cuando estamos en presencia de lo ordinario y familiar. Cultivar rituales cotidianos sencillos, momentos de cuidadosa atención y conexión, es una forma de consagrar un encuentro directo y silencioso. Es una forma de cultivar lo que Michael Taft llama «claridad sensorial». Cuando Faith prepara su taza de café diaria, no está en el espacio de la verbalización o incluso del pensamiento. Está en el espacio de la sensación directa. No el dedo, sino la luna. Bruce Lee lo aprobaría de todo corazón.

IDEA 7: EL SILENCIO DENTRO DE LAS PALABRAS

En *The Shallows: What the Internet Is Doing to Our Brains (Lo que Internet está haciendo a nuestros cerebros)* —un libro de 2010 que es más relevante que nunca hoy en día— el periodista y sociólogo Nicholas Carr se lamenta de que la vida en línea es todo interrupción. Y esto cambia la forma en que procesamos la información de manera fundamental. Aunque la eficiencia aumenta cuando recopilamos información leyendo en línea, Carr sostiene que hemos perdido nuestra capacidad de emplear un «modo de pensamiento más lento y contemplativo». Explica que hemos pasado de un tipo de conocimiento que consiste en establecer conexiones a otro que se limita a buscar datos. Sostiene que hemos perdido la habilidad de la «lectura profunda».

Teniendo en cuenta lo que hemos explorado hasta ahora sobre el funcionamiento de las palabras, la «lectura profunda» podría parecer un concepto paradójico. Si el lenguaje es intrínsecamente como el dedo que apunta a la luna — «separar lo que se nombra de lo que no se nombra»—, entonces ¿cómo puede el lenguaje ser una vía para la experiencia unitiva del silencio interno?

Intentaremos responder a esta pregunta con otra: *¿Has entrado alguna vez en un tipo de lectura que se siente como un estado de flujo?*

Lo hemos sentido a menudo en largos viajes en avión o en otros lugares en los que no hay ninguna distracción —nada más que compita por nuestra atención— durante un periodo de tiempo determinado. Lo hemos sentido cuando estamos totalmente inmersos en una buena historia. Si bien la lectura no tiene el típico carácter físico del *flow* que fusiona la acción y la conciencia, puede llevarnos a la autotrascendencia. Claro, la lectura es una forma de estímulo mental. Y, sin embargo, cuando estamos totalmente presente en ella, puede ser un vehículo para ir más allá de la distracción interior y exterior. Aunque la mente esté rastreando detalles y temas, no por ello dejamos de estar *en ella*. No estamos abiertos al sonido y la información externos. No estamos entreteniendo juicios y expectativas sobre nuestro pasado o futuro personal.

Nakamura y Csikszentmihalyi han sugerido nuevas fronteras de investigación sobre lo que llaman «actividades de microflujo», como leer o garabatear. Creen que estas actividades «podrían desempeñar un papel importante en la optimización de la regulación atencional».

En las tradiciones católica y anglicana, existe una práctica llamada *lectio divina*, traducida del latín como «lectura divina». Se refiere al cultivo de un espacio con propósito a través de la contemplación de la palabra escrita. En ella, se lee un pasaje de un texto sagrado con la mayor atención posible y luego se detiene para reflexionar sobre su significado. Al igual que la «lectura profunda», se trata de encontrarse con las palabras lo más directamente posible. Se trata de una superposición conceptual mínima.

A veces es posible encontrar una experiencia similar en la palabra hablada. Estelle Frankel nos dice: «Un buen director de oración teje el silencio entre cada oración». Describe un servicio basado en cánticos de su linaje, llamado Renovación Judía: «El canto involucra plenamente los sentidos. Aquieta la mente para que esté preparada para bañarse en el silencio». Algo similar ocurre, nos dice, en la narración sagrada. «Digamos que cuentas una historia jasídica y la cuentas *bien*. Hay un momento de silencio, como un koan zen, en el que la mente trata de entenderlo y luego se rinde». Como directora de oraciones, disfruta de esos momentos. Añade: «Hay que ralentizar la mente; un buen canto, una buena oración, una buena historia, te ponen en un estado alterado que te prepara para el silencio».

También lo hace un buen poema.

«La poesía surge del silencio y nos lleva de vuelta al silencio», dijo la poeta narradora Marilyn Nelson en una entrevista con Krista Tippett. «El silencio es la fuente de gran parte de lo que necesitamos para atravesar nuestras vidas». Continúa: «La poesía se compone de palabras y frases y frases que surgen como algo que sale del agua. Surgen ante nosotros y convocan algo en nuestro interior». La poetisa ganadora del Premio Pulitzer y dos veces laureada en Estados Unidos, Tracy K. Smith, dijo en una entrevista: «La poesía es el lenguaje que se acerca a los sentimientos que desafían el lenguaje». Intenta lo imposible. La poetisa reflexiona sobre cómo acudimos a la poesía en los momentos más conmovedores de la vida: el nacimiento, la muerte, el despertar espiritual, el enamoramiento.

Toda la poesía —independientemente del ritmo o del número de palabras— tiene el silencio integrado en su estructura. Está en la página, entre las estrofas, entre las palabras. Un buen poema mantiene la tensión creativa entre lo que se dice y lo que no se dice. Salta a través del tiempo como una piedra lisa, sobre y fuera de la superficie del agua. Deja espacio para lo que surge para *este* lector, en *este* día, en *este* momento.

Si te parece que nunca has «entendido» la poesía, pregunta a un amigo o a un ser querido que sí lo haga cuál es su poema favorito y qué le gusta de él. Cuando le leas su poema favorito o te lo lean a ti, *escucha el silencio*. Escucha la interfaz entre el discurso y el espacio. El equilibrio entre la «plata» y el «oro». El poeta David Whyte escribe: «La poesía es la forma de arte verbal mediante la cual podemos crear realmente el silencio». La escritora e intelectual Susan Sontag dijo que la forma más elevada del arte, la prosa o la poesía, «deja el silencio a su paso».

La simple práctica de leer un poema o un pasaje cada mañana puede marcar el tono de todo el día. Una lectura justo antes de acostarse puede sembrar el país de los sueños. Incluso si no estás leyendo la literatura más culta, procura que la propia lectura sea una práctica de atención prístina, un esfuerzo que «deje el silencio a su paso».

IDEA 8: «GOLPES» RÁPIDOS DE LA NATURALEZA

«¿Y el canto de los pájaros?»

A lo largo de años de conversación con otros sobre cómo encuentran el silencio, hemos escuchado decenas de veces variantes de esta pregunta. Al describir el silencio de un amanecer, de un lago inmaculado o de una cabaña remota, la gente a menudo se pone poética con el canto de los pájaros antes de detenerse a preguntar: «Espera, ¿eso cuenta como silencio?». Es cierto que el canto de los pájaros no es silencio auditivo. A veces, incluso puede parecer un ruido muy fuerte. Cuando está cortejando a una posible pareja, el macho del pájaro campanero blanco de la región amazónica suele llamar a 125 decibelios, en algún lugar entre el nivel de la sirena de un vehículo de emergencia y un motor de avión.

Pero hay algo en escuchar a los pájaros que, para muchas personas, genera la experiencia sentida de la tranquilidad.

Para algunos, es la esencia del silencio.

En todos los continentes y a través de los tiempos, los seres humanos han encontrado encanto e inspiración en la práctica de observar y escuchar a los pájaros. En los últimos dos años, se ha puesto inesperadamente de *moda*. Mientras nos refugiábamos en el lugar durante la COVID, muchos de los habitantes de las ciudades y los suburbios por fin escuchamos a los pájaros cantores en nuestros patios. Una serie de artículos en 2020 se preguntaban si los pájaros se habían vuelto repentinamente más

ruidosos. Los científicos respondieron. No, no son ellos. Somos nosotros. Por fin nos hemos vuelto más silenciosos.

En la primavera de 2020, es probable que hayas oído la noticia sobre
el escritor, editor de Marvel Comics y ávido observador de aves Christian Cooper. Es el hombre negro que, mientras observaba las aves en
Central Park de Nueva York, se encontró con una mujer blanca con un
perro sin correa. Le pidió que le pusiera la correa a su perro, según las
normas del parque, pero ella llamó al 911 y afirmó falsamente que él la
estaba amenazando. Con su teléfono móvil, Cooper grabó tranquilamente la conversación, que luego publicó en Twitter. Decenas de millones de personas lo vieron en cuestión de días. Cuando el *New York Times*
entrevistó a Cooper, éste habló tanto de los desafíos reales del racismo
sistémico como de la gracia de las segundas oportunidades mientras él y
la reportera paseaban por Central Park. «Si vamos a progresar, tenemos
que abordar estas cosas, y si este doloroso proceso va a ayudarnos a abordar esto» —se interrumpió—. «La curruca amarilla». Hizo una pausa en
la entrevista para mirar a través de sus prismáticos. Lo que nos sorprendió de las numerosas entrevistas que concedió Cooper es que en el espacio de unos minutos fue capaz de hablar de la responsabilidad individual
de la mujer blanca y de la complejidad del racismo sistémico, al tiempo
que destacaba una de sus misiones personales: promover la observación
de aves, especialmente para la gente de color. Su tranquilidad —la observación de aves— había sido invadida, pero su tranquila claridad per-
maneció.

El incidente —que se produjo en medio de los cierres de la CO-
VID— coincidió con un aumento de las descargas de aplicaciones de
observación de aves y un número sin precedentes de envíos públicos
de grabaciones fotográficas y de audio que documentan las aves cerca
de sus hogares.

La actriz Lili Taylor se hizo eco recientemente de la descripción
de Christian Cooper de la observación de aves como un remedio
social de gran alcance. «No es fácil tomarse ese tiempo para meditar... Pero seguro que puedes tomarte un minuto, incluso en la

ventana del trabajo y en internet. Puedes mirar por la ventana y puede haber alguna acción de los pájaros», dijo. «Puedes simplemente mirar —unos minutos— y tu cerebro se ha tomado un pequeño descanso allí».

Como dice el novelista Jonathan Franzen, «las aves son nuestra última conexión con la naturaleza que nos rodea. Si ves un pájaro que se reproduce en verano en tu patio trasero, sabes que tiene que haber todo un ecosistema que lo sustente». Franzen resume: «Si el pájaro está ahí, hay naturaleza salvaje». No hace tanto tiempo que nuestra supervivencia diaria dependía de las aves. Sus comportamientos y su lenguaje nos informaban de los cambios en las pautas meteorológicas y de la ubicación de los depredadores.

Aunque no necesitemos toda esta información para la supervivencia básica, seguimos necesitando a las aves. Seguimos necesitando los ecosistemas completos que representan. Seguimos necesitando la conexión con la naturaleza.

Aunque la palabra «naturaleza» implica una inmersión profunda, a menudo podemos encontrarla a través de un «golpe rápido», como un momento simplemente escuchando el canto de los pájaros. Esta conexión —incluso momentánea— es una de las más directas maneras de encontrar el silencio en la conciencia. Afortunadamente, hay muchos caminos para llegar a él.

Joan Blades, cofundadora de MoveOn, MomsRising y, más recientemente, Living Room Conversations, nos cuenta que su camino preferido hacia el silencio es «*deadheading*». Aunque Leigh se imaginó por primera vez a Joan sosteniendo un cartel hecho a mano de «Necesito un milagro» de camino a un concierto de Grateful Dead, en realidad se refería al proceso de cortar las flores moribundas de las plantas perennes en un esfuerzo por promover una mayor floración. «No hay nada más relajante», le dijo Joan a Leigh.

Según los expertos en horticultura, el uso de los jardines «para calmar los sentidos» se remonta al menos al año 2000 a. C. en Mesopotamia. Más allá de los efectos calmantes de los jardines, también están los efectos curativos, que fueron ampliamente reconocidos en la época de Florence Nightingale. Nightingale se interesó durante toda su vida por la botánica, en parte debido a las propiedades medicinales de las plantas, aunque también le gustaba coleccionar y prensar flores (las dedaleras eran sus favoritas). En 1860, escribió lo siguiente sobre las propiedades curativas de los jardines y la vegetación:

La gente dice que el efecto es sólo en la mente. No es así. El efecto es también en el cuerpo.

Nightingale había visto los beneficios en sus pacientes médicos de primera mano, cien años antes de que el estudio de Roger Ulrich demostrara que los pacientes con vistas a la naturaleza se recuperaban de la cirugía más rápidamente que los que no las tenían. Una vez más, deberíamos haber escuchado a Florence.

Actualmente existen numerosos libros de gran éxito sobre cómo los baños de bosque o los aceites, llamados fitoncidas, de los árboles pueden contrarrestar las aflicciones modernas, o cómo el «trastorno por déficit de naturaleza» es un reto real y acuciante tanto en niños como en adultos. Estudios realizados en el Reino Unido y los Países Bajos revelaron que las farmacias de las comunidades con más espacios verdes dispensaban menos recetas para la ansiedad y la depresión, mientras que, en 2018 Escocia se convirtió en uno de los primeros gobiernos del mundo en *prescribir la naturaleza* para esas mismas condiciones.

Según Ming Kuo, profesora asociada de recursos naturales y ciencias ambientales de la Universidad de Illinois, «Sólo con jugar con la tierra durante cinco minutos, podemos ver cómo cambia tu activación nerviosa parasimpática: de «lucha o luz» se pasa a «atender y hacer amistad»». El interés inicial de Kuo se centraba en el ruido y el hacinamiento; los datos, sin embargo, la fueron dirigiendo hacia los efectos de la naturaleza en los seres humanos. Admite que, cuando empezó a trabajar, la naturaleza le parecía una «agradable amenidad». Pero docenas de estudios de referencia y treinta años después, ahora es una de las principales voces sobre los beneficios psicológicos, sociales y físicos de los espacios verdes urbanos y las experiencias en la naturaleza, especialmente entre las poblaciones vulnerables. Kuo afirma que las investigaciones demuestran que el ritmo cardíaco desciende «cuando se contempla un paisaje verde, incluso desde el interior». En otras palabras, incluso un rápido «golpe» de naturaleza sirve.

Para Justin, un «golpe» rápido de la naturaleza es quitarse los zapatos y los calcetines y simplemente sentir sus pies descalzos sobre la hierba o la tierra. Es una oportunidad para entrar en sintonía con la tierra. Cuando sientes realmente el suelo, puedes descargar las estresantes vibraciones de la jornada laboral en la extensión de la roca y el suelo. Si bien esto puede sonar como una moda de salud *New Age,* hay una creciente evidencia empírica detrás de esta práctica de *grounding* (conexión con la tierra). En un ensayo controlado aleatorio de 2019, un grupo de participantes en el estudio que pasaron un tiempo considerable en «contacto corporal con la tierra, como caminar descalzos sobre suelo húmedo o sobre la hierba», experimentaron una serie de beneficios autodeclarados, como «aumentos significativos de la función física y la energía y disminuciones significativas de la fatiga, el estado de ánimo deprimido, el cansancio y el dolor mientras estaban conectados a la tierra, en comparación con los que no lo estaban».

La conexión con la naturaleza tranquiliza la mente. Nos ayuda a desalojar el ruidoso engaño de que la vida es sólo la materia mental de una sociedad centrada en el ser humano. Al hacer una pausa silenciosa para fijarnos realmente en la polvorienta achicoria azul que crece en la pequeña grieta de la acera, podemos recordar que la vida es un milagro. Es digna de nuestro asombro.

Los «golpes» de naturaleza pueden ser rápidos, pero, como subrayan las investigaciones, no son triviales. Intenta hacer estas dos cosas al menos una vez al día:

1. Conecta con algo *más grande que tú,* como un árbol imponente o las estrellas del cielo nocturno.

2. Conecta con algo *más pequeño que tú*, como una nueva flor, un rastro de hormigas o un gorrión.

La reconexión con la naturaleza nos ayuda a «tomar el tamaño adecuado», a disminuir el yo egoísta mientras conectamos con la inmensidad de la vida.

IDEA 9: SANTUARIOS EN EL ESPACIO Y EN EL TIEMPO

Cuando Michelle Millben trabajaba como asesora de la Casa Blanca y enlace con el Congreso para el Presidente Obama, la idea de encontrar tiempo para el silencio y la reflexión tranquila a menudo parecía imposible. Sin embargo, como ministra y músico profesional, Michelle reconoció que el silencio es una necesidad espiritual. En su trabajo en Washington gestionando las relaciones entre el presidente y los legisladores en los últimos años de la Administración, tuvo que organizar conscientemente sus días para salvaguardar los espacios vacíos. En algunos casos, tuvo que *programar* literalmente pequeños incrementos de tiempo de silencio. Estos momentos de silencio, aunque transitorios, eran esenciales. Se convirtieron en una forma primordial de mantenerse fiel a su ética en la toma de decisiones, una manera de mantenerse positiva y auténtica en sus relaciones con otras personas. Michelle hace una pausa, respira profundamente y cierra los ojos. «Es mi pequeño campo de fuerza», dice. En la actualidad, como fundadora y directora general de Explanation Kids —una empresa que ofrece respuestas adecuadas a la edad de los niños sobre los acontecimientos mundiales y los temas que aparecen en las noticias— sigue trabajando para proteger conscientemente sus santuarios.

Desde la universidad, Michelle ha utilizado una hoja de cálculo como «control de la realidad» para ver cuándo puede encontrar tiempo para la tranquilidad en su día. Por lo general, cada celda representa un intervalo de quince minutos que se produce en algún momento entre las 5:00 y las 22:00. Enumera primero lo que *tiene* que hacer —las responsabilidades principales de su función, las llamadas regulares con su madre y las comidas— y luego un poco de lo que *quiere* hacer también, incluido el autocuidado. Se sienta, examina su agenda e invariablemente descubre que, de hecho, tiene «bolsas de tiempo» disponibles.

Esas «bolsas de tiempo» son las más fáciles de salvaguardar desde su casa. Así, cada mañana, reserva un poco de tiempo para leer las escrituras y las citas inspiradoras. A continuación, se dedica a la contemplación en silencio para que, como dice ella, «Dios pueda ministrar mi mente». Luego se pone a trabajar. Las hojas de cálculo de Excel no suelen evocar sentimientos de tranquilidad. Pero para Michelle —especialmente desde su época en la Casa Blanca— han sido una herramienta para delimitar sus santuarios. Podemos salvaguardar el tiempo de silencio en el calendario como cualquier otra cita importante. El antiguo Secretario de Estado de EE.UU., George Shultz, solía reservar una hora a la semana para no tener ninguna reunión ni compromiso, un tiempo para sentarse y pensar en lo que se le ocurriera, con nada más que un bolígrafo y un papel. Le decía a su secretaria que retuviera todas sus llamadas, «a menos que se trate de mi esposa o del presidente».

A lo largo de docenas de entrevistas, hemos oído hablar de la importancia de los santuarios, tanto en el espacio como en el tiempo. Muchos tratan de guardar la «mentalidad matutina», de mantener un espacio de atención pura antes del amanecer, libre de las entradas de otras mentes. Algunos destacan la importancia de consagrar un tiempo de silencio al final del día, una forma de vaciar la mente y limpiar el ruido residual en la conciencia. Cyrus Habib, a quien conociste en el capítulo 2, nos habla de la práctica jesuita de la oración del Examen, en la que te tomas un tiempo por la noche para repasar todo lo sucedido en el transcurso del día anterior, pensando en lo que has sentido como gracia y conexión. Justin ha realizado a veces una variante de esta práctica, pensando en los lugares en los que ha sentido tranquilidad en el transcurso del día, estudiando las cualidades cambiantes de la conciencia.

Los santuarios deben ser sencillos. Crear un espacio físico para estirarse, bañarse, leer, escribir un diario, sentarse en un patio, tumbarse en el suelo, o encontrar alguna otra forma relajada y tranquila de estar. Haz un hueco en el calendario. Intenta levantarte un poco antes o reservar la tarde para un tiempo de «vaciado» intencionado. Acude a la cita contigo mismo. Hazlo como si te reunieras con un colega importante o un amigo querido.

Solemos pensar que los madrugadores y los noctámbulos son opuestos. Pero comparten el aprecio por las horas tranquilas del día, las que están libres de exigencias externas. Los poetas y buscadores llevan mucho tiempo alabando las cualidades liminares de la «quietud de las 4 de la mañana». Para Michelle, estos santuarios en el tiempo y el espacio, especialmente esas horas matutinas preservadas, fueron decisivas para su eficacia en la Casa Blanca y actualmente, cuando está construyendo una nueva empresa. Así es como comprueba sus principios. Experimentar la quietud y practicar el silencio ha sido esencial para agudizar mi capacidad de recurrir a la sabiduría en circunstancias difíciles», nos dice, «y para crear estrategias que marquen la diferencia, especialmente en esos momentos en los que las probabilidades parecen estar en contra del bien que estás tratando de crear en el mundo».

IDEA 10: HAZTE AMIGO DEL RUIDO

En las primeras páginas de este libro, definimos el ruido como una «distracción no deseada». Describimos las interferencias auditivas, informativas e internas que desvían nuestra atención de lo que realmente queremos. Aunque existen innumerables formas de evadir y superar las interferencias, creemos que también es importante tener en cuenta un hecho sencillo: el *ruido es inevitable*.

Jarvis lo sabe tan bien como cualquiera. Simplemente, no hay forma de evitar los gritos del Bloque Este o el estruendo de los viejos televisores y radios. Incluso con décadas de práctica de la meditación en su haber, no ha extinguido del todo la ansiedad de no saber nunca cómo ni cuándo volverá a encontrar la libertad.

Sin embargo, Jarvis se dio cuenta de que sus propias «respuestas al ruido» estaban, en realidad, haciéndolo más ruidoso. Se estaba dejando llevar por la sensación contraída, perseverando en el sonido y el estímulo que no quería.

«Empecé a invitar al ruido para *acallar* el ruido», nos dice Jarvis. En ese momento, este cambio era todo lo que estaba dentro de su *esfera de control*. Pero supuso una profunda diferencia.

El poeta irlandés Pádraig Ó Tuama tiene la costumbre de saludar a todo lo que aparece en su vida. «Creo que saludar a las cosas es una tecnología antigua. Ciertamente, Rumi se interesaba por ella», nos dice con una risita, refiriéndose al poema de Rumi «La casa de invitados», en el que el gran místico sufí nos dice que «demos la bienvenida y entretengamos» a los invitados que se presenten en la puerta, por muy desagradables que sean. Esta práctica puede, sugiere Rumi, hacer sitio a «algún nuevo deleite».

Como dice Pádraig, «Encontrar una forma de saludar a las cosas en nuestra vida puede ser algo importante, especialmente a las cosas que no queremos saludar». En su libro *En el refugio*, ofrece una letanía de saludos que dan color y textura a la noción de ruido de bienvenida. Pádraig escribe:

Así que saluda a las viejas heridas, saluda a nuestra falta de capacidad de control, saluda a esta circunstancia que no parece terminar rápidamente, saluda a la llamada telefónica inesperada, saluda a la tristeza inesperada, saluda a la felicidad y al consuelo inesperados.

Y al saludar a algo, estás diciendo: «Estás aquí» y «Estoy aquí contigo, aquí».

¿Y qué significa eso?

Nos pide que hagamos un acto radical de nombrar la simple verdad del presente.

Cuando saludamos a lo que está presente —con respeto— suavizamos sus bordes. También suavizamos nuestros propios bordes. Al observar y reconocer lo que está presente —aceptando estar con el ruido que, simplemente, no podemos evitar— podemos incluso empezar a hacernos amigos de él.

Cuando Leigh consulta a las organizaciones, no se limita a preguntarles lo que *quieren*; también les pregunta qué *temen*. A menudo puede ver la reacción en sus caras: «¿Por qué está causando problemas? ¿No deberíamos centrarnos en lo positivo?». Hace hincapié en el trabajo de sacar a la luz y reconocer, de «saludar», porque a menudo es contraproducente intentar apartar los miedos, las dudas o las perturbaciones. Todo lo que se destierra apresuradamente vuelve casi inevitablemente, a menudo amplificado.

En la conversación, Pádraig subraya que saludar a una dificultad o a una perturbación es «no controlarla... pero tampoco dejar que te controle. Simplemente dejarla ser y hablar dentro de ese contexto».

Preguntamos al neurocientífico y meditador de larga experiencia Judson Brewer cómo los hallazgos de su investigación informan sus propias prácticas personales. Dice que ahora simplemente presta atención a cuando se siente *contraído, en* lugar de *expandido*, ya sea mental o físicamente. Y, lo que es más importante, nos dice que no tiene que hacer nada cuando nota esa sensación de contracción, la sensación que se asocia con el ruido interno. No lo juzga. No intenta forzar su desaparición. Simplemente, le presta atención. El acto de notar la contracción, de tomar conciencia del ruido interno, es, según él, suficiente para transformarlo.

Hace poco, Justin estuvo atrapado en una línea de atención al cliente durante un total de tres horas y media. Claro que estaba haciendo varias cosas a la vez, pero tenía que seguir escuchando un ciclo de música de guitarra española extrañamente sensual y una voz que decía: «Gracias por esperar. Enseguida estamos con usted». Por supuesto, pasó por todas las etapas: enfado, resignación, imaginarse escribiendo críticas negativas en Internet y simplemente reconocer lo absurdo. Pero tenía que aguantar; no había otro recurso. «¿Se trataba de una especie de lección cósmica de paciencia?», se preguntó en torno a los 180 minutos. Empezó a notar cómo la irritante grabación era a la vez una señal de incomodidad y una sensación de falta de respeto —como si a nadie le importara— y esto, también, desencadenó sentimientos ruidosos. Así que, finalmente, respiró profundamente y se limitó a sentir toda la contracción corporal y mental. Le prestó mucha atención. Saludó de mala gana. ¿Justin se hizo amigo del ruido del departamento de servicio al cliente absurdamente desconsiderado? No. Y sin embargo, cuando saludó el sentimiento, hubo un cambio. Sus bordes se suavizaron y aprendió algo sobre las fuentes del ruido interno. Aunque hemos escrito este libro como una guía para superar el ruido del mundo moderno, reconocemos que la única manera de superarlo es, a veces, entrar en él.

CÓMO REHACER LA PAUSA PARA FUMAR

Hace poco hablamos con un fumador que nos dio una mala noticia. La mayoría de las personas que se toman un descanso para fumar hoy en día no disfrutan de inhalaciones profundas ni toman la luz del sol. Miran sus teléfonos inteligentes. Nuestra visión idealizada de algunos de los últimos tiempos de «no hacer nada» sancionados por la sociedad es en realidad sólo nostalgia.

Así que creemos que es hora de crear una nueva categoría de descanso en el día, saludable, socialmente aceptable y ampliamente reconocida. Podríamos llamarlo «tiempo de silencio». Podría variar según las necesidades de cada día. Puede ser una pausa para respirar profundamente o para leer con detenimiento o para sumergirse en el movimiento o simplemente para escuchar. Pero, independientemente de su formato, debería estar estructurado en cada día.

El profesor de Vipassana y autor Phillip Moffitt, que en su día fue redactor jefe de la revista *Esquire*, tiene un conmovedor análisis de por qué a menudo no nos concedemos tiempo de tranquilidad. Es una tendencia que observa en algunos de los directores generales a los que entrena.

A menudo confundimos la sensación de estrés con la vitalidad.

«Inconscientemente empezamos a creer que nuestra vida tiene sentido sólo si la mente está recibiendo un flujo casi constante de estimulación», nos dice Moffitt. «Incluso si la estimulación se siente en la mente y en el cuerpo como una presión constante o un estrés agotador, nos empeñamos en creer que la estimulación interminable significa que nuestra vida está sucediendo realmente». Y advierte: «Esa interpretación no es cierta. La mente puede ser estimulada por cualquier cosa, sana o insana».

La mente, subraya Moffitt, tiende a «alimentarse» de los pensamientos autogenerados, independientemente de su exactitud o valor. El pensamiento original puede ser inocuo. Pero pronto le sigue otro y otro. Afortunadamente, nos dice, «el impulso de la mente puede interrumpirse, y una vez interrumpido, la mente se siente mejor». Y añade: «Una vez que salimos de la "flujo de estímulos", nuestra mente y nuestro cuerpo vuelven de forma natural a su estado más tranquilo».

Moffitt ofrece un modelo para pensar en el sucesor saludable de la pausa para fumar. Habla de «la interrupción», un ejercicio que utiliza regularmente con sus alumnos de meditación. La idea es establecer un objetivo de lo que se quiere lograr durante un bloque de tiempo, digamos sesenta o noventa minutos. Poner un cronómetro y, cuando suene, observar la calidad de tu concentración, tu estado de ánimo y las sensaciones físicas que puedas experimentar. Si tu concentración es fuerte, simplemente termina tu pensamiento o encuentra un lugar fácil para terminar lo que estás haciendo. Si tu concentración no es fuerte, deja lo que estás haciendo inmediatamente. Interrúmpete. Busca algo positivo para tu mente y tu cuerpo: prepara una taza de té, haz ejercicios de respiración, estírate o mueve tu cuerpo. «Le digo a la gente: "Da un pequeño paseo, ponte de pie y estírate, cierra los ojos durante treinta segundos" y, sobre todo, "deja de prestar atención a tus pensamientos deliberadamente". Puede que no sientas que necesitas un descanso

—una interrupción de los pensamientos que amontonan más pensamientos— pero realmente lo necesitas"». Haz algo, en definitiva, que lleve tranquilidad a tu conciencia.

Que estas ideas despierten un abanico de opciones —posibilidades dentro de tu *esfera de control* y de tu *esfera de influencia*— para que encuentres tu propio sucesor saludable a la pausa para fumar.

11

UN SILENCIO EXULTANTE

Matthew Kiichi Heafy es conocido por su rugido de máximo volumen. Es famoso por las melodías barrocas y los tiempos increíblemente complejos de sus solos de guitarra ultrarrápidos, los tonos penetrantes de los pedales *overdrive* que resuenan a través de amplificadores de gran potencia en clubes repletos y estadios sudorosos. Hablamos con Matt —el líder de la banda de metal Trivium, nominada al Grammy y con varios discos de platino— sobre dónde encuentra la mayor fuerza en su música.

«La parte más pesada de las canciones más *heavy* son los *breakdowns*, las partes en las que todo el ruido y la intensidad están puntuados por momentos de silencio», nos dice. «Es como si estuvieras tan metido que no te das cuenta de que estás metido hasta el silencio».

Hay que salirse del sonido y del estímulo para apreciar su significado.

Matt —que nació en Japón de madre japonesa y padre estadounidense y se crió en Estados Unidos— se anima a hablar del significado del principio japonés de *Ma*. Nos cuenta que siempre ha tenido una mente hiperactiva y que ha tenido que sortear una buena cantidad de ansiedad. Matt describe los momentos de *Ma* en su vida como momentos de *flow*. Al igual que los fallos de sus canciones más pesadas, son momentos en los que sale del ruido de la conciencia autorreferencial para poder apreciar realmente lo que está sucediendo. «Es cuando mi cerebro está en silencio, y es casi como si me observara desde fuera de mí mismo.

Pero, si lo captas y te das cuenta de que estás en ese estado, sales de él. Simplemente desaparece».

Matt busca este estado personal de *Ma* en el jiu jitsu cuando está luchando con un oponente bien emparejado. A veces es en un momento de meditación tranquila antes de tocar música. Otras veces, es a través de la vida doméstica, revolcándose con sus dos hijos pequeños.

En contadas ocasiones, Matt encuentra su silencio —su máxima presencia y claridad— cuando está en el escenario ante una audiencia de miles de fans del metal.

«Normalmente, salgo al escenario y mi cabeza está llena de pensamientos como "¿Voy a dar esta nota? ¿Tengo esto memorizado? ¿Voy a estar bien esta noche? ¿He comido demasiado antes del espectáculo?"». Pero luego hay momentos en los que —entre los vítores del público, los golpes de la batería y las guitarras— todo el ruido interno se disuelve.

Matt recuerda un momento de hace más de una década, la primera vez que tocó en un gran festival en el Reino Unido. La banda tocó dos canciones de apertura y luego se acercó al micrófono para hablar al público. El ruido se redujo a un silencio a la espera de sus palabras. Dejó que el momento se prolongara más de lo previsto. «Estaba allí en el escenario, en medio de este intenso espectáculo, y simplemente se sentía el silencio».

Este improbable momento de atención prístina no fue pura serendipia. Fue el resultado de la preparación. «Me esfuerzo por conseguir este tipo de silencio cuando estoy tocando en espectáculos. Sólo ocurre cuando practico cinco días a la semana, hasta seis horas al día, ensayando tanto que la música se convierte en una memoria muscular impresa. *Puedo dejarme llevar*».

Para Matt, un momento así no es sólo una experiencia fugaz de claridad. Hay algo instructivo en él. En este profundo silencio, el reloj se ralentiza. El ego se suelta. Todas las preocupaciones cotidianas y los «y si…» pasan a un segundo plano.

Para Matt, este tipo de momento es un referente de cómo vivir.

* * *

El legendario estudioso de las religiones del mundo Huston Smith escribió en una ocasión que el objetivo de las prácticas y los rituales espirituales «no son estados alterados, sino rasgos alterados».

Esta fue una piedra de toque útil para la generación de los 60 y sigue siendo relevante para cualquier persona propensa a perseguir experiencias extáticas. Smith no está diciendo que haya nada malo en perseguir momentos de trascendencia. Simplemente dice que estas experiencias nos sirven mejor cuando se integran en el contexto más amplio de la vida: cuando sirven para ayudarnos a entender mejor la realidad o cómo vivir con más amor y cuidado.

En el último capítulo, exploramos las prácticas cotidianas y de cada momento para trabajar con nuestros «estados», es decir, nuestras experiencias cotidianas de ruido y silencio en nuestras mentes y cuerpos. Estos esfuerzos pueden, en conjunto, ayudar a dar forma a nuestros «rasgos». Cuando impregnamos nuestras vidas ordinarias con bolsas de silencio identificando nuestra *esfera de control* y nuestra *esfera de influencia*, podemos, con el tiempo, aumentar nuestra atención, empatía y paciencia. *Estas experiencias cambian lo que somos.*

Pero el efecto del silencio en nuestras percepciones y propensiones no siempre es un lento goteo. Un solo encuentro profundo con el silencio —una experiencia mística o un momento de asombro— puede, por sí mismo, *cambiar nuestros rasgos*. Puede desafiar nuestras suposiciones y cambiar nuestra perspectiva. Puede hacer que tomemos una nueva trayectoria.

Sin embargo, como demuestra la experiencia de Matt Heafy, encontrar el silencio más profundo puede requerir una rigurosa preparación. Puede requerir cierta planificación y logística, y quizás dejar de trabajar o de tener responsabilidades domésticas.

A menudo, encontrar el silencio más profundo implica el serio trabajo de enfrentarnos a nuestros miedos.

En este capítulo, veremos los principios y las prácticas para encontrar un silencio poco común y transformador. Las mismas recomendaciones generales que ofrecimos en el inicio del último capítulo se mantienen aquí: *mantén la mente abierta, explora múltiples prácticas, observa las señales de tu mente y tu cuerpo, y haz lo que te dé alegría.* Al igual que en el último capítulo, estas ideas no pretenden ser medidas prescriptivas, sino más bien ejemplos que te ayuden a inspirarte. Aunque puedes trabajar con algunas de estas prácticas semanalmente o incluso a diario, la mayoría de lo que ofrecemos aquí encaja en un horizonte temporal más largo: una vez al mes, una vez al año, quizá incluso una vez en la vida.

No hay una definición sencilla de silencio «arrebatador». Es una experiencia personal y subjetiva. Al igual que las experiencias autotrascendentes de las que hablamos en el capítulo 6, los denominadores comunes incluyen una «disminución de la autosaliencia y/o un aumento de la sensación de conexión». Puedes encontrarla en una ermita remota, en la cima de una montaña o en el escenario de un concierto masivo de heavy metal. Es inconfundible; lo reconoces cuando lo *sientes*. Expandirse más allá del yo separado y, al mismo tiempo, conectarse con algo más grande —el mundo natural, el conjunto de la humanidad o el cosmos— es una experiencia «arrebatadora» (aunque pueda estar teñida de miedo, como aprendimos en el capítulo 7). En última instancia, superamos, aunque sea brevemente, la ilusión de un yo rígido y separado. Esto es lo que hemos comprobado en nuestras investigaciones, tanto con maestros espirituales experimentados como con neurocientíficos destacados. Es lo que hemos encontrado en nuestras propias vidas y en los testimonios de otros.

Hablamos del tipo de silencio que eleva nuestra forma de percibir. Aunque a veces tendemos a asociar el silencio más profundo con la «soledad», el silencio arrebatador es algo diferente. En todo caso, es la trascendencia de las fuerzas ordinarias que nos hacen sentir separados y solos.

IDEA 1: LLÉVATE TU LISTA DE TAREAS PENDIENTES DE PASEO

Gordon Hempton tiene un sencillo indicador para determinar si su vida está fuera de control. Comprueba si su lista de tareas pendientes ha superado las trece páginas a un solo espacio.

Cuando hablamos hace poco, este ecologista acústico y catalogador de paisajes sonoros naturales en peligro acababa de pasar por una etapa de mucho trabajo. Su lista había crecido hasta la cifra sin precedentes de veintitrés páginas.

Por suerte, Gordon ya tenía un protocolo para estas situaciones. Imprimió la lista, cogió un lápiz y condujo varias horas y recorrió varios kilómetros hasta un verde santuario de musgo en la selva tropical de Hoh del Parque Nacional Olímpico, en el estado de Washington, un lugar lo suficientemente alejado de las carreteras y de los senderos luminosos como para justificar su designación como «el lugar más tranquilo de Estados Unidos». Cuando llegó allí, Gordon se tomó el tiempo necesario para limitarse a escuchar. Se hizo presente y se conectó con este lugar especial, volviendo a «estar en mi ser», nos dice.

Luego sacó su lápiz y sus veintitrés páginas y, como el héroe en el desenlace de una violenta película de acción, borró sin piedad una cantidad increíble de compromisos sociales y profesionales. Cuando Gordon dobló y guardó su lista en el bolsillo del pecho para salir de excursión antes del anochecer, había eliminado de su lista de tareas pendientes el valor de *cuatro o cinco meses*. Se fue un día y se ahorró cinco meses.

Es curioso cómo nuestras configuraciones moldean nuestra percepción. En el ordenador de casa de Gordon, todo lo que había en esa lista de veintitrés páginas parecía pertenecer a ella. Pero, desde el punto de vista de la remota selva tropical, Gordon podía conectar con lo que realmente importaba en su vida. No es necesario asistir a todas las conferencias o aprovechar todas las oportunidades de publicación en línea o aceptar todas las entrevistas.

«Las respuestas están en el silencio», dice Gordon.

Cuando Justin piensa en el poder del silencio para transformar las obligaciones y suposiciones mundanas de nuestras vidas, recuerda un caluroso día de verano en D.C. en 2015. Estaba comiendo un bol de fideos de arroz tailandés bajo el gran edificio de mármol de Union Station. Su amiga Elif, que estaba sentada con él, hizo un comentario que le ayudó a dar sentido a mucho de lo que estaba viviendo.

«Creo que estás en tu retorno de Saturno», dijo. Continuó explicando que esto podría significar que estaba pasando por un momento de intenso cambio y cuestionamiento sobre el propósito y la dirección de la vida.

Justin no sabía mucho de astrología. Pero sus palabras eran ciertas, no obstante. Él y su mujer, Meredy, sabían que había llegado el momento de dejar D.C. y dirigirse al oeste. Era el momento de decir adiós a los entornos de trabajo frenéticos y a los fines de semana de fiesta, para formar una familia, acercarse a la naturaleza y tomarse más en serio sus prácticas espirituales. La cuestión era cómo. ¿Qué pasa con ganarse la vida? ¿Qué pasa con estar cerca de la acción? ¿Y la comunidad de amigos que habían encontrado en D.C.?

Sin saber qué hacer, Justin se sentía un poco irritable, inusualmente sensible al ruido urbano, y casi superado por los pensamientos distraídos. Tomó la observación astrológica de Elif como una clara orientación: ir a pasar un tiempo en el bosque.

Justin se fue a una cabaña durante unos días en las colinas boscosas del noroeste de Virginia. Allí, pasó la mayor parte del tiempo tumbado en la cubierta de madera, con la cara hacia el bosque de robles y pinos. Escuchaba a las currucas y a los pájaros carpinteros. Sentía el calor del sol. No hay señal de móvil. Sin wifi. Sin libros. Poco o nada de conversación. Sólo una libreta y un bolígrafo.

Lo primero que notó fue que era más fácil respirar. No era sólo el aire fresco; era algo fisiológico. La tensión empezó a desaparecer de su pecho, su diafragma y su estómago. El aire podía llegar a todos sus alvéolos. Después de sólo un día, el volumen de su parloteo mental bajó mucho. Justin se sintió impulsado a coger su cuaderno.

Extrañamente, sin aventurarse en un análisis profundo, Justin anotó un plan bastante completo para una transición de carrera que permitía la flexibilidad geográfica sin dejar de trabajar en las causas que valoraba. Desde entonces, ha trabajado en gran medida con ese plan.

Justin no estaba recortando la lista de tareas como lo hacía Gordon. Estaba esperando involuntariamente una descarga cósmica. En última instancia, estaba reinventando la lógica subyacente a lo que debía hacer. Esto requería el tipo de amplitud que sólo puede encontrarse en el silencio.

Cuando Justin volvió a D.C., algo había cambiado. Quizá Saturno había cruzado su trayectoria celeste. Pero lo más probable es que su encuentro con la naturaleza le permitiera desprenderse de un montón de viejos planes, expectativas y prioridades. Su vida ya no se sentía tan atascada. Era posible caminar hacia adelante.

Llévate tus preocupaciones y suposiciones al entorno natural que prefieras. Si quieres, coge tu lista de tareas, tu cuaderno de notas, o tal vez sólo los pensamientos que se arremolinan en tu cabeza. Tómate un tiempo allí. «Absorbe el silencio», como aconsejaba Pitágoras a sus alumnos. A ver qué pasa.

IDEA 2: TÓMATE UN MIÉRCOLES SIN PALABRAS

Antes hemos hablado de cómo Gandhi observaba un «día de silencio» una vez a la semana. No estaba totalmente libre de entradas externas o esfuerzos mentales durante este tiempo. Además de la meditación y la reflexión, a veces leía o incluso se reunía con la gente. Pero no hablaba. Creía que nuestro modo ordinario de conciencia verbalizada —hablar, discutir, actuar— obstaculiza el conocimiento de la realidad. Entra en conflicto con el tipo de servicio más profundo. «A menudo se me ha ocurrido», escribió Gandhi, «que un buscador de la verdad tiene que estar en silencio». Para Gandhi, este ritual semanal podía ser un acontecimiento exultante. La gente que le rodeaba podía escuchar la profundidad de su práctica del «día de silencio» en la claridad y la fuerza de las palabras que pronunciaría al día siguiente.

Así pues, he aquí una práctica que inspira Gandhi: intenta no hablar durante un día. Si las responsabilidades del trabajo o del cuidado de los niños o de los ancianos lo hacen imposible, reserva unas horas de silencio. En este tiempo, comprueba si puedes sentir lo que Gandhi quería decir sobre la necesidad del silencio para la búsqueda de la verdad.

Aunque Gandhi se decantó por los lunes, reconocemos que el primer día de la semana laboral es una carga especialmente pesada para la mayoría de nosotros. Nos gusta el «miércoles sin palabras» como una forma de encontrar la renovación en el punto medio de la semana.

Tomar un día de silencio total o parcial es, a nuestro entender, diferente de un retiro de silencio ordinario. Se trata específicamente de comprobar que estás en contacto contigo mismo. Se trata de asegurarte de que tus pensamientos, palabras y acciones están alineados. Se trata de evaluar tus relaciones y la calidad de tu escucha. Y es un momento para ver si estás lo suficientemente tranquilo en tu interior para sintonizar con tu intuición más profunda. «La radio divina siempre está cantando si pudiéramos prepararnos para escucharla», escribió Gandhi. «Pero es imposible escuchar sin silencio».

Pensamos en el día de silencio como unas pequeñas vacaciones de la responsabilidad de tener que pensar en qué decir. Es una oportunidad para utilizar toda esa atención para observar tu entorno, darte cuenta de tus auténticos sentimientos y necesidades, y reflexionar sobre cómo te tratas a ti mismo y a los demás. Es una oportunidad para salir de los ciclos habituales y de los lugares atascados en las relaciones, para ir más allá de los binarios de quién tiene razón y quién no, para sintonizar con las verdaderas señales de tu vida.

Aunque Gandhi consideraba esta sencilla práctica como una parte esencial de su trabajo para cambiar el mundo, es una práctica que puede ayudarnos a cualquiera de nosotros a sintonizarnos de forma ordinaria.

Hace unos veranos, Leigh se inspiró para intentar un día sin palabras mientras ella y su familia realizaban el viaje de su vida, once días de rafting por los ríos Tatshenshini y Alsek. Los ríos discurren por parajes remotos y vírgenes de Alaska y el territorio canadiense del Yukón, el mayor bloque de tierras protegidas del mundo.

Alrededor del quinto día, Leigh sintió que una ola de tristeza la invadía. El viaje se le estaba escapando y aún no se había sentido conectada con la singular fauna de la zona. En ese momento, sus relaciones humanas no necesitaban ser atendidas. Su familia era claramente feliz, y el grupo —compuesto por tres guías y nueve compañeros de viaje— se había consolidado. De hecho, probablemente fueron sus bromas amistosas las que mantuvieron alejadas a las criaturas más tímidas de la tierra: las águilas reales y los alces. Para Leigh, era su relación con la naturaleza lo que reclamaba su atención.

A la tarde siguiente, cuando se anunció un día de escala, Leigh se sentó frente a la ruidosa cordillera —llamada así por el estruendo de las rocas y el hielo que resuenan en el valle— con el extenso glaciar Netland a su espalda. Se sintió atrapada, literal y metafóricamente, entre el ruido y el silencio.

Durante la cena, Leigh contó a todos su plan de mantener el silencio desde el postre de esa noche hasta el de la siguiente. Sabía que no necesitaba el «permiso» de los demás, pero su apoyo ayudaría a evitar cualquier malentendido. Leigh les habló un poco de este libro para que tuvieran más contexto. Todos la apoyaron, incluso se mostraron intrigados. Tenían preguntas, como «¿Seguirás comiendo con nosotros?». «¿Harás mímica en su lugar?» y «¿Puedo acompañarte?». Las respuestas de Leigh fueron «Sí». «No». Y «¡Por supuesto!»

Aquella noche, mientras comenzaba la partida de *euchre*, la mayoría del grupo puso sus ojos en la orilla de grava del otro lado del río con la esperanza de avistar un oso pardo pescando. Fue, sin duda, la noche más tranquila que habían pasado juntos como grupo. A Leigh le preocupaba un poco que su petición hubiera empañado el ambiente. No tenía la intención de cambiar el comportamiento del grupo en absoluto. Decidió dirigirse a su tienda antes de tiempo. En el camino, escuchó a alguien decir en voz baja: «Probablemente sea más difícil para su marido», lo que hizo sonreír a Leigh. «¡De ninguna manera!», pensó para sí misma.

Esa noche, los vientos cambiaron de dirección. El aire gélido soplaba ahora directamente del glaciar Netland. Leigh estaba temblando. En su tienda de campaña, daba vueltas en la cama junto a su marido, Michael. Cada célula de su frío cuerpo quería despertarlo para decirle: «Hace muchísimo frío. Me muero de frío». Pero entonces, recordaría que estaba en silencio, así que tendría que esperar hasta mañana por la noche para decírselo. ¿Pero de qué serviría eso? Se volvería a dormir, sólo para despertar de nuevo con el mismo impulso insaciable, el mismo diálogo interno y la misma conclusión.

El día siguiente fue glorioso. El tiempo mejoró y el cielo se despejó. Leigh tomó su café y colocó su silla de acampada con vistas a la colada de grava bajo las Montañas Ruidosas, una zona conocida por la actividad de los osos pardos. Los guías habían llevado un potente telescopio. Hasta ahora, sólo habían visto osos negros. Todo el mundo estaba un poco decepcionado, especialmente los fotógrafos de fauna. Leigh sintió lo que sólo podía describir como un «cosquilleo». «Parece la hora del oso», pensó para sí misma. Cogió sus prismáticos y, casi al instante, un gran oso pardo salió del bosque al otro lado del río. Se levantó de la silla y empezó a hacer señales en dirección al oso. Una mujer exclamó: «¡Leigh ha encontrado un oso pardo!». El grupo se puso en pie de un salto y, durante unos veinte minutos, observó cómo el oso se paseaba, se detenía a pescar, se dirigía lentamente al otro lado de la ribera y regresaba al denso pinar.

Ese día, Leigh y su hija de doce años, Ava, se quedaron mientras el grupo hacía una excursión de un día. Leigh se dio cuenta de que, en ausencia del grupo, su diálogo interno se ralentizaba. Leigh y Ava observaron juntas las nubes blancas durante horas sin decir una palabra. Fue un momento de felicidad.

Era la primera vez que Leigh se encontraba entre glaciares, los poseedores de «grandes tiempos». Decenas de miles de años. Al no hablar, sintió más conexión con el lugar. Sintió gratitud por la creación del parque. Ansiaba saber más sobre los indígenas de estas tierras: ¿cómo viajaban por los ríos y soportaban los inviernos? Cuando los demás viajeros regresaron de su excursión, un grupo preparó la cena mientras el resto se instalaba con la esperanza de ver otro oso pardo. Leigh siguió mirando al cielo hasta que volvió a sentir ese «cosquilleo». Se sentó, cogió los prismáticos y vio que, de nuevo, había un oso pardo al otro lado del río. Incluso con cinco personas vigilando, no lo habían visto. «¿Ves lo que pasa cuando te callas?», comentó una mujer. En el silencio, Leigh se sintió más sintonizada.

El ensayista y naturalista Barry López describe la dinámica a través de la cual el oso pardo se hace más visible en un día sin palabras:

Cuando un observador no convierte inmediatamente lo que sus sentidos le transmiten en lenguaje, en el vocabulario y el marco sintáctico que todos empleamos cuando intentamos definir nuestras experiencias, hay muchas más posibilidades de que detalles menores, que en un principio podrían parecer poco importantes, permanezcan vivos en el primer plano de una impresión, donde, más tarde, podrían profundizar en el significado de una experiencia.

A diferencia de Gandhi, Leigh no pronunció ningún gran discurso ni tomó ninguna decisión importante al cabo de veinticuatro horas. Se limitó a disfrutar del postre de frutas y a mezclarse con las bromas verbales del grupo. Pero el día de silencio cambió ligeramente el tono del viaje. Mejoró su capacidad de observar los detalles y mantenerlos «vivos en primer plano». Leigh se sintió más aterrizada y centrada. Su día de silencio «profundizó el significado» de la experiencia.

IDEA 3: IR FLOTANDO EN LA NUBE DEL DESCONOCIMIENTO

Lo que pasa con la teología *apofática* es que no es tan fácil de integrar en la vida cotidiana.

El enfoque *apofático* de la espiritualidad —la disolución sin palabras del yo separado en la totalidad del misterio cósmico— suele ser mucho menos accesible que el enfoque *katafático*, que se centra en prácticas verbales y conceptuales como la lectura de las escrituras, la escucha de sermones o incluso la mayoría de los tipos de oración o meditación guiada.

Anteriormente, presentamos *La nube desconocimiento*, el libro espiritual de más de quinientos años de antigüedad escrito por un autor anónimo. Evidentemente, se trata de un antiguo texto místico cristiano escrito en un inescrutable lenguaje antiguo.

El inglés está bastante alejado del contexto cultural actual en el que vivimos la mayoría de nosotros. Y, sin embargo, el viejo tomo contiene una clave para hacer práctica y accesible la vía *apofática*, la teología del silencio.

La clave está en la palabra «olvidar».

Anteriormente compartimos una enseñanza central del texto: «La primera vez que practiques la contemplación, sólo experimentarás una oscuridad, como una nube de desconocimiento». En lugar de intentar intuir o navegar o pensar en las cosas, la instrucción es *olvidarse de todo*. El autor nos aconseja sintonizar con la «suave agitación del amor», para simplemente dejar de lado cualquier concepto o preocupación sobre las condiciones materiales de tu vida. Se trata de dejar de lado todas nuestras propias líneas argumentales y narrativas sobre quiénes somos y qué está pasando en nuestras vidas. Sólo hay que dejarse llevar por la esencia amorosa de la vida misma.

Las enseñanzas de *La nube del desconocimiento* han inspirado prácticas que pueden aplicarse en la vida diaria, incluso en los períodos de descanso rápido. Por ejemplo, la práctica de meditación cristiana de la Oración Centrada consiste en dejar de lado todos los pensamientos y simplemente devolver la conciencia para concentrarse una y otra vez en una palabra corta y reconfortante de tu elección. Por supuesto, dentro del budismo y de otras tradiciones de meditación, encontrarás instrucciones similares sobre cómo dejar de lado tu propia línea argumental y el análisis verbal.

Lo entendemos: es *difícil* entrar en el espacio de la contemplación profunda en el que puedes «olvidar» temporalmente todo el contenido de tu vida e ir «flotando en la nube del desconocimiento». Esta profundidad de la oración o la meditación requiere una preparación. Pensamos en cómo nuestro amigo el mitólogo Josh Schrei describió cómo los rishis de la antigua India vivían en la naturaleza, cantaban, se alimentaban con una dieta particular y se adherían a una ética rigurosa para poder llegar a un lugar de sintonía, donde pudieran *escuchar* los Vedas. «La práctica ética es necesaria para que un ser experimente un silencio armonioso», afirma. Aunque no busques el mismo silencio arrebatador que los rishis de la antigua India, puedes hacer algo para prepararte.

Así pues, he aquí una práctica a tener en cuenta: Reserva unas horas para estar en silencio en la naturaleza o en algún lugar tranquilo a solas. Guarda el tiempo. Anótalo en tu calendario. Haz los arreglos necesarios para no ser molestado, si es posible. En este espacio de silencio intencionado, puedes hacer un trabajo de respiración, meditación u oración. Si está en tu práctica —y tienes el «conjunto» mental y el «entorno» adecuados— podrías elegir trabajar conscientemente con plantas sagradas o psicodélicos. O puede que simplemente descanses y te relajes. Lo importante es que dejes atrás todos los problemas y preocupaciones. Consagra el espacio como un contenedor seguro para *olvidarte de todo.*

Como preparación para entrar en este espacio, mira si primero puedes hacer algunas prácticas que ayuden a facilitar el silencio interno. No hay una forma correcta de hacerlo. La manera de prepararte específicamente para encontrar el silencio interno depende de la naturaleza de tu propio ruido interno. Por ejemplo, en los días o incluso las semanas anteriores a entrar en este periodo especial de silencio, podrías pensar en las relaciones importantes de tu vida. Podrías dedicar algo de tiempo a pensar en cualquier asunto que esté pendiente y en cómo podría estar en tu *esfera de control* o en tu *esfera de influencia* el abordarlo. Por supuesto, no vas a resolver problemas de hace décadas con un padre o una pareja, pero quizás hagas un plan de acción para ayudar a fortalecer una relación importante y dar uno o dos pequeños pasos adelante en ella. Tal vez elimines algunas cosas realmente importantes de la lista de tareas pendientes. En el momento inmediatamente anterior a la entrada en el periodo de silencio, quizá prepares tu cuerpo y tu mente haciendo ejercicio, practicando yoga, cantando, escribiendo un diario o cantando.

He aquí un sencillo consejo: si sabes que no vas a poder dejarte llevar por el espacio de silencio interno porque no has enviado ese correo electrónico, sacado la basura o limpiado la nevera, entonces hazlo.

No es necesario ser demasiado ambicioso. Sólo hay que ver qué se puede hacer para eliminar algunos de los contribuyentes más inmediatos al ruido interno, al menos en el nivel superficial de la conciencia.

La idea es crear activamente las condiciones para poder flotar en la nube. Se trata de «preparar el vaso» para el silencio.

Una cosa es hacer una pausa en tu ajetreado día para tratar de «olvidarte de todo» espontáneamente y entrar en el reino *apofático* más allá de todos los pensamientos o conceptos. Otra cosa es dedicarle algo de tiempo y esfuerzo: corregir, organizar y alinear cuidadosamente tu vida tanto como sea posible para poder decir con confianza —y sólo temporalmente— «buen viaje».

IDEA 4: EN LAS PROFUNDIDADES

La palabra «retirada» tiene una antigua definición militar: «rendirse» o «retirarse». Para nosotros, esas connotaciones se imponen cada vez que pensamos en dejar atrás la vida normal. Es como si fuéramos soldados que abandonan a sus angustiados compatriotas en el frente. Nos sentimos irresponsables al abandonar el trabajo, el cuidado y la ciudadanía en pos de lo que a veces nos parecen intereses personales quijotescos.

Si buscas en la etimología de la palabra «retirada», encontrarás que deriva del francés antiguo *retret*, un sustantivo del participio pasado de *retrere*, «retroceder o retirarse». Esa definición te lleva a la abdicación de los deberes de la vida. Pero, si se profundiza un poco más, se encuentra otra perspectiva. La raíz latina anterior de «retrere», *retrahere*, tiene dos partes:

re- (atrás o de nuevo) y *trahere* (atraer, tener tracción). Esa «tracción» tiene un opuesto: «des-tracción». «Retirarse», por tanto, es también recuperar la capacidad de redescubrir lo que es importante para nosotros y tirar de nuestra vida hacia adelante desde este punto de apoyo.

Cuando pensamos en el «retiro» en este sentido, surgen nuevas posibilidades. Quizá se trate menos de lo que se deja atrás y más de *recuperar la tracción para avanzar.*

Los retiros prolongados son rituales milenarios, fuentes de iluminación para los ritos de paso indígenas, los místicos sufíes, los maestros védicos, los discípulos budistas y los Padres y Madres del Desierto. Han seguido sirviendo a artistas, creativos y profesionales de todo tipo en los tiempos modernos.

Todos los años, el renombrado autor, historiador y teórico social Yuval Noah Harari hace un retiro de silencio de sesenta días. A veces se va durante más tiempo. «No tienes ninguna distracción, no tienes televisión, no tienes correos electrónicos. No hay teléfonos, ni libros. No escribes», dijo al periodista Ezra Klein. «Sólo tienes cada momento para centrarte en lo que realmente está ocurriendo en este momento, en lo que es la realidad. Te encuentras con las cosas que no te gustan de ti mismo, con las cosas que no te gustan del mundo y que pasas tanto tiempo ignorando o suprimiendo».

Es difícil imaginar cómo uno de los intelectuales públicos más prominentes del mundo es capaz de pasar dos meses completos del año sin contacto con el mundo exterior. Sin embargo, Harari afirma que este descanso no está reñido con su éxito como escritor; de hecho, es la clave de su éxito.

A pesar de todas las exigencias de su tiempo, si Harari decide dar prioridad a un retiro de dos meses cada año, tiene la capacidad de hacerlo realidad. Es decir, ha decidido que está dentro de su *esfera de control.*

¿Y qué pasa con el resto de nosotros?

Sheila Kappeler-Finn tiene la misión de democratizar los retiros personales. Su próximo libro es una guía de lo que ella denomina «mini retiros», es decir, retiros que duran menos de una semana y que pueden durar tan sólo ocho horas. Algunos ejemplos de opciones de bajo coste que recomienda son los siguientes:

- Una semana de cuidado de mascotas para un vecino en su casa
- Un intercambio de apartamentos de dos días con un amigo
- Un día de retiro en tu biblioteca pública
- Un retiro en un espacio verde en un parque o universidad cercanos

Un cambio de escenario siempre es posible. «Si no puedes irte, cambia los muebles de tu habitación», nos dice Sheila. «Mueve algunos cuadros, haz algo para calmarla o animarla. Trae una planta, o cómprate unos muebles», dice, pero se ciñe a su idea principal: «Si la habitación parece diferente, tendrá un gran impacto psicológico. *Será* un retiro».

Janet Frood no se atrevería a llamar a lo que hace «retiro». «Ya ha cometido ese error antes. «Si digo: "Me tomo el mes libre", es como si estuviera de vacaciones», advierte. «La gente dice: "¡Oh, qué suerte tienes! Mientras que cuando digo: "Me tomo un año *sabático*", es como: "Bueno, *es* oficial"». Ahora que es bastante prudente con sus palabras, la gente se interesa y respeta la decisión de una manera totalmente nueva. Y además, ¿por qué los académicos deben tener toda la diversión?

Es la segunda vez que Janet dirige su propio negocio de consultoría. La primera vez —ahora hace más de veinte años— lo hizo todo mal. Nunca se tomó tiempo libre. Su credo entonces era: «Sólo soy *viable* si estoy *disponible*». Pero, cuando su madre enfermó y acabó muriendo de cáncer, se revelaron las fisuras de ese credo. Cuidaba a su madre mientras criaba a dos niños pequeños y construía un negocio. «Me perdí en la ecuación», nos dice.

En el año 2000, Janet tomó la difícil decisión de cerrar el negocio. Durante los cinco años siguientes, llegó a fin de mes trabajando bajo la bandera de otra organización. Pero al fin y al cabo Janet estaba hecha para dirigir su propia empresa. Así que, en 2005, empezó de nuevo, pero esta vez incorporó un mes sabático a su calendario anual. Ese mes

—sin ingresos— es el coste de dirigir una empresa sostenible. No es negociable. Tanto los clientes nuevos como los potenciales son informados de antemano. Desde que asumió este compromiso, nos dice, «nunca he vacilado».

Las vacaciones sabáticas de Janet tienen algunos elementos clave, como el acceso a una masa de agua (una de sus favoritas es la de navegar por el lago Hurón), un lugar para colgar una hamaca (estar suspendido en el aire es el corolario perfecto para navegar por el agua) y tiempo reservado para la lectura, la siesta y la observación de las nubes. Janet se baña en el agua, se cuelga y se deja llevar. Eso es todo. Es suficiente. Practica el olvidado arte de la inactividad. En un buen año, puede llegar a cansarse de tanto descansar.

En su libro *Wintering: The Power of Rest and Retreat in Difficult Times*, Katherine May nos recuerda que a veces entramos en nuestros «retiros» sin querer. No es sólo que nos hayan quitado un punto de apoyo, como cuando a la madre de Janet le diagnosticaron cáncer. Es que intentamos aplazar el invierno indefinidamente. Negamos el flujo de la vida. May escribe: «Las plantas y los animales no luchan contra el invierno; no pretenden que no ocurra e intentan seguir viviendo la misma vida que en verano».

La Obispa de la Siesta, Tricia Hersey, a la que conociste en el capítulo, se tomó un período sabático improvisado de tres semanas en el verano de 2020. «Sabbath» es la palabra raíz de la que deriva «sabático». Un sabático, bien hecho, es «digno» del Sabbath, el día sagrado de descanso. Hersey se crió en la iglesia negra; su padre era ministro y pastor. El sábado semanal está metido en sus huesos, aunque su primer sábado prolongado tuvo lugar hace bastante tiempo.

Antes de empezarlo, había avisado a todo su entorno —incluido su medio millón de seguidores de Instagram— con tres meses de antelación. Planeó que su Sabbath incluiría «dormir, silencio, siesta diaria, muchos baños de sal de desintoxicación, leer libros, no hablar de nada relacionado con el trabajo/carrera/Ministerio de la Siesta, escribir un poco, pasar tiempo con amigos y familia y anidar totalmente en la casa». Para hacer todo esto, advirtió, «estaría fuera de todas las redes sociales, y no habría eventos, ni correo electrónico, ni discusiones sobre los detalles del trabajo del Ministerio de la Siesta, ni reservas, ni viajes». Su única «tarea» era compartir un poco lo que aprendió en el proceso posterior.

A su regreso, describió su experiencia en su blog, diciendo que, a pesar de avisar a sus clientes de que se desconectaba, «en realidad recibí más correos electrónicos, textos y peticiones relacionadas con el trabajo en este Sabbath que cuando estoy disponible y trabajando. Me pareció fascinante». Se maravilló de que no sólo nos hayamos convencido de que no merecemos descansar, sino de que tampoco sepamos cómo apoyarnos unos a otros cuando tenemos tiempo. No estaba resentida; estaba estupefacta. Según el obispo de la siesta, todos hemos sido engañados. Es imprescindible que «dejemos de decir que el descanso es un lujo o un privilegio. No lo es; es un derecho humano. Cuanto más pensamos en el descanso como un lujo, más nos creemos estas mentiras sistémicas». Ella ve claramente —a través de sus ojos bien descansados— las causas de fondo:

> Sé que no es culpa de nadie que no descanses. No es tu culpa que estés atrapado en la cultura de la molienda, o que hayas nacido aquí bajo un sistema tóxico que te ve como una máquina. Nada de eso es culpa tuya. Pero lo bueno es que puedes desprogramarte y descolonizarte de eso.

Nos desprogramamos en el silencio. Nos descolonizamos cuando descansamos.

Hersey escribe: «El descanso ayuda a disfrutar del silencio. El silencio y el descanso nos quitan los velos de la cara para que podamos ver realmente lo que está pasando». Así que llámalo como quieras —retiro o miniretiro, invierno forzado o elegido, sabático o Sabbath— es tu derecho de nacimiento. Es lo que tú, y toda criatura viviente, os merecéis.

IDEA 5: CACHORROS PELUDOS LAMIENDO TU CARA

En el pasado, Jon Lubecky solía encontrar sus estados de ánimo en el *death metal* y las motos de cross.

Pero Irak cambió su relación con el ruido.

En 2005 y 2006, era sargento de una unidad de artillería del ejército estadounidense que vivía en la base aérea de Balad, en el centro del triángulo suní, en medio de la violencia sectaria más intensa de la guerra. La base era atacada con fuego de mortero tan a menudo que los soldados llegaron a llamarla «Mortaritaville», un guiño al humor de la canción de Jimmy Buffett. Los ruidos de los morteros, los cohetes y los helicópteros de evacuación médica eran un recordatorio constante de su inminente mortalidad. Todo el mundo anhelaba alguna apariencia de tranquilidad. Todo el mundo estaba al límite.

Una noche de abril de 2006, Jon estaba agotado y sentado en un orinal cuando un mortero cayó a poca distancia, dejándolo inconsciente. Afortunadamente, la metralla no alcanzó su cuerpo, pero quedó con una lesión cerebral traumática.

La vuelta a casa debía ser una vuelta a la tranquilidad. Pero rápidamente se convirtió en un aluvión de otro tipo de ruidos. Su matrimonio terminó. No podía concentrarse lo suficiente como para mantener un trabajo. Le recetaron cuarenta y dos pastillas al día: benzodiacepinas, antidepresivos, relajantes musculares, de todo. Pero nada le ayudaba. En su cabeza aparecía el parloteo incesante de la autocrítica y la duda. Tenía la ansiedad aplastante de pensar que todos los tipos normales con una mochila en la acera eran terroristas suicidas.

«Con el TEPT, no existe el silencio», nos dice Jon. «Cuanto más profundo es el trauma, más fuerte es ese ruido interno, más estás dispuesto a hacer cualquier cosa para que pare».

La mañana de Navidad de 2006, dos meses después de regresar de Irak, decidió quitarse la vida. Cuando el percutor de su Beretta 9 mm hizo detonar el cebo del cartucho, sintió lo que pensó que podría ser el silencio más profundo que había conocido.

«Todo había terminado. No había ruido. Sólo había paz».

Creyó que estaba muerto durante unos treinta segundos.

Pero el fuerte sonido fue sólo un estallido del cebo del cartucho. Gracias a un defecto de fabricación de la munición, sobrevivió. Intentó suicidarse cuatro veces más. Cada vez sobrevivió.

Continuó el trabajo.

Un día, en el hospital de veteranos, el psiquiatra habitual de Jon no estaba en la consulta y se reunió con una interna recién salida de la Facultad de Medicina. Le dijo que había estudiado su expediente. Luego deslizó una nota por el escritorio y dijo: «Quiero que abras esto cuando dejes la VA. No debo decírtelo, así que métetelo en el bolsillo». La nota decía: «Busca en Google el TEPT por MDMA».

Jon siguió su consejo. Encontró su camino en un estudio legalmente autorizado de psicoterapia asistida por MDMA para el tratamiento de personas con TEPT. Consistía en tres tratamientos en un cómodo entorno doméstico en Charleston, Carolina del Sur, así como una serie de sesiones de psicoterapia antes y después de las sesiones de tratamiento. Lo que ocurría en las sesiones, explica, no era sólo «tropezar» o «rodar».

Sin duda dice, «se sintió como si fuera abrazado por la persona que sabes que te quiere más en este planeta mientras te entierra entre cachorros peludos que te lamen la cara». Pero también fue un proceso de descubrir y desmantelar sistemáticamente las fuentes de ruido debilitante en su conciencia.

En la primera sesión, recuerda, «los psiquiatras hacían preguntas inocuas como "¿Qué tiempo hacía en Irak?"».

«Así que empiezas a hablar y sigues hablando», relata. El mecanismo de acción fisiológico de la droga, nos dice, es la supresión de la «respuesta de lucha o huida en la amígdala, para que puedas enfrentarte a cosas que de otro modo te harían entrar en pánico». En otras palabras, la MDMA hace que te sientas seguro al acceder a un recuerdo que de otro modo sería demasiado doloroso.

Esta terapia fue mucho más que una incursión en el «estado alterado» de un subidón de serotonina, aunque la liberación de serotonina es en gran parte responsable de la sensación de «cachorro peludo» que Jon describió y de los sentimientos de seguridad que le permitieron abrirse. La MDMA, bajo la dirección de dos consejeros capacitados, le ayudó a trascender temporalmente todo el ruido para poder ir conscientemente a lugares a los que no iría de otro modo. En esos lugares, podía recodificar los recuerdos y replantear las ansiedades. Podía ver sus experiencias con una sana distancia. Esto provocó un cambio fundamental en su perspectiva general. Fue un cambio duradero —un «rasgo alterado»— no un estado temporal.

Desveló las fuentes de su ruido.

«Hablé de cosas que no había hablado antes con nadie.

Y me arregló».

Los niveles de depresión evaluados por Jon disminuyeron de forma constante en el transcurso de seis meses. Un día, se dio cuenta de que vio a un tipo con una mochila en la calle y no sintió miedo. No ha vuelto a sentir la necesidad de consumir MDMA. Ha superado lo peor del trauma, nos dice. Su perspectiva ha cambiado. Ahora tiene los recursos internos para guiar su recuperación continua. Y, si es necesario, posee uno de los mayores recursos de todos: la capacidad de pedir ayuda.

«Puedes ir a sentarte en una montaña y dejar el móvil y estar en silencio auditivo. O puedes meterte en una cámara de privación sensorial», nos dice Jon. «Pero no hay un "tanque" para el silencio interno», dice. *Tienes que hacer el trabajo.*

«El trabajo» que describimos aquí es identificar y abordar las fuentes subyacentes de ruido interno.

«El trabajo. Es diferente para cada uno de nosotros.

La práctica de curación de Jon —la psicoterapia asistida por MDMA— le permitió hablar de sus sentimientos de una manera que no desencadenara su respuesta de lucha o huida. Se sintió apoyado por el equipo y por el entorno cuidadosamente seleccionado. Se sintió seguro. Tranquilo. En calma.

Por primera vez en mucho tiempo, Jon pudo experimentar el silencio. Fue exultante.

IDEA 6: JUEGO PROFUNDO

«Hay una manera de contemplar que es una forma de oración». Así lo dice la naturalista y poeta Diane Ackerman. «Ni la mente ni el corazón cojean». Ella describe este estado sagrado de percepción con estas palabras:

Sin analizar ni explicar. Nada de buscar la lógica. Sin promesas. Sin objetivos. Sin relaciones. Sin preocupaciones. Uno está completamente abierto a cualquier drama que pueda desarrollarse.

No importa lo que provoque el sentimiento, ver el cortejo de los albatros o seguir el oasis de un tumultuoso puesta de sol. Cuando ocurre, experimentamos una sensación de revelación y gratitud. No hace falta pensar ni decir nada.

Estos momentos de contemplación —cuando «no hay que pensar ni decir nada»— no siempre son tan accesibles en nuestras vidas de adultos, decoradas con palabras y empapadas de preocupaciones.

Pero los encontrábamos regularmente cuando éramos niños.

Cuando Leigh estaba en tercer curso, sus padres hacía tiempo que se habían divorciado. Ella, su hermano, Roman, y su madre, Rickie, se mudaron a las Carolinas para estar cerca de la familia. Las llamaban «las Carolinas» porque sus parientes salpicaban ambos lados de la frontera y, a no ser que almacenaras fuegos artificiales, la distinción Norte-Sur carecía básicamente de sentido. A menudo, Leigh se encargaba de vigilar a su hermano pequeño mientras su madre trabajaba en el segundo turno de la gasolinera situada a media milla de la carretera rural donde vivían. El punto álgido de cualquier semana era el «viaje por carretera» que hacían los tres. Cualquier lugar servía, como una media hora en coche para ver la construcción del Peachoid, la gigantesca torre de agua con aspecto de melocotón junto a la interestatal 85.

Como en muchos hogares monoparentales, la batalla de los hermanos por el asiento del copiloto era feroz. En el asiento delantero estaba toda la acción: las vistas despejadas, el espacio para las piernas, la radio, la emisora de radio, el reproductor de casetes y, lo más importante, la oportunidad de hacer algo útil, como despejar el parabrisas con un trapo viejo después de un chaparrón.

Sin embargo, la mitad de las veces, Leigh se veía relegada al asiento trasero. También podría haber sido exiliada a una bóveda hermética. El Chevy Vega era un cubo de óxido notoriamente ruidoso. El silenciador y el tubo de escape estaban perpetuamente perforados, por lo que el coche rugía como un bólido mientras el chasis se desmoronaba lentamente bajo las alfombrillas. El estruendo mecánico aseguraba que no habría comunicación casual entre los asientos delanteros y los traseros. La niña rara estaba sellada sónicamente en un universo propio.

Y ahí es donde Leigh encontró la tranquilidad o, mejor dicho, la tranquilidad encontró a Leigh.

Cuando el calor del mediodía dio paso a la lluvia, Leigh observó las gotas que bailaban en su ventana lateral. Asignó a cada una de ellas rasgos de carácter, motivaciones e incluso aspiraciones. Vio de primera mano cómo se estremecían en anticipación. Su objetivo, imaginó, era surcar la superficie exterior de la ventanilla del coche antes de lanzarse al cosmos. Los más sabios lo conseguían, normalmente uniendo fuerzas con otros. Algunos luchaban y se estancaban. Otros desaparecían por completo.

Este fue un trance bienvenido. El parloteo interno no deseado sobre las finanzas y la adaptación a la escuela se evaporó. En medio del ruido del motor de altos decibelios, Leigh encontró un exquisito espacio de silencio.

En casa, Leigh encontraba esta misma profundidad de atención embelesada en la naturaleza. A menudo se dirigía al «pantano» que había detrás de su casa. Un fino sendero atravesaba los árboles cubiertos de kudzu. El lugar le recordaba al hogar de Yoda, Dagobah. Desde un rincón, observaba a las criaturas más diminutas en su vida fugaz. La mayoría viajaba en susurros o sin ningún sonido. Sus dramas eran hipnóticos. Las hormigas eran muy amistosas, siempre se detenían a charlar. El escarabajo, tan pacientemente esperando. Las tijeretas de agua eran un espectáculo, pero ¿qué se podía esperar de una criatura que podía caminar sobre el agua? Leigh recuerda haber permanecido inmóvil, en un estado de conciencia elevado, a veces durante horas.

En una ocasión, fue testigo de cómo una rana toro se comía las larvas de una grulla, que a su vez eran devoradas por una serpiente cabeza de cobre, o eso supuso. Corrió a casa para consultar la *Enciclopedia Británica*, pero se dio cuenta de que la rana toro podría haberse comido a la cabeza de cobre si no hubiera estado tan preocupada por las jugosas larvas. En el silencio del pantano, Leigh se dio cuenta de la precariedad de la vida y de cómo se tambalea entre lo inquietante y lo maravilloso en momentos como éste.

No es que el mundo estuviera totalmente en silencio. A veces sus temerosas cavilaciones interiores rompían el zumbido de los grillos. A veces volvía corriendo a la casa. Pero la mayoría de las veces se quedaba todo lo que podía, incluso en la oscuridad, observando cómo se desarrollaban los misterios de la vida.

Esta era una forma particular de contemplar la infancia. Mirando hacia atrás, fue, de hecho, una especie de oración.

En este capítulo y en el que lo precedió, hemos explorado formas de encontrar el silencio en grandes y pequeñas dosis, integradas en la vida diaria o dedicadas como «ocasiones especiales». Pero algunos de los silencios más profundos son los más sencillos: son los momentos en los que, como dice Diane Ackerman, «no hace falta pensar ni decir nada», cuando recuperamos los ojos de un niño.

En su libro *Deep Play*, Ackerman escribe sobre el «juego» como «un refugio de la vida ordinaria, un santuario de la mente, donde uno está exento de las costumbres, métodos y decretos de la vida». Y el «juego profundo» es lo que ella llama la forma extática del juego. Es el tipo de experiencia que nos lleva a un estado de contemplación similar a la oración.

Aunque Ackerman dice que el «juego profundo» se clasifica más por el estado de ánimo que por la actividad, hay algunos tipos de actividades que son especialmente propensos a provocarlo: «el arte, la religión, la asunción de riesgos y algunos deportes, sobre todo los que se desarrollan en entornos relativamente remotos, silenciosos y feroces, como el submarinismo, el paracaidismo, el ala delta o el alpinismo».

Aunque podríamos pensar que la recreación extática es lo contrario del orden, a menudo hay un fuerte sentido de orden en el juego profundo. Existe la demarcación de un tiempo especial o un lugar único.

Tenemos que dominar las reglas de un juego como la música o el alpinismo antes de perdernos en él. Es así como Matt Heafy describió que al haber practicado con tanto ahínco, toda la música estaba codificada en la memoria muscular, lo que le permitió «dejarse llevar» hacia un profundo estado de quietud en el escenario. O, parafraseando al difunto y gran saxofonista Charlie Parker: «Apréndelo todo; luego olvida esa mierda y toca».

Las otras prácticas que hemos descrito en las páginas anteriores —por ejemplo, los retiros cortos— pueden facilitar el juego profundo. A veces es necesario acordonar otras responsabilidades, hacer espacio para el olvido, para entrar en la conciencia infantil con atención absorbida.

Jon Lubecky encontró la manera de hacer accesibles las profundidades de su psique que antes estaban amuralladas. Tuvo que encontrar un medio para limpiar el trauma que estaba distorsionando su percepción e impidiendo su presencia. Aunque Jon trabajaba con una sustancia psicoactiva bajo un estricto conjunto de condiciones médicas, el uso sincero y responsable de sustancias que abren la mente y el corazón también puede ser un camino hacia lo arrebatador. ¿Qué hace que sea sincero? Según nuestra experiencia, se trata de buscar un cambio duradero en la dirección de la empatía y la ética. Es distinto de la búsqueda de emociones baratas o de una curiosidad vacía.

La práctica general que describimos aquí es el trabajo de alinearse con el pulso de la vida, tal como éramos antes de ponernos los uniformes y las perspectivas de «adultos muy serios».

Por lo tanto, piensa en cómo migrar del ruido de los nombres y las distinciones al silencio de la pura claridad sensorial.

¿Qué es lo que más te acerca a una forma infantil de percibir el mundo?

¿Qué actividades, personas o estados de ánimo te apoyan?

¿Cómo se pueden trasladar estas formas de contemplar a la vida cotidiana?

RASGOS ALTERADOS

Skylar Bixby se pasó todo el día en su tienda de campaña escuchando los sonidos alternados de las salpicaduras de la lluvia y la caída de la nieve. Cerca del anochecer, la precipitación cesó. Él y sus compañeros de tienda se arrastraron fuera de su refugio y caminaron hasta la cima de una colina cercana. El cielo se despejó y se llenó de luz dorada cuando el sol se puso sobre los pinos de corteza blanca y los picos de granito.

Normalmente, parecería extraño —incluso irrisorio— que un grupo de doce adolescentes estuvieran juntos sin teléfonos en total silencio. Pero aquí parecía natural. Después de los primeros trece días de una expedición de tres meses en la naturaleza que comenzó en la cordillera del río Wind de Wyoming, los sentidos de todos estaban atentos a un momento como éste, un momento que inspiraba respeto.

Skylar se quedó en la cima de la colina después de la puesta de sol, cuando todo el mundo volvió al campamento. Siguió observando los colores cambiantes del cielo de la madrugada y escuchando el aire. En ese momento, se dio cuenta de algo sobre sí mismo: su mente no se parecía en nada a la que había conocido unas semanas antes.

«Había estado preocupada por la escuela, preocupada por qué memes enviar a los amigos, preocupada por cómo ser yo misma», dice, describiendo su típica realidad en el instituto. Después de meses y meses de videoclases sin contenido, de incertidumbres sobre la admisión a la universidad y de incómodas relaciones sociales de la época de la cuarentena, era comprensible. Pero toda esa ansiedad se había convertido en un tenue recuerdo. El prurito de jugar a videojuegos o quedar en Discord había desaparecido. «Noté cómo mis prioridades cambiaron allí. Tenía una lista de prioridades completamente diferente a las que tenía en la vida normal». En el transcurso de tres meses en el campo, Skylar notó primero cómo el ruido auditivo e informativo de la vida cotidiana desaparecía. A continuación, el ruido interno más sutil de las proyecciones futuras, las preocupaciones y el exceso de análisis también desapareció. Se enfrentó a una nueva serie de propósitos en los que fijar su atención: encontrar agua, contar las raciones, dirigir la navegación, el mantenimiento del calor, la evasión de los osos.

Cuando hablamos con Skylar varias semanas después de su regreso del campo, se mostró agradecido y casi sorprendido de que este sentimiento subyacente hubiera permanecido con él, a pesar de su regreso a la vida adolescente del siglo XXI. «Ahora puedo tener un momento de tranquilidad sin necesitar distracción», nos dice, y añade: «Es una habilidad ser capaz de no hacer nada, y ahora tengo esa habilidad».

No fue tan fácil para Skylar adquirir esa habilidad. Tuvo que cambiar la facilidad y la familiaridad de su rutina diaria por los rigores físicos de meses en las montañas. Al igual que Matt Heafy y Jon Lubecky, descubrió que tenía que *hacer el trabajo*. Descubrió que valía la pena soportar la incomodidad y los inconvenientes por la oportunidad de tener una experiencia como aquella puesta de sol en la cima de la colina. En ese silencio resplandeciente, se dio cuenta de que había rehecho fundamentalmente su mente. Había cambiado no sólo sus *estados*, sino sus *rasgos*.

Diane Ackerman utiliza la palabra «arrebatadora» para describir esa experiencia. Es una palabra, dice, que significa literalmente «agarrado por la fuerza», como si uno se dejara llevar por una poderosa ave de rapiña, una rapaz.

Es una divertida yuxtaposición al significado convencional del silencio.

Pero, si aceptamos el verdadero silencio como un encuentro directo con lo *real,* entonces es una profunda ruptura con la vida ordinaria del siglo XXI. Es un contraste radical con el artificio de las redes sociales y la sociedad de la información hiperveloz.

Es una fuerza de transformación. Es natural utilizar la palabra «*rapturous*» (extasiado, arrebatador) para describirlo.

En los próximos capítulos, seguiremos explorando el silencio —tanto el cotidiano como el enrarecido—, no sólo a título individual, sino en entornos donde se comparte el silencio.

PARTE V
QUIETUD JUNTOS

12
TRABAJAR EN SILENCIO

Si hubieras paseado por Filadelfia en el verano de 1787 y te hubieras topado con el Independence Hall, te habrías encontrado con algo extraño. La calle frente a la sala de reuniones —donde se reunieron muchos de los fundadores de la nación para redactar la Constitución de Estados Unidos— estaba llena de un gigantesco montículo de tierra. Los delegados de la Convención Constitucional habían ordenado la construcción de esta barrera acústica de tierra. Creían que los sonidos de los carruajes, de los vendedores ambulantes y de las conversaciones en el exterior perturbarían su intensa deliberación y redacción. No pretendían un silencio monacal. Como muestran los registros históricos, hubo muchos desacuerdos vocales amargos. Dadas las costumbres sociales de la época, es posible que hubiera momentos ocasionales de desahogo emocional gritando o arrojando cosas —tal vez papel arrugado o trozos de fruta— a los demás. Sin embargo, había un reconocimiento subyacente de la necesidad de un contenedor tranquilo en el que pensar en grupo. El gran montículo de tierra fue un esfuerzo para hacerlo posible.

Si avanzamos unos 235 años, encontraremos una realidad radicalmente distinta para los legisladores estadounidenses. A lo largo de su mandato como director legislativo de tres miembros del Congreso, Justin se dio cuenta de que había demasiado ruido para pensar en el Capitolio. Con televisores que emiten Fox News o MSNBC (dependiendo de la afiliación partidista de la oficina), campanas de alarma que señalan las votaciones de los diputados, y los grupos de presión de la industria que se codean en las recepciones de la barra libre, el ambiente acústico del Congreso de hoy es muy diferente de aquel en el que funcionaban los autores de la Constitución. Y eso por no hablar del ruido informativo que soportan los legisladores modernos: interminables correos electrónicos de los defensores de la causa, reuniones con los electores, discusiones sobre la estrategia electoral, sesiones de llamadas para la recaudación de fondos, eventos de prensa, y las presiones omnipresentes para la creación de redes, la política y la gestión de los medios de comunicación. El nivel de distracción en el Congreso de hoy es mucho mayor que cualquier cosa que unos pocos vendedores ambulantes de Filadelfia del siglo XVIII pudieran haber presentado. En contraste con la Convención Constitucional, el Congreso de hoy no reconoce la necesidad de silencio para el pensamiento claro. Hacer ruido es una insignia de honor.

Hace varios años, Justin participó en un pequeño experimento para ayudar a cambiar la cultura del Capitolio. A través de un nuevo programa de mindfulness que el representante Tim Ryan y un puñado de socios habían puesto en marcha, Justin empezó a enseñar meditación a los responsables políticos del Capitolio. Recuerda que dirigió una sesión por primera vez un lunes por la tarde especialmente tenso en el Rayburn House Office Building, en medio de las batallas presupuestarias y de un feroz debate sobre el controvertido acuerdo comercial Trans-Pacific Partnership. Había unos cuarenta miembros del personal de política y comunicación presentes. Algunos eran demócratas progresistas de la Costa Oeste con respetables prácticas de yoga, y otros eran republicanos del Sur y del Medio Oeste que habían trabajado en finanzas o derecho y ya habían llegado a apreciar la necesidad práctica de la meditación para afrontar el estrés laboral. En un edificio que suele estar autosegregado por inclinaciones ideológicas y camarillas sociales, el espacio estaba sorprendentemente mezclado.

A medida que la gente se iba instalando, Justin podía percibir la típica energía del Capitolio en el aire: gente en tensión, con la cabeza acelerada por los pensamientos sobre la política de la oficina, la carrera profesional y las polémicas votaciones que iban a tener lugar más tarde en el día. Más de uno debe haberse preguntado: «¿Qué estoy *haciendo* aquí?».

Mientras tanto, Justin dio la bienvenida a todos y ofreció unos minutos de orientación sobre la práctica de la meditación. Contempló una escena sorprendente: en una pequeña sala de reuniones con una alfombra azul de aspecto oficial y muebles de madera oscura, bajo luces de neón y una lámpara americana, un grupo de funcionarios gubernamentales de alto nivel vestidos con trajes formales estaban sentados juntos, la mayoría en sillas, algunos con las piernas cruzadas en el suelo. Cuando los puso en marcha con una meditación sentada de veinte minutos, el silencio envolvió la sala y algo cambió. Aquellas amígdalas turboalimentadas de D.C. comenzaron a desacelerarse. En opinión de Justin, no fue el resultado de ninguna técnica de mindfulness en particular; fue el resultado de que se sentaran juntos sin nada que decir.

No tenemos la impresión de que empujar un pequeño rincón del gobierno federal a veinte minutos de silencio haya facilitado el tipo de claridad necesaria para transformar «el sistema». Pero, para nosotros, el valor de este pequeño experimento fue que demostró lo que es posible en el más improbable de los escenarios.

Podemos estar *en silencio juntos.*

* * *

Es comprensible que a veces se confundan las palabras «silencio» y «soledad». El sonido y los estímulos son la materia ordinaria de las relaciones humanas. En presencia de otras personas, hacemos lo que hacemos: bromear, reírnos, reñir, compadecernos.

Dicho esto, algunos de los momentos de silencio más conmovedores que hemos experimentado han sido en presencia de otras personas: *momentos de dolor compartido o de belleza impresionante, momentos de conmoción o de asombro.* En esos momentos, solemos abandonar nuestras obligaciones sociales de verbalizar, racionalizar, entretener y analizar.

Pero el valor del silencio compartido no son sólo esos raros momentos que nos dejan sin palabras.

Hay una razón por la que la gente se reúne regularmente para meditar en silencio, aunque sea mucho más cómodo sentarse solo en su casa. Simplemente, hay una alquimia en experimentar el silencio con otros. Del gris de lo mundano puede surgir algo dorado. Cuando dos o más personas abandonan la «superposición conceptual» y entran juntas en modos de percepción más profundos y finos, se produce una sensación única de expansión.

El poder del silencio se magnifica cuando se comparte.

En los capítulos anteriores, exploramos estrategias centradas en encontrar y crear silencio como práctica solitaria. Aquí, veremos cómo navegar por el ruido en grupos y cómo encontrar el silencio compartido.

Como veremos en las próximas estrategias, el trabajo esencial de encontrar «tranquilidad juntos» consiste en comprender y perfeccionar nuestras *normas* y *culturas*. Cuando utilizamos la palabra «cultura», tendemos a pensar en cómo las sociedades crean un arte, una cocina o una literatura distintivos. Pero la cultura también puede referirse a nuestras normas compartidas, ordinarias y cotidianas: las reglas habladas y tácitas, las costumbres, los estilos, los rituales, los ritmos, las normas, las preferencias y las expectativas que surgen cuando interactuamos regularmente con otras personas. En el ámbito del desarrollo organizativo, suele decirse que la cultura de una empresa siempre está presente y se expresa, tanto si sus miembros son conscientes de ello como si no. Lo mismo puede decirse de la cultura de un grupo de amigos, una familia o una pareja. Dado que las normas suelen surgir y evolucionar de forma orgánica e inconsciente, es valioso arrojar luz sobre ellas periódicamente y aportar más conciencia a su creación y manifestaciones. Es bueno cuestionar lo predeterminado.

El Congreso de los Estados Unidos, como lugar de trabajo, se rige claramente por normas de ruido. Es socialmente aceptable tener la televisión encendida todo el tiempo. Es aceptable hablar en voz alta mientras alguien está escribiendo o mirar un texto mientras alguien te cuenta algo. Es un procedimiento operativo estándar enviar mensajes a deshoras con la expectativa de una respuesta inmediata. Por lo general, la gente está demasiado ocupada pensando en los requisitos de cada momento de sus causas o carreras como para dar un paso atrás y considerar las distorsiones y distracciones provocadas por los paisajes sonoros y de información. La sesión experimental de Justin resultó tan inusual porque el silencio compartido está muy lejos de la cultura dominante en la colina.

Los participantes en la Convención Constitucional de 1787, en cambio, tenían normas en torno a la deliberación silenciosa. Facilitar la atención prístina era un objetivo compartido. Ese gran montículo de tierra les recordaba —y al público— que el propósito de la reunión era ir más allá de la distracción para hacer un trabajo importante.

Las normas ruidosas como las que existen en el Capitolio son un defecto de la sociedad actual. Sin embargo, todavía existen culturas de silencio. Pensemos en un monasterio, una biblioteca o una pequeña granja aislada. En estos contextos, la gente adopta normas y expectativas claras sobre el ruido que reflejan los objetivos y los valores del lugar en cuestión. Estas normas no aprueban los comentarios de las noticias por cable ni la consulta compulsiva de TikTok. Para encontrar el silencio compartido, no es necesario unirse a una orden religiosa austera, pasar el rato entre pilas de libros o mudarse a un entorno rural aislado. Puedes ayudar a crear reglas y expectativas que creen elementos de tranquilidad en tu situación de vida actual: en el trabajo, en casa, entre amigos. Sin embargo, esto requiere cierta creatividad. Lo más importante es tener el valor de señalar lo que no funciona y facilitar una conversación constructiva sobre la mejor manera de avanzar.

CÓMO HABLAR DEL SILENCIO

Llevaban años anticipando esta mudanza. La madre de Leigh, Rickie, y su esposa, Betty, se iban a trasladar desde el centro de Ohio al norte de California. Pensaban vivir con Leigh y su familia mientras buscaban una vivienda asequible para personas mayores. En la zona de la bahía, sería necesario un milagro navideño para encontrarla, pero pensaron que las recompensas —entre ellas, los nietos— merecerían la pena.

No tardaron mucho en adaptarse a la rutina. «Mi mamá» y «mi Betty», como las llama cariñosamente Leigh, fueron unas invitadas magníficas. Prepararon los almuerzos y limpiaron la casa. Se ofrecieron a compartir el coche y a ayudar a su nieta, Ava, con los deberes. Llenaron la casa de risas y del dulce aroma del pan de chocolate. Con una proporción de cuatro adultos por niño en la casa, Leigh pensó que por fin tendría el tiempo que necesitaba para trabajar en este libro.

Además de la deliciosa risa de Betty, tanto ella como Rickie se sitúan en el lado «tranquilo» del espectro de la personalidad. Son muy reservadas y encuentran satisfacción en la lectura, los rompecabezas y los juegos de palabras. No utilizan altavoces ni dictan textos automáticamente en el espacio común. No se les ocurriría poner música sin un voto unánime para una «fiesta de baile». Rickie y Betty son muy consideradas. Pero sus dispositivos electrónicos son otra historia.

Desde casi cualquier lugar de la casa de Leigh, podía escuchar timbres, ping, silbidos y —lo más enloquecedor de todo— chasquidos de teclas. Leigh sabía, por su propia cordura, que tenía que decir algo, pero dudaba en hacerlo. Leigh quería que sus invitadas se sintieran completamente bienvenidas, para extender esa hospitalidad sureña para la que había sido criada. Su viaje de dos semanas a través del país se había extendido a seis semanas épicas debido a una parada inesperada en Arizona para que Betty se recuperara de una cirugía ocular de emergencia. Se merecían sentirse a gusto. Leigh decidió guardarse sus problemas para sí misma.

Pero el ruido fue empeorando. Leigh era la que peor lo pasaba con los tonos de llamada personalizados al máximo volumen —el crujiente *riff* de guitarra de *hair metal* de los años ochenta (su madre) y la dulce música de arpa (su Betty)— que sonaban cada treinta minutos más o menos. Las llamadas solían ser de vendedores telefónicos o *robocalls*.

Leigh percibió una oportunidad. Conocía los entresijos de la política de no llamar a listas y aplicaciones de bloqueo de llamadas, así que se ofreció a ayudar. Pero a ninguna de las dos le importaban las interrupciones, le dijeron. «¿Por qué tanto alboroto? ¿Por qué no colgar cuando llaman los teleoperadores?».

Leigh encontró un momento de tranquilidad. Respiró profundamente. Les dijo a Rickie y a Betty que se daba cuenta de que parecía que les gustaba el ruido, los clics y los silbidos de sus dispositivos, y que ni siquiera les importaban las llamadas automáticas. Ella respetaba sus preferencias y elecciones. Pero les explicó que cada vez era más difícil concentrarse, trabajar, mantener una conversación o disfrutar de una comida en paz.

«¿Estaríais dispuestas a restablecer los valores predeterminados de vuestros dispositivos?» preguntó Leigh en tono cariñoso. Se detuvieron y pensaron por un momento.

«Claro. Si significa tanto para *ti*, querida». Y así fue.

* * *

Es una paradoja, lo sabemos. Pero el trabajo de encontrar el silencio compartido a menudo comienza con más conversación. A veces requiere mucha conversación.

La comunicación cuidadosa es importante porque las personas pueden tener experiencias de ruido y necesidades de silencio radicalmente diferentes. Las normas de Rickie y Betty funcionaban bien para ellas. No fue hasta que la cultura de su relación se encontró con la cultura existente en el hogar de Leigh cuando surgieron los problemas. Lo ideal sería que las conversaciones sobre el ruido y el silencio respetaran las diferencias entre nosotros y no dieran por sentado que una forma es la única.

Estas conversaciones nos dan la oportunidad de poner en primer plano nuestros respectivos valores. En el pequeño ejemplo doméstico de

Leigh, Rickie y Betty, nunca habían hablado del ruido o de la necesidad de silencio. No había una norma establecida en su relación, porque nunca había habido necesidad de una. Pero, como su estancia en otro hogar era indefinida, la conversación se hizo necesaria.

Para Rickie y Betty, adaptarse a una nueva norma requería algunos pequeños cambios de comportamiento que tuvieron la gentileza de aceptar. Leigh también consideró importante comprobar con ellas el impacto de su solicitud, para cuidar la relación. Leigh se aseguró de que recibieran una respuesta positiva. Sus ajustes supusieron una diferencia sustancial para ella. Ahora podía concentrarse más en su trabajo. Se sentía menos agitada. Con el tiempo, todos pudieron reconocer que la calidad de su vida en común, como familia, era un poco mejor.

Sabemos que estas conversaciones no siempre van tan bien como las de Leigh. Las intervenciones, en algunos contextos, pueden resultar incómodas o conflictivas. Incluso pueden poner en peligro la carrera profesional. Tratar de cambiar los ruidosos valores predeterminados en una oficina del Capitolio, por ejemplo, puede ser una empresa compleja y arriesgada. Puede implicar cambios en los procesos de trabajo de larga duración o provocar la aparición de egos sensibles. Cuando las órdenes de refugio en el lugar (COVID-19) hicieron que nuestras casas se convirtieran en oficinas o en escuelas, muchos de nosotros tuvimos que mantener este tipo de conversaciones sobre las normas en la esfera doméstica. Incluso —o, quizás, especialmente— entre los seres queridos, estas conversaciones eran difíciles. Pero el resultado es que ahora estamos preparados para hablar del ruido —tanto auditivo como informativo— en una gama más amplia de entornos.

Estas conversaciones, a veces difíciles, sobre las normas y la cultura adquieren características diferentes en distintos contextos. En nuestra vida laboral, suelen girar en torno a las expectativas sobre temas como la conectividad constante, cuándo está permitido estar desconectado y cuándo es aceptable reservar espacios de atención ininterrumpida. En nuestras vidas domésticas, entre la familia y los amigos, los temas suelen girar en torno a cuestiones como si es permisible tener los teléfonos inteligentes cerca o tener la televisión encendida de fondo durante las comidas. En otros contextos, estas conversaciones pueden adentrarse en cuestiones culturales más profundas, como si es posible estar cómodos en silencio juntos en lugar de tratar de llenar siempre el espacio, o si está bien ser multitarea cuando otra persona está compartiendo algo contigo.

Hemos comprobado que, en todos los entornos y situaciones, hay algunos principios generales que se pueden aplicar a la hora de pensar en el trabajo de silencio conjunto.

Primero, *mira hacia adentro*.

Iniciar una conversación sobre el silencio compartido no significa simplemente aprovechar la oportunidad para señalar los hábitos ruidosos de los demás. El mejor punto de partida para una conversación sobre las normas del grupo es una revisión de uno mismo. *¿Cómo* contribuyes a los paisajes sonoros, informativos e incluso internos del gran colectivo? Podrías preguntarte: «¿De qué *manera* creo ruido que impacta negativamente en los demás?».

Tal vez, sin saberlo, dejas los timbres y las notificaciones a todo volumen, como hicieron Rickie y Betty. Tal vez «piensas en voz alta» o interrumpes habitualmente a los demás. Tal vez publiques impulsivamente en las redes sociales o envíes demasiados mensajes de texto o correos electrónicos que requieren respuesta. Tal vez pongas música o podcasts en los espacios comunes sin consultar a los demás o saltes a las llamadas de trabajo importantes mientras tu hija está sentada a tu lado haciendo los deberes. Todos somos culpables de estas transgresiones. Simplemente, fíjate en cómo creas ruido para ti y para las personas que te rodean. Tómate un tiempo para cuestionar si cualquier hábito que genera ruido es necesario o si realmente es un impulso no examinado, un defecto que necesita ser reiniciado. Si tu autobservación no te da una visión clara, pide a alguien sincero en tu vida que te haga observaciones sobre cómo podrías hacerlo mejor.

En segundo lugar, *identifica tus «reglas de oro»*.

Piensa en tu propia *esfera de control* y en cómo puedes aprovecharla para minimizar el ruido en tu entorno compartido. Empieza por crear tus propias normas personales que rijan la forma de generar sonido y estímulos en tu propia casa, en tu lugar de trabajo u otros contextos de tu vida. Una forma de pensar en las normas personales es hacerlo como tus propias *reglas de oro* para mitigar el ruido o aportar más silencio deliberado. Modela lo que quieres ver más en el mundo. Estas normas pueden empezar como experimentos personales a pequeña escala. Si funcionan, puedes considerar convertirlas en principios rectores de tu conducta diaria.

Susan Griffin-Black, codirectora ejecutiva de EO Products, una empresa de productos naturales para el cuidado personal, nos cuenta que hace años se comprometió a «no estar nunca con el teléfono o el ordenador cuando alguien está hablando conmigo, nada de multitarea cuando estoy con otra persona». Mantiene su regla de oro, a pesar de tener más de 150 empleados, una familia y muchos compromisos sociales.

Así pues, piensa en lo que más valoras cuando se trata de mitigar el ruido y encontrar la tranquilidad. ¿Qué regla de oro personal lo refleja? O, alternativamente, considera qué hábitos ruidosos te molestan más. ¿Qué regla de oro se ocuparía de ellos?

Una vez hayas trabajado en tus normas personales, estarás en mejor posición para entablar conversaciones sobre las normas del grupo. Tendrás la credibilidad necesaria para iniciar el proceso de cambio de la cultura de tu hogar o equipo de trabajo.

En tercer lugar, *cuida de los demás.*

Cuando sea apropiado, y cuando esté dentro de tu *esfera de influencia,* considera cómo puedes ser un defensor del silencio, no sólo en toda la organización, sino específicamente para las personas que carecen de poder o autonomía para estructurar sus propias circunstancias. Tal vez estés en una posición en tu empresa en la que puedas llamar la atención sobre la situación de un ingeniero o un redactor publicitario que, obviamente, necesita un santuario en el lugar de trabajo. Tal vez sospeches que a tu sobrino introvertido le vendría bien un descanso ocasional de los bulliciosos eventos familiares, y puedas plantear suavemente la cuestión a tu hermano. Especialmente cuando se encuentra en una posición de relativo privilegio —por ejemplo, un adulto o un miembro de alto rango de un equipo profesional— utiliza tu influencia, cuando sea posible y sensato, para ser un guardián del espacio cognitivo y emocional compartido. Aunque no puedes establecer las normas y la cultura general del grupo de forma unilateral sobre la base de lo que crees que es correcto, puedes estar atento a nuevas ideas que proponer o a nuevas posibilidades para gestionar el paisaje sonoro o mejorar el ambiente, especialmente las que sirven a los intereses de quienes carecen de influencia.

Ten en cuenta estos tres principios rectores —mirar hacia dentro, identificar tus «reglas de oro» y cuidar de los demás— mientras exploramos el proceso de encontrar la tranquilidad juntos a través de una amplia gama de ejemplos. Comenzaremos este capítulo examinando nuestra *vida laboral* con cinco ideas para sortear el ruido colectivo y construir una cultura de claridad silenciosa. Aunque no hay dos entornos de trabajo iguales, considera las estrategias empleadas por estos defensores del silencio en el lugar de trabajo y piensa cómo podrías adaptarlas a tu situación específica.

IDEA 1: EXPERIMENTAR

Michael Barton estuvo presente en la creación de la moderna oficina de planta abierta. Como ejecutivo de empresa y consultor centrado en la optimización de la cultura y las operaciones organizativas, recuerda la soñadora aspiración inicial que acompañaba al concepto: fomentar la colaboración derribando muros para promover una «mentalidad antisilo». Aunque Michael ha visto algunas de estas ventajas de vez en cuando, cree que el ruido y la distracción inherentes a la oficina abierta son demasiado costosos. «Ha habido veces que he hablado por teléfono con alguien que me ha dicho: "¿Quieres llamarme después de tu vuelo cuando ya no estés en el aeropuerto?" y yo le decía: "¡Oh, no! No estoy en el aeropuerto. Estoy sentado en mi oficina"».

En los años 90, como ejecutivo de Citysearch (ahora una división de Ticketmaster), Michael se dio cuenta de que los trabajadores —sobre todo los programadores y desarrolladores— tenían problemas con el ruido y las frecuentes interrupciones. Decidió ayudar a defender su necesidad de silencio. Un joven analista de la empresa le propuso una idea: Dar a cada miembro del equipo un «fajín rojo» —una tira de tela roja brillante de un metro de largo y un centímetro de ancho— para que lo llevara como señal de «no molestar». No habría ningún estigma por llevarlo si todo el mundo sabía que podía simplemente abrir su cajón, sacar su fajín, ponérselo en el cuello y ser considerado «fuera de la oficina». Michael entabló una conversación con la dirección, y ésta accedió a intentarlo.

El fajín rojo no fue una panacea. No eliminó muchos de los problemas de ruido e interrupciones. Pero fue un comienzo. Y dio lugar a otros experimentos, como la instalación de una cabina telefónica silenciosa, miniestaciones de trabajo y una «cueva tecnológica» hermética para el trabajo de codificación. Pero lo más importante es que la intervención del fajín planteó el problema del ruido y la distracción y abrió una importante conversación. Vendedores que nunca habían considerado los problemas de ruido se dieron cuenta de repente de las dificultades de analistas, escritores e ingenieros. Quedó claro que el acuerdo tácito de la oficina abierta —que cualquiera podía ser interrumpido en cualquier momento— no beneficiaba a todos. El experimento del fajín rojo y las conversaciones que siguieron sacaron a la empresa de sus normas problemáticas.

Es difícil imaginarlo ahora, pero Michael nos cuenta que la oficina abierta se consideraba una utopía. Sus defensores argumentaban que «mejora la comunicación, mejora la apertura, mejora la transparencia; mejora la libertad de movimiento de departamento a departamento». La gente argumentaba que colocar el escritorio del director general en el centro de un mar de escritorios —o disponer de un espacio de escritorio que se sirve por orden de llegada— crearía una estructura organizativa latente y una cultura igualitaria.

En retrospectiva, podemos ver que la visión tecnoutópica de los 90 no tenía en cuenta los daños colaterales de la concentración humana. Sin embargo, en aquella época era difícil ir a contracorriente y abogar por centrarse en la tranquilidad por encima de prioridades como la «interacción serendípica» y la «colisión creativa». Resistirse a esta tendencia era resistirse a ser un jugador de equipo. Por muy tonto que pueda parecer un trocito de tela roja, hizo falta valor para que aquel joven analista planteara la cuestión y para que Michael la subiera al escalafón de la jerarquía.

Independientemente del futuro de las oficinas abiertas, la conclusión es sencilla: Piensa en lo que realmente quieres o necesitas. Inicia una conversación. Imagina un experimento. Ponerlo en marcha, perfeccionarlo y repetirlo. En algunas organizaciones, se trata de «no enviar correos electrónicos los viernes» o «no reunirse los miércoles». En otras, se trata de eliminar la expectativa de estar disponible y en los dispositivos electrónicos durante los fines de semana o después de las 5:00 p.m. Para algunos lugares de trabajo, un rediseño del plan de trabajo podría ayudar a determinados tipos de trabajadores a conseguir la concentración que necesitan. Una solución podría ser autorizar bloques de tiempo sin interrupciones durante la jornada laboral. Otra solución podría ser renunciar a la oficina y trasladarla a un nuevo edificio. Para otros, se trata de eliminar el correo electrónico como principal medio de comunicación y recurrir a reuniones de actualización del equipo dos veces al día o a un sistema electrónico que preserve el espacio de tranquilidad.

La buena noticia es que, con un poco de creatividad y experimentación, se pueden transformar normas de ruido aparentemente intratables.

IDEA 2: MA EN EL TRABAJO

Desde 1939, cuando el publicista neoyorquino Alex F. Osborn fue pionero en las reuniones de generación de ideas en grupo, o «sesiones de *brainstorming*», la gente ha tenido sus dudas sobre su eficacia. Décadas de investigación académica demuestran ahora cómo las presiones sociales, como favorecer el acuerdo sobre la disidencia y sucumbir a las voces más fuertes o a los individuos de mayor rango, matan la creatividad. Las sesiones de generación de ideas a alta velocidad y presión pueden ser buenas para generar pensamiento convencional, pero son terribles para generar el tipo de pensamiento novedoso y emergente que se requiere para abordar la mayoría de los desafíos complejos.

A pesar de la creciente concienciación sobre estos temas, la mayoría de los equipos siguen haciendo lluvias de ideas de la misma manera que lo hacían los equipos en la época de Osborn. Poco espacio para la reflexión o la introspección. Poco tiempo y espacio.

Antes te hemos presentado el valor cultural japonés de la *Ma*, reverencia por los espacios vacíos «en medio». Es un principio y un valor que impregna las artes y la cultura tradicionales, desde la música hasta la ceremonia del té y desde el teatro hasta el arreglo floral. El valor de *Ma* es perceptible también como parte de la cultura profesional del país. En Japón, es frecuente encontrar personas que dejan momentos de silencio en reuniones y conversaciones y, de paso, dejan espacio para lo que no se dice.

Imagínese por un momento lo que supondría impregnar nuestros procesos habituales de *brainstorming* empresarial con un poco de *Ma*.

Podría significar la creación de un tiempo sancionado para la reflexión en silencio, incluso dentro de una discusión de grupo.

Puede significar salvaguardar la opción de «consultar la cuestión con la almohada», volviendo a plantear una pregunta al día siguiente.

Podría significar la elaboración de informes no verbales, incluyendo, por ejemplo, la creación de una galería de ideas con notas adhesivas en las paredes para que la gente pueda examinarlas en silencio y votarlas de forma anónima.

Casi con toda seguridad, significa *hacer un espacio* para animar a las voces más silenciosas y a las perspectivas más marginadas a llegar al centro. Como Gandhi creía firmemente, al menos un poco de silencio es necesario para la búsqueda de la verdad.

Por supuesto, no se trata sólo de una lluvia de ideas. Fíjate en los calendarios semanales de la mayoría de la gente o en la predilección de muchas organizaciones por las reuniones seguidas. En la mayoría de las culturas profesionales, apenas se tiene en cuenta el espacio «intermedio». Llevar a *Ma* al trabajo significa consagrar espacios vacíos para la *preparación* de lo que está por venir, para la *integración* de lo que acaba de ocurrir y para la *reflexión* sobre el momento presente.

Pero, más que ninguna otra razón, necesitamos a *Ma* en el trabajo para tener la capacidad de escuchar.

* * *

La doctora Rupa Marya nos habla de un estudio que revela que los médicos interrumpen a sus pacientes, por término medio, en los primeros 11 segundos de la cita. «Nuestra formación nos enseña a *no* estar en silencio», reflexiona, «a llegar al encuentro con el paciente con mucho ruido en la cabeza sobre lo que suponemos que está pasando».

Conoce bien esta tendencia.

«Cuando estoy entrevistando a un paciente, me doy cuenta de cuántas veces me apetece interrumpirle —para ir al grano o para llegar a lo que me interesa aprender—», nos dice. «Pero no puedes escuchar realmente lo que le pasa a alguien si no estás escuchando activamente en silencio».

La gente de Standing Rock hizo que Rupa se diera cuenta de la destructividad de este hábito. Ella había ido a Dakota del Sur para apoyar la salud de las comunidades indígenas reunidas para resistir el oleoducto Dakota Access.

En medio de su trabajo, una abuela oglala lakhota le preguntó a Rupa si podía estar abierta a algunas opiniones. La mujer le explicó que el «enfoque del colonizador» no funcionaría en su comunidad. Lo describió así:

Cuando esperas a que esa persona se calle para interponer tus propios pensamientos para demostrar lo inteligente que eres o para hacer avanzar la agenda de la conversación de una manera determinada, pero no te callas después de que esa persona hable.

La franqueza de la mujer tomó al principio a Rupa por sorpresa, pero reconoció el peso de sus palabras. «Guardar silencio después de que alguien hable», continuó la mujer, «transmite una humildad que es esencial para una comunicación respetuosa».

Rupa se tomó en serio este consejo, y las abuelas lakhota del campamento se dieron cuenta. Le pidieron que ayudara a crear una clínica con ellas, y ahora, cuatro años después, sigue apoyando la labor.

Rupa empezó a prestar mucha atención a los momentos en los que sus pacientes de Lakhota se «apagaban» y se encerraban en sí mismos. Empezó a ver esta ruptura del vínculo con sus pacientes como «la antítesis de la curación». «Me he sentido humilde y continuamente "escolarizada" al trabajar con los indígenas porque tengo que volver a entrenar mi mente para *no* ser tan "inteligente" en ese sentido, sino para estar abierta, receptiva y silenciosa». Rupa comparte esta idea con nosotros con entusiasmo; está dispuesta a la tarea, o al «desaprendizaje», como ella lo llama. Recientemente se asoció con el exitoso autor Raj Patel para relatar el «desaprendizaje» necesario en la medicina occidental en su libro *Inflamed: Deep Medicine and the Anatomy of Injustice*. Para Rupa, ralentizar su ritmo y dejar espacio para la escucha *es* una medicina profunda. Sabe de primera mano que eso cura.

Rupa no es la única que recibe una llamada de atención para incorporar a *Ma* a su trabajo mediante una escucha más activa. Leigh recibió una vez un mensaje similar en un contexto radicalmente distinto: un programa piloto para el equipo climático del Centro de Vuelo Espacial Goddard de la NASA.

Goddard es la sede operativa del telescopio espacial Hubble y del telescopio espacial James Webb. Sus científicos e ingenieros también guían más de cincuenta naves espaciales menos conocidas encargadas de estudiar nuestro sol, el sistema solar, el universo en general y el clima cambiante de nuestro planeta. La NASA se esfuerza por desarrollar las «habilidades sociales» de los equipos altamente técnicos que trabajan en ella.

La plantilla de la NASA es inusual. Está formada por *cuatro* generaciones de trabajadores. La razón es sencilla: la gente nunca se jubila. La formación pretendía abordar los problemas de comunicación comunes a los equipos multigeneracionales. En su debut, Leigh y su codirector se emplearon a fondo: una formación de dos semanas comprimida en dos días. No hubo ni un momento para reflexionar, digerir o incluso protestar. No había *Ma*. Era una batalla campal *sin Ma*.

Esta era una enorme oportunidad para Leigh. Se sentía honrada y petrificada a partes iguales. Por desgracia, probablemente fue la parte «petrificada» de Leigh la que hizo la mayor parte de la planificación de la agenda, y sintió la necesidad de demostrar su valía, y el valor del contenido, por medio de la proverbial manguera de incendios.

Leigh pasó por alto lo obvio: la sala estaba *llena* de introvertidos, más del 75 %, según el recuento interno de la NASA. Al final del primer día, los participantes parecían cansados y desaliñados, como si hubieran sido golpeados por un huracán. El huracán Leigh, con fuertes ráfagas de síndrome de impostura, amplificado por una extroversión desenfrenada.

Con una revisión casi total, todo funcionó. Redujeron el contenido. Programaron más descansos. Añadieron intervalos de observación silenciosa. En resumen, añadieron a *Ma*. Leigh siguió impartiendo el trabajo durante años, agradecida por la lección y por la paciencia que se le concedió mientras la aprendía —o «desaprendía», como diría Rupa—.

Aunque la palabra *Ma* es exclusivamente japonesa, se puede encontrar al menos algún elemento de este mismo valor en prácticamente todas las culturas. En las culturas occidentales, el proverbio «El silencio es oro» es una encarnación del mismo. Algunas culturas —entre ellas las de muchos pueblos indígenas y aborígenes del mundo, así como los pueblos de Escandinavia y sudeste asiático— tienden a mantener el valor de manera fundacional. Algunos grupos de personas, como los introvertidos ingenieros de la NASA, necesitan naturalmente un espacio y un silencio adecuados. Pero, si se observan los escollos de los protocolos y procesos modernos —desde las lluvias de ideas empresariales hasta los horarios de las reuniones o las citas médicas—, es evidente que prácticamente todo el mundo necesita más *Ma*.

IDEA 3: TRABAJO PROFUNDO, JUNTOS

Marie Skłodowska, conocida hoy en día como Madame Marie Curie, nació en el seno de una cariñosa familia polaca de educadores que pronto reconocieron su intelecto poco común. Tras la temprana muerte de su madre, Marie se comprometió a ayudar a su hermana mayor, Bronya, a estudiar medicina en París. Lo hizo trabajando como institutriz, enseñando diversas materias e idiomas. En sus horas libres, Marie se dedicaba a sus propios estudios, realizando experimentos de química y estudiando ecuaciones matemáticas. Se guiaba por las instrucciones que su padre le daba por carta. Cuando Bronya terminó la carrera de medicina, le devolvió el favor ofreciéndose a alojar a Marie mientras asistía a la Sorbona.

Además de todas las barreras a las que se enfrentaba por ser una de las pocas mujeres de una universidad líder en el mundo, Marie tenía que ponerse al día con los años de estudio científico que había perdido. También necesitaba un mayor dominio del francés. Se dio cuenta de que tendría que estudiar aún más de lo que había previsto. En sus palabras, necesitaba «encontrar la concentración perfecta».

La casa de Bronya estaba llena de visitas, música y pacientes que se presentaban a todas horas con necesidad de tratamiento. Marie no pudo «encontrar la concentración perfecta» allí, así que salió en busca de una habitación propia y encontró un apartamento en el ático. Allí estuvo a punto de morir de hambre y de frío porque priorizó la compra de aceite de lámpara para estudiar sobre la comida para el sustento o el carbón para la calefacción. Sin embargo, los sacrificios valieron la pena. Se puso al día y luego superó a sus compañeros. En la biografía más vendida sobre la vida de su madre, Ève Curie escribe: «Tenía un amor apasionado por la atmósfera de atención y silencio, el «clima» del laboratorio, que iba a preferir a cualquier otro hasta su último día».

En la Sorbona, Marie conoció y se casó con Pierre Curie, profesor y físico. La base de su matrimonio fue el amor compartido por el «clima» del laboratorio, un espacio compartido de «atención y silencio» en el que llevaron a cabo investigaciones pioneras en el campo de la radiactividad. En 1903 se les concedió el Premio Nobel de Física. Los académicos franceses habían sugerido en un principio que la distinción fuera sólo para Pierre. Pero Pierre insistió en que él y Marie fueran colaureados. Hicieron juntos todo su profundo trabajo.

Unos años después de la concesión del Nobel, Pierre murió trágicamente atropellado por un coche de caballos. Marie, aunque con el corazón roto, continuó el trabajo durante más de dos décadas.

Fue nombrada para ocupar el puesto de su marido, lo que la convirtió en la primera mujer profesora de la Sorbona. Su suegro le ayudó a criar a sus hijas, Irène y Ève, lo que permitió a Marie «encontrar la concentración perfecta» y continuar con el trabajo de su vida. La fama le permitió convertirse no sólo en la primera mujer en recibir un premio Nobel, sino también en la primera *persona* en recibir dos premios Nobel en dos categorías científicas: física y química.

La hija mayor de los Curie, Irène, prometía como científica y pronto se unió a su madre en el laboratorio. Durante la Primera Guerra Mundial, cuando aún era una adolescente, Irène acompañó a su madre mientras conducía sus unidades móviles de rayos X a los cirujanos de campaña en el frente, que las utilizaban para localizar balas, metralla y huesos rotos. Estas ambulancias se conocieron como Les Petites Curies. Se calcula que, con doscientos vehículos protegidos y 150 mujeres entrenadas, examinaron a más de un millón de soldados heridos.

Más tarde, Marie fundó el Instituto del Radio, donde Irène formó a otros investigadores, como Frédéric Joliot. Irène y Frédéric se enamoraron y se casaron, trabajando codo con codo —como lo habían hecho Marie y Pierre— en el «clima» de embelesamiento de su laboratorio común.

En 1935, Irène y Frédéric Joliot-Curie recibieron el Premio Nobel en Química: veinticuatro años después que su madre y treinta y dos años después que sus padres.

La familia Curie recibió cinco premios Nobel, más que ninguna otra familia, incluso hasta el día de hoy. Se enfrentaron a obstáculos como la pobreza, la guerra, las barreras de género en la educación y las normas sociales sobre las mujeres en el ámbito profesional. Pero la familia Curie compartía una norma en torno al poder de la «concentración perfecta». No sólo solos, sino juntos; no sólo para los hombres, sino también para las mujeres y las niñas.

Es un ejemplo de lo que puede generar una cultura de claridad silenciosa.

* * *

En su libro de 2016, *Deep Work: Rules for Focused Success in a Distracted World*, Cal Newport lamenta la pérdida de la atención inmersiva —como el trabajo de la familia Curie— y aconseja a los lectores cómo recuperarla. Newport define el «trabajo profundo» como «actividades profesionales realizadas en un estado de concentración sin distracciones que llevan tus capacidades cognitivas al límite. Estos esfuerzos crean un nuevo valor, mejoran tu habilidad y son difíciles de repetir». Con la mirada puesta en esta estrella del «trabajo profundo», Newport examina los verdaderos costes de los planes de oficinas abiertas y nuestras expectativas de conectividad constante. Recurre a figuras históricas, líderes del pensamiento actual, creativos y responsables de la toma de decisiones para dar ejemplos de por qué el «trabajo profundo» es la esencia del trabajo significativo y eficaz. Newport subraya que el objetivo del «trabajo profundo» no es sólo piratear la productividad. Se trata del poder de la atención inmersiva como forma de superar los sentimientos generalizados de ansiedad y malestar en un mundo en línea cada vez más superficial.

Newport escribió recientemente sobre la historia de Tom, un empleado de una empresa tecnológica con una cultura particularmente ruidosa. Según Tom, todos los correos electrónicos y mensajes instantáneos del trabajo parecían insistir en una respuesta inmediata, incluso si estaba en medio de otra cosa. «Si no respondías con la suficiente rapidez, la gente asumía que estabas holgazaneando», dijo Tom.

Tras semanas de dudas, Tom se armó de valor para hablar con su jefe. Le preguntó: «¿Cuánto tiempo espera que dedique a cada día investigando y escribiendo, y cuánto tiempo espera que dedique a comunicarme con los miembros del equipo a través del correo electrónico y el chat?» Para el jefe de Tom, la respuesta era obvia. El trabajo de Tom era investigar y escribir; para eso le pagaban. Tom obtuvo su bendición para poner entre noventa minutos y dos horas de tiempo ininterrumpido de investigación y escritura cada mañana y cada tarde. Otros tomaron nota. Pidieron las mismas concesiones. Las viejas normas empezaron a cambiar. Como recuerda Tom, «la única razón por la que esto se había convertido en un problema, en primer lugar, es que nunca habíamos sido conscientes a la hora de establecer las expectativas».

El sector de Tom, como tantos otros, se encuentra en plena remodelación. Aunque no sabemos cómo será el próximo lugar de trabajo, sí sabemos que la capacidad de «encontrar la concentración perfecta» y de producir «trabajo profundo» tendrá que formar parte de cualquier futuro positivo. Aunque el término «trabajo profundo» evoca la búsqueda solitaria, creemos que es esencial pensar en las dimensiones sociales de este tipo de atención prístina. Los Curie encontraron su espacio más poderoso de inmersión silenciosa —de lo que Cal Newport llama «trabajo profundo»— juntos. El montículo de tierra a las puertas de la Convención Constitucional indica que hubo al menos un cierto grado de trabajo profundo dentro de ese espacio de trabajo compartido. Hoy en día, el reto no es sólo que muchos de nosotros, como individuos, carezcamos de la disciplina o el interés en la atención pura del trabajo profundo. También es averiguar cómo, como equipos, organizaciones y sociedades enteras, podemos formular valores compartidos y sistemas operativos que los consagren.

IDEA 4: SENTARSE EN EL FUEGO

Durante cinco años, Pádraig Ó Tuama dirigió la histórica Comunidad de Corrymeela, la organización de consolidación de la paz más antigua de Irlanda del Norte. El cargo situó a Pádraig en el centro de la labor de curación de un conflicto violento multigeneracional. Se trataba de un puesto práctico con serias obligaciones administrativas, además de la gran responsabilidad de ayudar a sanar a su comunidad de décadas de trauma bélico.

Pero Pádraig no abordó el trabajo como el típico líder de una ONG, terapeuta o mediador.

Abordó el trabajo como un poeta.

Pádraig se esforzó por encontrar las palabras y los relatos adecuados para que la gente se abriera. Y, además de encontrar un lenguaje y unas historias empoderadoras, Pádraig trató de facilitar los espacios de silencio, las grietas silenciosas en las que las personas podían realmente escucharse unas a otras, en las que podían incluso reconsiderar posiciones firmemente arraigadas u odios calcificados.

Pádraig invitó a la gente a la «frontera del yo», pidiéndoles que indagaran en las historias que cuentan con preguntas como «¿Lo he considerado desde un punto de vista diferente?» Les pidió que examinaran más de cerca sus buenas intenciones: «¿Se han traducido en un buen impacto?». «Creo que todos necesitamos una sal de anarquismo para preguntarnos: «¿Estoy haciendo *realmente* el bien?». Esboza una ligera sonrisa y dice: «Incluso podríamos preguntarnos: «¿Y si somos *nosotros* los bastardos?».

«El silencio», dice Pádraig, es un elemento esencial para hacer este tipo de trabajo de reconciliación, con sus dimensiones interiores y exteriores. «El silencio», dice, es «tener suficiente espacio en ti mismo para hacerte preguntas extrañas».

Como escribe Pádraig: «La calidad de la narración de una historia estará relacionada con la calidad de la escucha de la gente». No se trata sólo de contar historias, sino también de *captarlas*. Aquí es donde se produce la transformación. Está en la capacidad de recibir.

En su libro *Sorry for Your Troubles*, refiriéndose al trabajo con Corrymeela, Pádraig formatea los títulos de sus poemas con espacios entre cada letra «como una forma de indicar la importancia del silencio, la escucha, el dolor y las cosas más allá de las palabras». Es en los pequeños espacios donde la curación se hace posible.

Somos los primeros en admitirlo: en tiempos de crisis o de indignación moral, nuestro primer impulso ha sido a menudo *hacer ruido.* Llamar la atención. Denunciar a los culpables. Reclamar con fuerza el cambio. Este impulso subyacente es válido. Tenemos que concienciar a la gente. A menudo tenemos que actuar con rapidez para hacer frente a los problemas de persecución, guerra o destrucción del medio ambiente. Del mismo modo, a menudo tenemos que actuar con rapidez y decisión para hacer frente a las injusticias e indignidades a menor escala que se producen en un lugar de trabajo o en una comunidad.

Y sin embargo, indica Pádraig, hay un nivel de resolución y curación que solo puede ocurrir en el espacio abierto, a través de una profundidad de atención y escucha. Anteriormente, compartimos la historia de cómo Sheena Malhotra, la académica y activista feminista, se sentó en silencio durante nueve minutos con miles de personas en una manifestación de Black Lives Matter en Los Ángeles en el verano de 2020. En ese espacio de quietud, profundizó en el dolor y la indignación que ella y los demás sentían. «El silencio es como un océano», nos dice Sheena. «Puede cambiar de forma. El silencio te da el espacio para un cambio de forma de las emociones. Te da el espacio para absorber la energía de la gente que te rodea».

Cyrus Habib nos cuenta cómo el proceso de reparación de los jesuitas no tiene precedentes. Un diálogo entre los «descendientes de los esclavizados y los descendientes de los esclavizadores» está dirigiendo el desembolso de más de 100 millones de dólares. Y esto sucede, nos dice Cyrus, a través de «mucho silencio». Con ello, se refiere a un espacio para escuchar, para la oración y la contemplación compartidas, y para discernir profundamente el curso de acción correcto. Las prácticas de «justicia restaurativa», como los esfuerzos de reconciliación en Irlanda del Norte y este proceso de reparación de los jesuitas, son cada vez más frecuentes en las escuelas, las comunidades e incluso los sistemas judiciales formales. A menudo inspirada en las prácticas de los consejos indígenas de todo el mundo, la esencia de la justicia restaurativa es *escuchar*. En lugar de centrarse en el castigo, se trata de garantizar que todos los implicados comprendan las causas y las repercusiones más completas posibles de una transgresión. En lugar de centrarse en las «partes», se trata en última instancia de restablecer la integridad. Un requisito previo para el éxito es la capacidad de estar juntos en silencio.

Rob Lippincott, el cuáquero de nacimiento que conociste en el capítulo 4, describe cómo el silencio es la fuerza que equilibra la ira y la división en las reuniones conflictivas. Cuando está claro que los participantes en una sesión de deliberación no se están escuchando unos a otros —que la gente se está atrincherando o agitando— el secretario, el presidente en un procedimiento cuáquero, pedirá un periodo de silencio. Tal y como lo describe Rob, encuentra su propio centro, respira profundamente y se conecta con el propósito superior de la reunión. El silencio no está forzando una resolución antes de que el grupo esté realmente preparado. Simplemente se asegura de que la gente esté presente y escuche. El silencio del grupo obliga a todos a abandonar sus posiciones y argumentos verbales y a conectarse con la energía subyacente del espacio compartido. Es como la sabiduría de abandonar la «superposición conceptual» y encontrar la «claridad sensorial», pero aplicada al trabajo de conversación y deliberación.

Aunque la palabra «silencio» puede implicar a veces retraimiento, aquí connota la esencia del compromiso total. El silencio, en este sentido, es el valor de enfrentarse a la mayor incomodidad. Es sentarse en el fuego. Tanto si estamos inmersos en un gran conflicto como en una trivial disputa en el lugar de trabajo, tenemos que ser capaces de «callar juntos» —soportar la aterradora desnudez del silencio compartido— para encontrar resoluciones directas y duraderas.

IDEA 5: IR MÁS DESPACIO, HAY PRISA

Las secuoyas costeras de California son el escenario ideal para contemplar un problema importante y desconcertante. La suave corteza y el follaje caído de los gentiles gigantes son como guardianes de la tranquilidad. Es un lugar que emana calma y claridad. Puede sentirse, incluso cuando se está elaborando una estrategia en torno a uno de nuestros retos medioambientales más urgentes.

Desde 2013, la montañera y química biofísica Arlene Blum ha seleccionado a un pequeño grupo de científicos, reguladores gubernamentales, ONG, minoristas y fabricantes para que vengan aquí a analizar los problemas e imaginar soluciones a la crisis mundial de los productos químicos tóxicos. Arlene pidió a Leigh que diseñara y facilitara estos retiros anuales de cuatro días.

Merece la pena dedicar un momento a explicar *por qué* resolver el problema de los productos químicos tóxicos puede hacernos a todos más sanos. En Estados Unidos, son decenas de miles de sustancias químicas no probadas y no reguladas que se añaden a los productos cotidianos. Los repelentes de agua, los retardantes de llama, los bisfenoles y otras sustancias químicas presentes en los productos de consumo contribuyen al cáncer, la obesidad, la disminución del número de espermatozoides y los problemas neurológicos, reproductivos e inmunológicos. Los niños estadounidenses han perdido una media de cinco puntos de coeficiente intelectual por la exposición a un solo producto químico retardante de la llama, lo que ha costado a Estados Unidos una pérdida de productividad anual estimada en 266.000 millones de dólares.

Las empresas químicas no necesitan demostrar la seguridad de sus productos químicos antes de utilizarlos en artículos de consumo. Las sustancias químicas se presumen seguras hasta que los científicos demuestran que no lo son; y demostrar los daños lleva mucho tiempo y es caro.

Pero el problema persiste incluso cuando el sistema normativo funciona: los científicos recopilan datos, demuestran los daños y abogan con éxito por la eliminación de una sustancia química, como ha ocurrido recientemente con el BPA (bisfenol A) en las botellas de agua. ¿Qué ocurre entonces?

La mayoría de los fabricantes buscan un sustituto de ese producto químico —algo similar en su estructura y función— como la solución más rápida y menos costosa. Sin embargo, por lo general, los productos químicos sustitutos comparten las cualidades nocivas de los productos químicos originales. Un ejemplo: el BPS (bisfenol S), el sustituto del BPA, es tan dañino como su predecesor. Cuando se elimina un producto químico, se obtiene su primo cercano. Una vez que se ha hecho lo mismo con el primo, otro sustituto, quizás tan malo o peor, es el siguiente. La metáfora que utiliza Arlene para describirlo es un eterno juego de golpear al topo.

La mayoría de las conferencias sobre estos temas están dominadas por los datos catastróficos y el pánico creciente. Arlene y Leigh tratan de establecer un tono tranquilo y razonado. Su lema es «Despacio, hay prisa».

Cada retiro tiene sesiones intensas por la mañana y por la tarde dedicadas a la estrategia y a la resolución de problemas. Pero, cada tarde, Leigh y Arlene aportan un poco de tranquilidad con ofertas como caminatas panorámicas y viajes a la playa, o la opción de dormir una siesta en la cabaña. Las sesiones de trabajo están salpicadas de fiestas de baile de tres minutos, lecturas de poesía, improvisación creativa y tiempo para la reflexión en silencio. Estos interludios de las actividades lúdicas y las tranquilas tienen por objeto preparar al grupo para el complejo y difícil viaje que le espera. Al principio, los participantes parecen sorprendidos por este programa. Algunas personas han recorrido medio mundo para abordar este problema global: ¿no debería ser un trabajo agotador?

A veces, sí, lo será.

Pero la mejor manera de llegar a soluciones transformadoras es crear una atmósfera general de espacio y silencio, un ambiente en el que los participantes puedan calmar la amígdala y expandirse más allá de la mentalidad frenética de la red de modo por defecto. Se trata de ser receptivo y dejar que surjan las respuestas, en lugar de simplemente «potenciarlas».

La última mañana, Leigh envía a los participantes a pasar treinta minutos en solitario en la naturaleza. Comparte algunas instrucciones sencillas: (1) *recuerda por qué estás aquí*, y (2) *escucha*.

Algunas personas luchan contra la falta de estimulación mental incluso durante este modesto periodo de tiempo. Pero, a medida que avanzan los minutos, la mayoría de las personas *se ponen en* sintonía. Vuelven a conectar con el «por qué» que les llevó al trabajo. Muchas personas se dan cuenta de lo que está dentro de sus *esferas de control* e *influencia* para hacer el cambio. Un tipo, Mike, un ingeniero que funciona claramente con el lado izquierdo del cerebro, sin ningún interés previo en experiencias místicas o la conciencia de Gaia, regresó y dijo que «las secuoyas le dijeron que escribiera un libro que documentara la historia del uso de sustancias químicas tóxicas en la fabricación». La sala estalló en aplausos y vítores de «¡Sí! ¡Necesitamos ese libro!»

El avance que surgió del primer retiro fue clasificar las sustancias químicas en seis «familias», con estructura o función similar, ahora conocidas como «las seis clases». Un ejemplo —el peor de los peores— son las sustancias químicas PFAS, que proporcionan a los productos repelencia a las manchas y al agua. Sin embargo, nunca se descomponen en el medio ambiente, y los pocos que se han estudiado son tóxicos. A la hora de gestionar los PFAS, no puede centrarse en un solo producto químico, porque hay *miles*. Hay que tener en cuenta toda la clase. «Cuando lo ideamos en 2013, lo llamamos "la gran idea"; era muy novedoso. Pero ahora el concepto de clase completa se acepta de forma muy amplia», reflexiona Arlene. «Por ejemplo», continúa, «IKEA se enteró del daño de los PFAS y decidió eliminar toda esa clase de sustancias químicas de todos sus productos en todo el mundo». Nueve meses después, llamaron a Arlene para decirle: «¡Lo hemos conseguido!». Habían analizado sus cadenas de suministro e identificado todos los productos que contenían algún PFAS. Encontraron sustitutos no tóxicos de los PFAS para hacer impermeables sus cortinas de baño y sus paraguas. Para los manteles resistentes a la grasa, no pudieron encontrar ningún sustituto, así que le dijeron a Arlene: «No vamos a vender más manteles». Y no lo hacen.

Para Arlene, que se autodefine como «una extrovertida fuera de serie», la tranquilidad incorporada al retiro fue algo contrainstintivo. Pero Arlene también está extraordinariamente centrada en los resultados, y descubrió que, al reducir la velocidad y aportar tranquilidad, el grupo lograba resultados que ni siquiera ella había imaginado. Esta científica gregaria, escéptica y orientada a los resultados, ha llegado a apreciar el poder del silencio para apoyar el pensamiento novedoso y las estrategias innovadoras.

BARRICADAS DE TIERRA MODERNAS

Mientras Justin seguía enseñando mindfulness en el Capitolio, empezó a notar el ruido del lugar de una manera más intensa. Había muy poco trabajo profundo. No había intervenciones al estilo de los fajines rojos para ayudar a las personas que luchaban contra la cantidad de sonidos y estímulos. La idea de reunir a las partes agraviadas para trabajar por la curación y la reconciliación en un encuentro consciente y silencioso era descabellada.

Pero, ¿por qué? Si había, de hecho, una tradición de atención silenciosa y concentrada que se remontaba al siglo XVIII en el gobierno estadounidense, ¿cómo es que nadie desafiaba las normas modernas de ruido?

Un día, mientras Justin dirigía una de las sesiones de mindfulness en el Rayburn House Office Building, decidió hablar sobre lo que podría ser la «palabra más sucia que se dice en el Capitolio».

«Ríndete».

El objetivo de casi todo en el Congreso es ganar: *ganar la discusión, imponerse con la elección, demostrar que se es más capaz y astuto que los competidores*. Para cambiar las normas de ruido, será necesario algo más que conversaciones.

Pero ese día, Justin habló de cómo la palabra «rendirse» podría ser en realidad un remedio para mucho de lo que aflige a las personas que trabajan en el poder legislativo de Estados Unidos. «Tómense un momento para rendir las preocupaciones y los «y si» a la respiración y al momento presente», dijo. «Veamos si podemos rendir las rígidas identidades combativas y las complicadas relaciones de poder a la simplicidad de simplemente ser».

En el Congreso, como en otros muchos lugares de trabajo, las normas y necesidades aún no se han examinado sistemáticamente. Puede ser una cuestión relativamente sencilla, como sacar a la luz valores compartidos y alinearse en torno a algunas normas, como ocurrió con Rickie y Betty; Michael Barton y la joven analista; Rupa y las abuelas de Lakhota; Leigh y los ingenieros de la NASA, o Tom y su jefe, y otros.

Puede ser necesario algún tiempo, sentarse en el fuego, para encontrar esos lugares de preocupación compartida y las normas y la cultura que revelan un camino a seguir.

Pero, en algunas situaciones, como el Capitolio, los problemas son aún más profundos. No estamos aquí para decir que tenemos una idea clara sobre cómo cambiar los valores hipercompetitivos de un lugar extremadamente ruidoso como el Congreso de los Estados Unidos. Pero las ideas que hemos presentado en este capítulo representan algunos pasos de bebé.

Reuníos. Tened una conversación sincera sobre el ruido y el silencio. Experimentad. Repasadlo todo. Escuchad.

13

CALIDAD DE VIDA

De vez en cuando, Jarvis consigue compartir algo de silencio con los condenados a muerte en San Quintín. Una noche, hace años, fue literalmente *por* la luna.

Jarvis estaba en el Centro de Adaptación cuando sus vecinos empezaron a gritar por la visión de la luna llena que estaba saliendo. Era la época del año en la que la luna estaba lo suficientemente baja como para verla a través de la ventana situada frente a sus celdas. «Estaba tan cerca», cuenta Jarvis. «Nunca pensé que la luna pudiera estar tan cerca».

Todo el mundo sabía que Jarvis amaba la astronomía. Así que empezaron a hacerle preguntas: «¿Por qué parece tan grande? ¿Dónde va a ir después?» Jarvis vio su oportunidad y la aprovechó. «Les dije: "Ah, sí, esa es la luna, pero lleva cinco minutos de retraso", y me largué de allí». Jarvis fingió para saber la velocidad exacta y la trayectoria que seguiría. Les dijo que prestaran especial atención a las sombras en la cara de la luna y describió, en términos sencillos, las características que debían observar. Y luego les explicó el aspecto más importante de la etiqueta de observación de la luna: «*Tenéis que estar callados*. Cada vez que me preguntéis algo, me distraerá».

Los chicos se quedaron en silencio, como una clase de obedientes alumnos de una escuela parroquial.

Fue sorprendente, recuerda Jarvis. Tuvo a toda la grada —quince hombres encarcelados— observando el cielo en silencio durante casi veinte minutos. Normalmente, nos dice, nadie en San Quintín se calla durante más de diez segundos.

Uno de los guardias, prendado de la escena, empezó a mirar también hacia arriba. Allí estaban todos: un grupo de condenados a muerte y un empleado de la prisión estatal cuyo trabajo era mantenerlos a raya.

Mirando la luna. Juntos.

En silencio.

El trance podría haber continuado, si un tipo no hubiera decidido que estaba harto.

«¡No es que la hija de puta pueda oír!», exclamó, refiriéndose a la luna sin orejas. Se dio cuenta de que le habían engañado para que estuviera callado durante tanto tiempo. «Se acabó la fiesta», cuenta Jarvis, «¡pero les saqué veinte minutos!».

* * *

El antiguo texto budista llamado el Sutra del Loto presenta una parábola de un hombre rico cuya casa está en llamas. En la casa hay muchos niños que no se dan cuenta de que están en peligro. De hecho, no saben lo que es el fuego ni siquiera lo que es una casa. El hombre no puede llevar a todos los niños a un lugar seguro ni convencerlos de que salgan por su cuenta, así que les dice que hay tres juguetes fuera: un carro de cabras, un carro de ciervos y un carro de dirección. Los niños salen corriendo de la casa. Cuando salen, los tres carros no están allí. En su lugar, hay un único carruaje enjoyado, tirado por un buey blanco, que espera para ponerlos a salvo.

El objetivo de la historia no es promover las medias verdades o el soborno de los niños. Más bien, la parábola se utiliza a menudo para explicar que algunas prácticas no son ilustraciones de la realidad última, sino medios expeditivos para salvar a una persona del sufrimiento y ayudarla a alcanzar la iluminación. En el budismo, esto se llama *upaya*, o «medios hábiles». A menudo pensamos en *upaya* como la importancia de respetar el punto en el que se encuentran las personas en su viaje —lo que son capaces de comprender o están dispuestas a escuchar— y de utilizar el lenguaje que sea apropiado para ellas.

Aunque fomentamos las conversaciones directas sobre la necesidad de más silencio —como la que tuvo Leigh con su madre y su Betty— siempre que sea posible, reconocemos que en nuestras propias situaciones de la vida real con niños pequeños, adolescentes, nuestras parejas, compañeros de casa, amigos y familiares, no siempre es posible enfrentarse a las normas del ruido. En un mundo en el que la mayoría de nosotros estamos socializados para vivir en constante conversación y estimulación electrónica, a menudo tenemos que encontrar medios hábiles para conseguir que nuestros amigos y seres queridos bajen el volumen y se sientan cómodos con el silencio. Como hemos dicho antes, nuestra *esfera de control* tiene un aspecto un poco diferente cuando navegamos por las relaciones. Aquí solemos tener más *influencia* que control.

Jarvis solía *hacer upaya* con sus vecinos de San Quintín. Se permitió la idea de que algo fantástico estaba ocurriendo con la luna creciente para aprovechar una rara oportunidad de silencio y apreciación. Ni nosotros ni Jarvis te animamos a que te inventes cosas para ganarte la atención de tus amigos, vecinos o seres queridos. Pero sí te animamos a ser creativo.

A veces, cuando Justin pasea por las montañas con su hija de cinco años, dice: «Hoy hay algo especial en el viento. Vamos a pararnos a escucharlo. ¿Oyes cómo baila en las copas de los álamos?». Se detienen un momento y prestan atención juntos. Otras veces, Justin se da cuenta de que su hija utiliza la misma estrategia en él. Cuando está hablando en voz alta durante una excursión, su hija le señala una gran hendidura en el tronco de un álamo. «Ahí hay una casa de hadas, papá. Donde viven las hadas. Tienes que estar callado para no molestarlas». Justin cierra la boca obedientemente.

A menudo también utilizamos «medios hábiles» para encontrar el silencio en *nosotros mismos*. A veces, creamos formas de alejarnos de la atracción gravitatoria del trabajo o de las comunicaciones no esenciales.

Nos decimos a nosotros mismos que ésta es la época perfecta del año para ver cómo los arces se tiñen de colores o que el ordenador debe estar fallando por alguna razón. Tal vez Mercurio esté retrógrado y sea el momento de romper nuestros vínculos electrónicos durante un tiempo. Leigh bromea a menudo con que su *yo actual se* ve sorprendido cuando se da cuenta de que su *yo del pasado* inscribió a su *yo del futuro* en un retiro de fin de semana. Así que, sí, a veces tenemos que ser creativos para averiguar cómo superar nuestras propias tendencias ruidosas. Las partes más pequeñas de nosotros mismos saben que las partes más grandes tienen en cuenta nuestros intereses.

* * *

Cuando empezamos a preguntar a la gente por el silencio más profundo que habían conocido, esperábamos oír hablar de experiencias solitarias. No habíamos previsto que la mayoría de los momentos más profundos fueran realmente compartidos. Con el tiempo, nos dimos cuenta de que la mayoría de nuestros momentos personales más profundos también eran compartidos, como la primera vez que Justin sostuvo a sus gemelos recién nacidos piel con piel sobre su pecho. Estos encuentros crudos, íntimos y a veces sobrecogedores son la inspiración del capítulo que sigue.

En las páginas que siguen, seguiremos explorando cómo bajar el dial del ruido auditivo, informativo e interno de forma colectiva, ampliando lo que significa encontrar el silencio compartido en nuestros hogares, en nuestro tiempo libre y en nuestras vidas con nuestras familias y amigos. Consideraremos cuestiones más profundas sobre lo que significa preparar el terreno para compartir el silencio, incluyendo cómo decidimos conscientemente las normas y las culturas compartidas que respetan nuestras necesidades auténticas y en evolución. Vamos a investigar siete ideas diferentes para cultivar el espacio en nuestras vidas y nuestros hogares que invita al silencio arrebatador.

IDEA 1: ¡PUMPERNICKEL!

Rosin Coven es un grupo musical de «innumerables piezas» que desafía la categorización. Sin embargo, cuando se le presiona, Midnight Rose, su fundadora, ofrece esta descripción: «Somos el principal conjunto pagano de salón del mundo». Aunque la clasificación de su género es cuestionable, su musicalidad no lo es. La mayoría de sus miembros tienen formación académica y varios han tocado en grandes orquestas. Manejan un número incalculable de instrumentos, como el violonchelo, el contrabajo, el trombón, el violín, el acordeón, la trompeta, el vibráfono, la batería, el arpa, la guitarra, la percusión, la voz y algunos cachivaches que podrían encontrarse en la cocina o en un desguace. Como le dirá cualquier miembro del conjunto, no se puede desplegar todo ese talento a la vez. De hecho, compartir el espacio es un requisito previo para el éxito. «Eso es una parte tremenda de lo que hace que un conjunto suene bien», nos dice Midnight Rose. «No hay nadie que tenga que estar al frente y al centro todo el tiempo».

En sus veinticinco años de componer y arreglar juntos, Rosin Coven ha inventado un término abreviado para cuando el reparto se sale de los carriles y el paisaje sonoro se llena demasiado. Alguien grita: «¡*Pumpernickel!*»

Una declaración de «¡*Pumpernickel!*» es como tirar de un cordón de seguridad. «Significa: "Lo que realmente necesitamos es un proceso de sustracción en este momento" para crear espacio y silencio», explica Midnight Rose. El compositor francés Claude Debussy dijo una vez: «La música está en el silencio entre las notas». Hemos oído que el legendario bajista de Parliament, Bootsy Collins, dijo que este mismo espacio intermedio es «donde está el funk». Ambos sentimientos hablan de la premisa subyacente del mecanismo Pumpernickel. Es una llamada a «echar el freno» cuando se pierde la musicalidad. Inicia un proceso de reducir el exceso de sonido, calmar los sistemas nerviosos y agudizar las percepciones. Después de pensarlo un tiempo, los dos nos dimos cuenta de que nuestro propósito al escribir este libro es llamar «¡*Pumpernickel!*» a todo el mundo.

Esto nos lleva de nuevo a la cuestión de las normas y la cultura. «¡*Pumpernickel*!» es la excéntrica norma de Rosin Coven que refleja su excéntrica cultura. La adoptaron para hacer frente a su necesidad compartida de nombrar los obstáculos que se interponen en su camino.

Esto nos lleva a una pregunta pertinente: ¿Cómo podemos gritar «¡*Pumpernickel*!» cuando la orquesta de nuestras vidas se vuelve discordante y el volumen demasiado alto?

En muchas familias, la idea de decir «las cosas se están poniendo demasiado ruidosas aquí» es completamente tabú. Puede verse más como un ataque personal que como un anhelo de tiempo de calidad. Como resultado, comunicar la necesidad de silencio puede resultar desalentador; aparentemente, no hay forma de frenar el exceso de tiempo frente a la pantalla, los calendarios hiperactivos o el procesamiento verbal exagerado. No hay una forma aceptable de decir «¡*Pumpernickel*!».

Pero aquí es donde un poco de experimentación al estilo de los fajines rojos puede ser útil. Quizá tú y tus seres queridos os lancéis a hacer vuestro propio experimento. Tal vez se te ocurra una palabra tonta, como el nombre alemán del más oscuro de los panes integrales. Sea como sea, una mentalidad experimental y un poco de diversión pueden contribuir a ampliar las normas de un grupo para abarcar toda la gama de posibilidades, incluido el silencio compartido.

IDEA 2: RECUERDA EL DÍA DE REPOSO

A lo largo de los veinte y los treinta años, Marilyn Paul se vio sumida en un debilitante estado de urgencia, una persistente sensación de estar siempre «por detrás». Según la mayoría de la gente, estaba «adelantada»; tenía títulos avanzados de prestigiosas universidades, tenía un buen trabajo y disfrutaba de una vibrante vida social. Pero, con el paso del tiempo, se fatigó tanto que era físicamente incapaz de levantarse de la cama. Al final le diagnosticaron un síndrome de inmunodeficiencia que le provocó por su ritmo de trabajo incesante. Poco después del diagnóstico, un amigo le rogó a Marilyn que se tomara una noche libre y se uniera a él y a unos amigos para una cena de Sabbat. Como judía laica, no estaba demasiado interesada. Se demoró en aceptar su invitación durante meses, pero finalmente sucumbió. Su decisión de asistir a esa cena le cambió la vida.

Con el tiempo, Marilyn adoptó la práctica semanal de observar el Sabbat, el sábado judío, desde el atardecer del viernes hasta la puesta del sol del sábado. Décadas más tarde, esta práctica es el centro de toda su vida. Cumplir el Sabbat es una declaración semanal de «¡*Pumpernickel*!», aunque el pan elegido sea *challah*.

«Uno de los costes del ruido», nos dice, «es que no sabes realmente lo que es importante en la vida». El Sabbat, explica, es la forma en que ella, junto con sus seres queridos, va más allá del ruido para conectar con lo que es verdaderamente importante.

Como ya sabrás de primera mano, el Sabbat es tranquilo con respecto a ciertas cosas, pero puede ser bastante animado con respecto a otras. Rodeada de amigos y familiares, Marilyn puede verse envuelta en horas de bulliciosa conversación, risas e incluso acalorados debates. Juntos, alrededor de la mesa, los invitados suelen cantar canciones, recitar oraciones y compartir historias.

Pero hay muy poco sentido de las obligaciones mundanas ordinarias de la vida. Marilyn y su familia apagan sus teléfonos móviles, ordenadores y televisores. No trabajan, ni siquiera hablan de su vida profesional. «Hablar de trabajo enciende un conjunto de neuronas que no queremos que se enciendan en Sabbat. Vuelve a encender esa sensación de urgencia», nos dice. «Sabemos que el trabajo sigue y sigue y sigue, sin límite… Por supuesto, tenemos que participar en el trabajo del mundo, pero también tenemos que parar porque si no paramos, no *podemos* seguir».

Si se hace bien, el Sabbat actúa como un campo de fuerza. «Cuando te reconectas con lo que es importante», nos dice Marilyn, «gran parte del ajetreo desaparece. Para mí, la práctica del Sabbat, aunque no sea «tranquila» en el sentido externo, genera mucha ecuanimidad y alegría internas». Como el Sabbat es tan contracultural, a menudo la gente se resiste a la idea. Pueden decir: «Necesito ocho días a la semana para hacerlo todo, no seis». Marilyn les recuerda que un buen descanso pone las cosas en perspectiva, aumenta la alegría y profundiza la creatividad; estas son buenas maneras de reducir la siempre presente lista de tareas pendientes.

Es una autora de *bestsellers* que encontró tanto valor en el Sabbat que escribió un segundo libro, *Un oasis en el tiempo*, que ayuda a cualquiera que esté interesado, judío o gentil, observante o secular, a traer un poco de Sabbat a su semana.

IDEA 3: INTENCIÓN Y ATENCIÓN

Zach Taylor tenía grandes planes para el verano.

Su mujer, Mara, se dedicaría a la enseñanza, y él planeaba estar en casa desde su propio trabajo de profesor, cuidando de sus hijas de cinco años y seis meses mientras, al mismo tiempo, se ocupaba de una impresionante lista de proyectos de mejora del hogar. Al comenzar el verano, Zach estaba jugando al fútbol. Recibió una entrada lateral y se fracturó el tobillo. «La vida», como cantaba John Lennon, «es lo que pasa cuando estás ocupado haciendo otros planes». Zach tuvo que abandonar todas sus ambiciones de mejoras en el hogar. Se quedó con muletas. Lo único que pudo hacer durante el verano fue sentarse en el suelo con sus hijas y jugar.

Un día, estaban todos tumbados divirtiéndose con bloques. Había música suave de fondo, pero «estaba muy tranquilo», recuerda. Sólo concentraba la atención en los bloques de colores. Zach estaba refiriéndose al dulce momento que estaban viviendo cuando, por casualidad, sonó en el equipo de música la canción de John Mayer *Daughters*, que trata de la importancia de las relaciones entre padres e hijas. «Es una canción preciosa», dijo su hija de cinco años. Se sentaron en silencio y escucharon. Entonces ella exclamó, espontáneamente: «¡Papá, quiero enseñarte toda la belleza del mundo! Vamos a levantarnos». Cuando consiguió levantarse del suelo, le llevó al patio, donde le enseñó las formas espirales de las plantas y la forma en que las hormigas caminaban en zigzag y cómo las agujas de los pinos brillaban con la luz.

«Fue un momento que me marcó», dice Zach. «Y no habría ocurrido si no me hubiera fracturado el tobillo. No habría ocurrido si hubiera estado ocupado con los proyectos de la casa, si no hubiera estado presente».

En la actualidad, Zach es un líder reconocido en el campo del aprendizaje social y emocional, que se esfuerza por introducir la atención plena en las escuelas. Estudia cómo los jóvenes alcanzan estados de tranquilidad interior y compromiso profundo, y asesora a los distritos escolares y a los administradores sobre cómo facilitar las condiciones adecuadas para permitir estos modos de atención.

Le preguntamos a Zach sobre el silencio más profundo que ha experimentado entre los niños. Nos llevó a la escena de un aula de quince niños de preescolar que visitó un día. «Cuando entras, ves todos estos colores brillantes, y esperas que los decibelios auditivos coincidan con la escena visual. Pero hay una atmósfera de tranquilidad». Los niños iban rotando por varias estaciones, pintando cuadros de escenas de la naturaleza en una, haciendo ejercicios de conteo con cuentas en otra y trabajando con objetos en 3D en otra. «No era 100 % silencioso, porque había algunas instrucciones y discusiones, pero había un silencio interno. Había un aprendizaje profundo.

«Lo que más he notado en mi trabajo con el silencio y la atención plena», dice Zach, «es que los niños están más comprometidos cuando tienen algo que crear. La tranquilidad que se produce en un estado de creación concentrado —cuando tienen los materiales adecuados, la atmósfera adecuada, el contenedor adecuado para el juego paralelo— es una maravilla». Hoy en día, subraya Zach, la sociedad reconoce cada vez más los peligros de atraer a los niños mediante un entretenimiento demasiado intenso, la sobreestimulación con muchas pantallas y campanas y silbatos. El compromiso más profundo se produce cuando hay *presencia*, como lo que ocurrió aquel día de verano en el que llevaba muletas. O el tipo de inmersión en el momento presente de pintar un hermoso cuadro o construir un castillo con bloques. Aunque el creciente movimiento de meditación de atención plena en las escuelas es un avance positivo, Zach subraya que tiene que ir «a favor» de la naturaleza de los niños. No siempre se puede pedir a los niños que cierren los ojos y se queden quietos. Algunos niños simplemente no son capaces de estar quietos. Algunos niños, debido a traumas por situaciones difíciles en casa, no son capaces de cerrar los ojos y sentirse seguros. Así que el trabajo consiste en ayudar a cultivar la conciencia y la presencia en lo que ya están haciendo: moverse, hacer garabatos, respirar. Se trata de cultivar una apreciación básica del silencio.

Al abordar el tema del silencio en nuestra vida doméstica, Zach nos habla de la importancia tanto de la «intención como de la atención». Una cosa es que apagues los aparatos y crees un paisaje sonoro silencioso e informativo, pero otra cosa es que seas capaz de hacer todo eso y además dejes de hacer tus tareas y multitareas y prestes a tus hijos una atención centrada.

Zach describe la oportunidad que aprovecha cada noche en la mesa. Mientras comen, le gusta plantear a sus hijas preguntas como «¿De qué estamos agradecidos? ¿Qué elección hemos hecho recientemente que nos haya llevado a un buen resultado? ¿En qué hemos fallado recientemente? ¿Qué hemos dado a los demás recientemente?». Se trata de hacer la pregunta y luego permitir el silencio, trabajando a través de la incomodidad de no hablar y permitiendo el tiempo que se necesita para procesar. «Si hay silencio después de plantear una pregunta, la tendencia es pensar a menudo: "Oh, no lo entienden. Déjame dar una pista". Pero hay que dejar que el silencio sea». En ese espacio, dice Zach, los niños pueden «escuchar la pequeña voz». Para los más jóvenes, dice, «la pequeña voz está mucho más en la superficie. Su espontaneidad está realmente conectada con la intuición. Si se permite el silencio, el niño tranquilo del fondo de la habitación o el más silencioso de la mesa pueden encontrar el espacio para hablar. Y cuando esto sucede», continúa, «parece que ha ocurrido algo importante, como una transmisión de algo que necesitaba entrar en la habitación, algo profundo que estaba esperando el momento y el espacio adecuados para salir a la superficie».

IDEA 4: LO PEQUEÑO ES HERMOSO

He aquí una revelación importante. Aunque nos hemos puesto poéticos sobre las experiencias de silencio compartido con amigos y seres queridos, en realidad no tenemos mucha gracia a la hora de facilitar estos momentos. A menos que seas una monja budista o un monje benedictino, probablemente no estés acostumbrado a pasar el tiempo social en total silencio. El mero hecho de proponer la idea de un paseo o una comida sin palabras con otra persona es típicamente torpe e incómodo.

La conmoción de un silencio compartido suele estar en función de su espontaneidad. Se está en silencio porque ha ocurrido algo profundo que hace que el discurso sea inadecuado. Se está maravillado, apenado o asombrado. No siempre se puede diseñar.

Y sin embargo, basándonos en nuestra experiencia, hay una sencilla recomendación que podemos ofrecer para cultivar espacios de silencio compartido significativo con amigos y seres queridos.

Que sea pequeño. Del tamaño de un bocadillo, de hecho.

Cuando Justin y su mujer, Meredy, van de excursión a las montañas cercanas a su casa, suele ser una oportunidad especial para ponerse al día, sin prestar atención al trabajo ni a las exigencias de ser padres de tres niños ni a las distracciones de los dispositivos electrónicos. Intercambian muchas palabras, compartiendo historias, intercambiando perspectivas y resolviendo los detalles de la vida. Pero, cuando es posible, a menudo se toman un tiempo cn la cota más alta o en la mejor vista para sentarse en una roca cómoda y estar en silencio juntos. Escuchan a los pájaros y la agitación atmosférica del aire. Puede que sólo sean cinco minutos. Quizá sólo tres. Pero es el centro de toda la estancia.

En el instituto, Justin y su amigo Rob tenían la tradición de tumbarse en la calzada frente a su casa para observar el cielo nocturno. Se enfrascaban en todo tipo de bromas y relatos surrealistas, así como en reflexiones sobre lo que había sucedido la semana anterior en la escuela. Pero había un acuerdo por el que, al menos durante unos minutos, se quedaban en silencio. Era una norma compartida de la que no necesitaban hablar. Era el espacio en el que más se nutría su amistad.

A veces, esta práctica de compartir un breve silencio en medio del discurso puede formar parte de un proceso creativo colectivo. Cuando los dos nos reunimos en la zona de la bahía hace varios años para empezar a escribir este libro, hicimos una pequeña excursión a las colinas y barrancos bordeados de eucaliptos al este de Berkeley. Pasamos la mitad del tiempo planificando y la otra mitad simplemente tranquilo. Sólo fueron unos veinte minutos sin hablar, pero fue un momento en el que empezó a cristalizar parte de la visión compartida de este proyecto.

Tanto si se planifica verbalmente como si simplemente surge, un breve periodo de silencio con otra persona puede añadir profundidad y textura a una conexión o a un esfuerzo compartido. En estos pequeños espacios, el silencio no es sólo un interludio entre conversaciones. Es un equilibrio. Una simbiosis. Como la plata y el oro. El contenido de la conversación y el tono del discurso alimentan la calidad del silencio. Del mismo modo, la claridad del silencio puede realzar la calidad de la conversación circundante. Reservar un espacio para *ambos*, silencio y discurso, hace que la práctica intencionada del silencio compartido sea manejable y accesible.

IDEA 5: EFERVESCENCIA COLECTIVA

Hace unos años, viajamos en coche por el norte de California para hablar con Bob Jesse a la salida de su cabaña de una sola habitación en las imponentes secuoyas. Bob es el tipo de hombre cuyo horizonte temporal se adelanta unos veinte o treinta años a las convenciones. Bob, que se formó en ingeniería, fue un pionero de Silicon Valley. Hace décadas, como alto ejecutivo de Oracle, convenció al gigante del software para que liderara a las empresas de Fortune 500 en la oferta de prestaciones a las parejas del mismo sexo, algo casi inédito en aquella época. A principios de los 90, convocó el Consejo de Prácticas Espirituales (CSP), cuya misión es hacer que «la experiencia directa de lo sagrado esté más al alcance de más personas». A través del CSP, fue Bob quien, a finales de los 90, se dirigió al psicofarmacólogo Roland Griffiths, de la Universidad Johns Hopkins, con la idea de estudiar experiencias místicas como las que se comentan en el capítulo 6.

Bob también ha desempeñado un papel importante en la formación y el desarrollo de un experimento innovador de silencio compartido: una iglesia basada en la danza en el área de la bahía.

«No me gusta la palabra "fundador" por varias razones; conlleva demasiada seriedad y autoridad, pero podríamos decir que fuimos los primeros en llegar a la mesa». Esa mesa se puso en 1996, cuando una iglesia de San Francisco aceptó que Bob y el músico de la iglesia, Charles Rus, utilizaran su santuario, su biblioteca y su jardín para celebrar un evento de danza extática durante toda la noche, siempre y cuando el local volviera a funcionar al día siguiente. Bob y Charles reunieron a otros diez amigos para concebir la primera de las que se convertirían en muchas celebraciones de danza, a las que invitarían a otros amigos. Había nacido una comunidad.

Aunque el lugar ha cambiado y la comunidad se ha organizado como iglesia independiente, las reuniones estacionales —celebradas cerca de cada solsticio y equinoccio— se mantienen constantes. «No nos hemos perdido ninguna celebración trimestral en nuestros veinticinco años», nos dice Bob.

Las raíces del grupo se remontan a la música electrónica de baile que se originó en Inglaterra en la década de 1980. Si alguna vez has asistido a una *rave underground* o a un gran festival, seguro que te has fijado en algunos de sus elementos sonoros característicos, como pilas de altavoces y un ritmo *unnn-cha, unnn-cha*. Esa escena es más que ruidosa, y las celebraciones de esta iglesia también lo son. Sin embargo, esta comunidad espiritual es única en cuanto a las muchas precauciones que toman para disminuir otros tipos de «ruido» en sus celebraciones. El grupo lleva más de dos décadas perfeccionando un conjunto de acuerdos en constante evolución que los participantes deben «aceptar» para poder asistir. Estas directrices promueven «un entorno seguro para la exploración del espíritu en todas sus formas» de manera que no afecte a la experiencia de los demás.

Por ejemplo, las celebraciones nocturnas de la comunidad están libres de alcohol y son refrescantemente «silenciosas» del ruido asociado a la embriaguez. La falta de embriaguez refuerza otros acuerdos, como «El consentimiento es fundamental… sé respetuoso con los límites de los demás». El local, decorado de forma extravagante, los espectáculos de luces y las instalaciones artísticas son una fiesta para los ojos; sin embargo, otro acuerdo dicta que las únicas fotos que se pueden tomar son las que permanecen en la mente.

Como beneficiario ocasional de la iglesia, Leigh ha sido el destinatario directo de estos acuerdos cuidadosamente seleccionados. Ha descubierto que reducen drásticamente las fuentes externas de ruido y, con ello, sus propias fuentes internas. Puede ir con una multitud o llegar sola, en pantalones de yoga o con un lujoso traje. Y lo que es más importante, su experiencia no se ve afectada por el «factor sórdido». Confía en que no habrá miradas indiscretas, ni miedo al acoso, ni amenazas o preocupaciones por la violencia, todo lo cual ha impedido su capacidad de bailar libremente en el pasado. Leigh se deleita con esa libertad. De hecho, «Leigh» suele desaparecer. Trasciende el yo preocupado por estas preocupaciones cotidianas y, en los momentos más extraordinarios, se funde con el conjunto, en un estado de fuga grupal que el sociólogo francés Émile Durkheim denominó «efervescencia colectiva». Es una experiencia que también se resume en el lema del grupo, incluso podría decirse que su único dogma: «Somos uno en la danza».

El objetivo de este ritual sonoro estruendoso y cuidadosamente orquestado es facilitar el máximo silencio interno.

Al principio de la formación de lo que se convirtió en una comunidad, Bob buscó una fuente improbable de orientación: El cuaquerismo, la religión del silencio. Quería que la toma de decisiones del grupo fuera colaborativa y que sus decisiones fueran sabias y duraderas. Bob también estaba interesado en romper algunos patrones personales. En el pasado, nos cuenta, antes de presentar una propuesta en una reunión, la comentaba con algunos amigos y colegas, haciendo una «prueba» de su idea. Pensaba para sí mismo: «Probablemente he trabajado en esto más que cualquier otra persona que venga a la reunión. He examinado a fondo los escollos y las posibilidades. Y mi trabajo es convencer a la gente». Ahora bromea: «¡Eso es *muy* poco cuáquero! Eso no es colaboración; es presunción. Y si eres pragmático, sobre todo, puedes renunciar a una solución mejor».

Así que, siguiendo el consejo de Bob, el grupo naciente incorporó algunos principios de inspiración cuáquera. Todavía hoy, con una comunidad de quinientos miembros, se llaman «Amigos» —al estilo cuáquero— y se turnan para hablar, escuchar y guardar silencio para sacar a la luz ideas y preocupaciones, y resoluciones. Fundamentalmente, buscan su versión de lo que Rob Lippincott describe como «unidad».

«Usamos una frase, "concordia comunitaria razonable"». Bob explica: «"Concordia" es un término que contrasta con "discordia". "Comunidad" significa toda la comunidad… y "razonable" significa preguntarse si estamos *razonablemente* cerca de la plena concordia. Esto permite tomar decisiones frente a algunas disensiones, si es necesario». Cuando se presenta una propuesta a la comunidad, los Amigos pueden hacer comentarios y la propuesta puede ser revisada, de forma iterativa. Cuando un pequeño grupo de supervisión, el consejo, llega a la conclusión de que se ha logrado una concordia comunitaria razonable, la propuesta se ratifica. El proceso puede llevar mucho tiempo —no se podría dirigir una empresa ágil de esta manera—, pero parece haber servido bastante bien a esta comunidad eclesiástica.

«Me dan escalofríos ahora que lo pienso… Esto es lo que he llegado a *disfrutar*», nos dice Bob. «Cuando se llega a una decisión de esta manera, a menudo me voy desengañado de que mi magnífica idea era la mejor. Y ahora veo que no sólo ha surgido una idea mucho mejor, sino que hay una forma silenciosa de efervescencia colectiva que la gente siente. Cuando va bien, es unificador y profundo».

Quizá sean las prácticas de gobierno de inspiración cuáquera las que preservan la costumbre del grupo de que cada evento —por muy alto que sea— incluya espacios de santuario y momentos de silencio. En cada evento, hay un altar que suele visitarse en silencio. La mayoría de los lugares incluyen un espacio de sanación tranquilo, así como al menos un *chill out* para descansar y conversar en silencio. Y justo antes de la medianoche, toda la música y el baile cesan y todos se reúnen en un único lugar designado para compartir el silencio. Tras un ritual de apertura, los participantes se dispersan por el recinto hasta que amanece, una ceremonia de clausura y la necesidad de limpieza ponen fin a la celebración. Como la noción de Debussy de que la música vive entre las notas o la afirmación zen de Bootsy Collins sobre la falta de forma fundamental del funk, estas celebraciones bulliciosas pero intencionadas surgen del silencio y vuelven al silencio.

IDEA 6: SINTONIZAR, JUNTOS

En el capítulo 11, describimos algunos momentos enrarecidos en los que nos encontramos en espacios de quietud absolutamente profundos; momentos de asombro, en los que estamos «flotando en la nube del desconocimiento».

Aunque estos momentos a menudo no se planifican, muchas de las personas con las que hablamos destacaron la importancia de la *preparación* para encontrarse con estas alturas arrebatadoras. La preparación puede significar el cumplimiento de algunas pautas y umbrales previamente establecidos para saber cuándo entrar en el silencio, como el límite de trece páginas de Gordon Hempton para su lista de tareas pendientes o las señales de agotamiento y necesidad de descanso de Tricia Hersey. Pero lo más importante es que la preparación implica prácticas y rituales para «preparar el recipiente», como hacían los rishis de la antigua India mediante cantos, compromisos dietéticos y estrictos códigos éticos.

Cuando «preparamos el vaso», nos preparamos para ser como el diapasón *juntos*, permitiendo que la mente y el cuerpo perciban la vibración más fina. Podemos hacer esto individualmente, como hemos enfatizado en capítulos anteriores, pero a menudo es más poderoso comprometerse en la *preparación* y, una vez listos, comprometerse en un tipo de *sincronización*.

Durante casi seis décadas, Ralph Metzner, psicólogo nacido en Alemania y formado en Harvard, viajó por todo el mundo explorando, investigando y guiando a grupos de personas a través de los estados expandidos de conciencia. En una entrevista de 2015, Metzner desmitificó el significado de la frase «estados expandidos de conciencia». Como él mismo dijo: «Tu conciencia se expande cada mañana cuando te levantas». Describiendo su propio paisaje matutino, elabora: «"Oh, aquí está mi habitación, mi cama, mi esposa, mi familia, mi perro, mi trabajo". Es una serie de expansiones de conciencia. Y cada noche, cuando te vas a dormir, te cierras». Y añade: «Y eso es algo perfectamente normal».

Hasta su muerte en 2019, a la edad de ochenta y dos años, Metzner estudió, practicó y enseñó diversos modos de expandir y enfocar la conciencia; sin embargo, su mayor contribución fue en lo que llamamos psicoterapia enteógena: el uso de sustancias psicoactivas en contextos psicoespirituales en beneficio de la transformación personal, colectiva y planetaria.

Metzner creía que, para hacerlo de forma responsable, correspondía a cada participante «preparar el recipiente»: su recipiente personal. Él consideraba que su papel, como director de orquesta, era preparar el recipiente más grande y colectivo: *el contenedor ceremonial*.

Para empezar, Metzner examinó a los participantes en busca de problemas médicos y psicológicos contraindicados. A continuación, pedía a cada solicitante que escribiera una «autobiografía espiritual» en la que detallara sus antecedentes religiosos y espirituales y sus experiencias pasadas con enteógenos, incluidas las negativas. En algunos casos, trabajó individualmente con las personas durante años antes de autorizarlas a trabajar en grupo. Metzner limitó mucho «ruido» con sus claras expectativas y parámetros, que eran similares a los acuerdos formalizados entre los participantes en la iglesia basada en la danza.

La gente se inscribía con meses, y a veces con años de antelación, para el centenar de plazas disponibles cada año en Europa y Norteamérica, donde dirigía sus círculos enteógenos. Una vez reunidos, el grupo de doce a veinte participantes se adhería a comportamientos de tipo monástico y a una confidencialidad inflexible.

El grupo mantuvo un programa sorprendentemente exigente de seis días: talleres preparatorios de aprendizaje, meditación y ejercicios durante el día; ceremonias ritualizadas por la noche; y sesiones de integración cada mañana siguiente.

Metzner también ayudó a los participantes a preparar sus «recipientes» individuales mediante actividades personales de reflexión, como escribir un diario, dibujar y pasar tiempo en la tierra. Los participantes compartieron sus obras de arte y sintetizaron sus pensamientos mediante informes en pequeños y grandes grupos centrados en el tema del día. Podrían explorar marcos psicológicos como las fases de la vida, los arquetipos de Jung o las constelaciones familiares. Los temas tratados durante el día se volverían a tratar en la ceremonia de la noche, con el añadido de los enteógenos, la música y la guía verbal de Metzner.

Como sus alumnos saben, Metzner era un verdadero conversador. Era un profesor, un conferenciante, un hombre de muchas palabras. Escribió más de veinte libros a lo largo de su vida. Se apoyaba mucho en la instrucción verbal, sobre todo al principio de la semana, antes de relajarse en el campo ceremonial que él y el grupo creaban conjuntamente.

Sin embargo, el objetivo de todo era prepararse para entrar *juntos* en el arrebatador silencio. No se puede contar con que una experiencia así ocurra espontáneamente. Hay que esforzarse.

La preparación de Metzner se extendió al espacio físico de la ceremonia. Como dijo una de sus antiguas alumnas, Carla Detchon, «era muy particular». Cuando preparaba la sala para la ceremonia cada noche, necesitaba que las cosas estuvieran «a punto». «Le importaba mucho la alineación energética del contenedor», nos dice. «Y eso se manifestaba en la forma en que montaba el altar; se manifestaba en la forma en que teníamos que redondear el círculo donde nos reuníamos». Una buena parte de sus refinamientos llegó a través de su clarísimo «no». Él dijo: «No, la tela del altar no está completamente alineada y lisa. No, no me gustan esas ramas o flores de ahí. No, no puedes tener los pies apuntando hacia el altar». Pero Ralph era particular por una razón. Como dice Carla, «entendía que cuando todo está alineado, las energías pueden bajar mejor». Y cuando Ralph y el grupo estaban totalmente preparados, alineados y en f rente, el trabajo resultante era absolutamente trascendente».

«Tenía un hermoso sentido de la música», nos dice Carla. Le gustaban especialmente los ritmos que fomentaban el *entrainment*, que, en palabras de Metzner, es cuando «todos los ritmos llegan a ser armónicos entre sí». Este término, *entrainment*, en física, significa «el proceso por el que dos sistemas oscilantes que interactúan asumen el mismo periodo». Y es una metáfora de lo que puede ocurrir entre los humanos que, con la preparación adecuada, entran en un estado de sincronización.

En la película *Entheogen: Awakening the Divine Within*, Metzner describe cómo la inducción se produce en grupos de personas a través de golpes de tambor, cantos y bailes. Así funcionan los grupos corales. No se trata de cantar exactamente la misma nota, explica Metzner. «Son armónicos y por lo tanto, resonantes entre sí». Le encantaba llevar esta antigua tecnología a sus círculos enteógenos. «Puede que tengan pensamientos diferentes y que tengan imágenes distintas en su mente», dice, pero, cuando el grupo entra en un estado colectivo de sintonía, «hay un tremendo sentimiento de unidad y unión».

Esa sincronización es la sensación de «Somos uno en la danza» que Leigh tiene en la celebración del baile de toda la noche. Es lo que Justin experimentó cuando sintió que los latidos de su corazón se enlazaban con los de sus gemelos recién nacidos cuando descansaban juntos por primera vez, piel con piel, sobre su pecho.

Como en otros eventos que hemos destacado, el silencio auditivo no es el objetivo aquí. Durante horas, Metzner realizó elaboradas invocaciones, visualizaciones guiadas y contó historias nórdicas míticas de sus tierras ancestrales, como la de las tres Norns que crean y determinan el destino de cada uno y la de Mimir, la cabeza incorpórea que otorga sabiduría. Mediante una rigurosa preparación, el uso de la música y la narración de historias míticas, Metzner guió a los grupos más allá del ruido interno, hacia la sincronización, hacia la sintonía, la experiencia de autotrascendencia, *juntos*.

IDEA 7: PRESENCIA SANADORA

«La presencia», dice Don St. John, «es tener toda tu energía y atención a tu disposición y no inaccesible a causa de la preocupación, la distracción, la ansiedad o la tensión crónica». Al crecer, nunca pensó que este estado de conciencia fuera realmente alcanzable. «No recuerdo cuándo las palizas se convirtieron en algo cotidiano», dice, recordando los abusos que recibía a manos de su madre, de ojos ardientes y resentida. «Si intentaba bloquear sus golpes, ella se enfurecía aún más, gritaba más fuerte y continuaba su ataque hasta que sabía que había asestado algunos golpes sólidos».

Don, que ahora es psicoterapeuta a sus setenta años, lleva varias décadas superando los traumas de la primera infancia. Cuando hablamos con Don, señaló que los silencios de la infancia suelen ser «silencios ruidosos». Pueden incluir la rabia estruendosa de las evasivas, el dolor de no sentirse nunca escuchado y el escozor del abandono. Don señaló que, por lo general, un hogar con amor para un niño es ruidoso; es uno donde se escuchan risas y conversaciones. Está lleno de calidez y de la presencia de otros y del incuestionable sentido de pertenencia del niño.

Y, sin embargo, el silencio —de un tipo compartido— ha sido para él una vía crucial para sanar esas heridas de la infancia. En particular, ha sido el espacio de silencio afectuoso con su compañera de vida lo que ha permitido la curación más rica.

La palabra «silencio» evoca sentimientos complicados con respecto a las relaciones románticas. Al igual que con los silencios de la infancia, a menudo pensamos en los silencios en las relaciones de pareja como signos de falta de atención o rechazo. Nadie quiere recibir «el tratamiento del silencio». *Stonewalling* es una expresión antigua de agobio emocional para describir el levantamiento de un muro invisible tras el que retirarse. Podemos cerrarnos, ocuparnos, o negarnos rotundamente a responder. Los gurús de las relaciones, los doctores John y Julie Gottman, lo describen como uno de los cuatro comportamientos tóxicos más comunes en las relaciones. Los otros tres —culpa, actitud defensiva y desprecio— pueden resultar igualmente familiares. Aunque aparentemente silenciosa, la evasión nace del mundo del ruido.

Pero el silencio intencionado puede ser una herramienta para crear un vínculo profundo en la pareja. Don nos habla de una práctica única que él y su esposa, Diane —que es consejera— han cultivado. Aunque antes dijimos que lo mejor es mantener un silencio planificado «del tamaño de un bocadillo» para no ser demasiado ambicioso, Don y Diane apuntan a la posibilidad de algo como un «miércoles sin palabras» compartido.

«Una de las cosas que hemos hecho en los últimos diez años es designar un fin de semana para estar simplemente en silencio», nos dice Don. Cocinan la comida con antelación y evitan usar sus teléfonos, enviar correos electrónicos o hacer cualquier otra cosa que pueda distraer del descanso en la presencia pura. Pasan los días reflexionando, haciendo prácticas de movimiento, leyendo libros y dando paseos por las montañas cercanas a su casa de Salt Lake City.

Poco después de empezar esta práctica, se dieron cuenta de que llevar un pequeño cartel podría ser útil para sus encuentros ocasionales con otras personas. Tienen un bloc de papel que dice: «Estamos en silencio. Si tienes que decirnos algo, escríbelo aquí». Pero muy rara vez alguien se molesta en escribir en el bloc. Resulta que cuando se pide a la gente que limite sus comunicaciones a sólo lo que es importante, muy poco lo es. Eso es lo que descubrió Leigh en su «miércoles sin palabras» en el Tatshen-shini también.

En el capítulo sobre el silencio arrebatador, exploramos los elementos esenciales de un retiro personal. Como explicó Sheila, una práctica sencilla como reorganizar los muebles en casa puede crear un contenedor para lo sagrado, una de las muchas maneras en que puedes establecer un «templo». En un retiro compartido con un compañero o amigo, el propio silencio puede ser un pilar del templo. Cuando dos personas están juntas observando un compromiso de silencio, explica, surge un ambiente poco común. Se trata de una tecnología milenaria que podemos sentir a nivel celular. «El silencio altera la sensación de espacio entre dos personas», dice Sheila. «Aumenta la resistencia a la tensión».

Para Don, cortar el bombardeo diario de estímulos permite el descanso emocional. Es, en sí mismo, una ayuda para el trabajo de toda la vida de metabolizar el trauma, tanto el trauma que él personalmente sufrió como el que ayuda a sus clientes a superar. Sin embargo, el silencio compartido con Diane es mucho más que eso. Se trata de profundizar en su santuario doméstico y en los vínculos de su matrimonio. Como establecen sus «acuerdos operativos» con antelación, pueden cruzar el umbral en el que toda la energía y la atención están presentes.

CONFIANZA SILENCIOSA

Hay formas de silencio compartido sobre las que no podemos decir mucho. No podemos hablar, por ejemplo, del silencio compartido en la más profunda de las intimidades. No podemos hablar del silencio de dos personas que se encuentran juntas en un momento de dolor impensable. Estas experiencias son, por su naturaleza, profundamente personales. Sólo hay dos palabras que nos atreveríamos a ofrecer como recomendación para estar en este tipo de espacios: «Presta atención». Observa cómo el significado surge tanto del silencio como de las palabras.

Sólo somos principiantes en el trabajo de compartir el silencio con los seres queridos. Es un proceso de mejora continua que dura toda la vida. Para nosotros, se trata sobre todo del trabajo de *upaya*, de encontrar los «medios convenientes» para cultivar pequeñas experiencias de unión silenciosa, como Jarvis compartiendo ese momento impensable mirando la luna con sus compañeros de bloque en el Centro de Adaptación.

Al presentar esta parte del libro, «Silencio juntos», ofrecimos una observación: *el poder del silencio se magnifica cuando se comparte.*

A lo largo de este capítulo, también hemos explorado un corolario: *el silencio amplifica el poder de la conexión humana.* Amplía nuestra conciencia compartida. Nos permite sentir más profundamente juntos. En última instancia, impregna nuestras relaciones con más y más delicadeza y cuidado.

El silencio compartido es una idea contraria a la intuición en una cultura que asocia el silencio con la soledad y la conexión humana con el contenido de la conversación. Sin embargo, al menos en algún nivel, todos sabemos que tenemos que dejar la charla y trascender el ruido para estar realmente presentes con otra persona, para poder *confiar* plenamente.

En una época de creciente aislamiento y erosión de la confianza social, reclamar el silencio genuino debería ser una prioridad, no sólo para los individuos, las familias, los lugares de trabajo o los grupos de amigos, sino también para la sociedad en su conjunto. Estamos de acuerdo con la premisa básica de Blaise Pascal de que los problemas de la humanidad provienen de nuestra «incapacidad para sentarnos tranquilamente en una habitación a solas». Pero añadiríamos que los problemas se agravan cuando existe la incapacidad de sentarse tranquilamente en una habitación *con otra persona.*

A continuación, ampliaremos el alcance de los grupos de personas más grandes, examinando cómo el poder del silencio en la política, la cultura y la sociedad global puede ser una fuerza de transformación de gran alcance.

PARTE VI

UNA SOCIEDAD QUE HONRA EL SILENCIO

14

MA VA A WASHINGTON

Richard Nixon era un cuáquero terrible. Como se desprende de las cintas filtradas de la Casa Blanca, maldecía como un marinero. Aunque la exigencia de pacifismo de su fe cuáquera le permitió evitar el servicio de combate directo durante la Segunda Guerra Mundial, más tarde, como trigésimo séptimo presidente de Estados Unidos, intensificó la guerra de Vietnam y emprendió el devastador e ilegal bombardeo de Camboya. La investigación sobre el Watergate reveló que Nixon seguía una pista meticulosa de los adversarios políticos y de los trapos sucios que podían utilizarse en su contra. El hombre parecía tener poco interés en un principio ético definitorio de la religión de su educación: «Ama a tus enemigos».

Sin embargo, como uno de los dos presidentes cuáqueros de Estados Unidos (Herbert Hoover fue el otro), Richard Nixon hizo una cosa propia de un adepto a una religión que venera el silencio.

Puso en marcha el primer régimen político del país dedicado a la gestión del ruido.

La Ley de Control del Ruido de 1972 pretendía dar a los estadounidenses el derecho a un entorno razonablemente tranquilo.

La ley creó la nueva Oficina Federal de Reducción y Control del Ruido (ONAC), que tenía el mandato de coordinar la investigación sobre el control del ruido, promulgar normas federales de emisiones auditivas para los productos y proporcionar subvenciones y asistencia técnica a los gobiernos estatales y locales —especialmente en los centros urbanos— para reducir la contaminación acústica. Aunque la oficina no tenía autoridad para regular el ruido de las aeronaves o del ferrocarril, dirigió una campaña de educación pública que concienció sobre estos problemas, lo que finalmente hizo que los aeropuertos, las aerolíneas y las empresas de transporte de mercancías se tomaran el ruido más en serio.

En la década de 1970, todavía había cierta controversia sobre los impactos del ruido en la salud. Los grupos de interés, incluidas las industrias manufactureras y las autoridades de transporte público, se oponían a las normativas vinculantes sobre el ruido y, sin embargo, el gobierno siguió adelante con las regulaciones. Al hablar en apoyo del movimiento para la reducción del ruido en 1968, el Cirujano General William H. Stewart se preguntó: «¿Debemos esperar hasta que probemos cada eslabón de la cadena de causalidad?». Y continuó: «En la protección de la salud, la prueba absoluta llega tarde. Esperarla es invitar al desastre o prolongar el sufrimiento innecesariamente».

La administración de Ronald Reagan desfinanció y desmanteló los programas federales de control del ruido como parte de su programa antirreglamentario en 1982. No obstante, la ONAC sigue siendo un ejemplo admirable de política pública de precaución que da prioridad al auténtico bienestar humano.

El régimen de gestión del ruido de la época de Nixon se basaba en una noción que todavía no se conoce en el gobierno de Estados Unidos —o en la mayoría de los gobiernos—: hay un *valor inherente en la atención humana prístina, y la sociedad tiene un interés convincente en mantener y defender este valor.* La historia de las reformas de Nixon sobre el ruido es muy relevante en este momento.

A medida que las plataformas en línea y sus algoritmos patentados asumen un papel cada vez más importante en nuestra economía y en el discurso público, se producen debates sobre la política de la atención humana. En particular, los responsables políticos se esfuerzan por decidir cómo defender la privacidad, garantizar la libertad de expresión, combatir la desinformación y hacer frente al creciente poder monopolístico de las grandes empresas tecnológicas.

Se trata de cuestiones fundamentales. Pero creemos que hay una cuestión más amplia y global que también deberíamos abordar: *¿Cómo podemos estructurar nuestra sociedad para preservar la atención humana prístina?*

Fue en la época de las reformas del ruido de Nixon cuando el premio Nobel Herbert Simon escribió las palabras que citamos al principio de este libro: «La riqueza de información crea una pobreza de atención». En las próximas páginas, analizaremos lo que significa construir nuestras arquitecturas económicas y políticas en torno al objetivo de minimizar, o al menos gestionar, el ruido auditivo, informativo e interno del mundo moderno mediante leyes, reglamentos, inversiones públicas, transparencia empresarial y la movilización de los movimientos sociales. Examinaremos cómo sociedades enteras pueden priorizar el cultivo de la atención focalizada como elemento clave del bien común.

Por supuesto, no es posible regular o legislar la totalidad del problema del ruido. Así que, en este capítulo y en el siguiente, imaginaremos algo más amplio y profundo: *una sociedad que honre el silencio.*

Imaginaremos cómo sería, por ejemplo, un discurso público que siga la lógica de una reunión de los Amigos Cuáqueros: donde es prudente hablar si se cree que las palabras mejoran el silencio.

Exploraremos un abanico de posibilidades: ¿Qué pasaría si las legislaturas y los consejos de administración apreciaran la importancia de preservar la atención prístina? ¿Y si nuestra sociedad reconociera que la resolución de problemas complejos y desalentadores —como el cambio climático y la desigualdad— requiere no sólo ingeniería, análisis y debate, sino también el espacio para una visión contemplativa sobre el futuro que realmente queremos?

¿Y si el principio de *Ma* —la palabra japonesa que significa el poder de los espacios silenciosos «en medio»— tuviera un lugar en el discurso público?

Aunque todo esto pueda sonar a fantasía, hay algunos cambios plausibles en nuestros sistemas actuales —entre ellos, la forma de calcular nuestras «externalidades» económicas, de evaluar los costes y beneficios de las nuevas normativas, de identificar las inversiones públicas prudentes y de deliberar sobre los difíciles retos públicos— que podrían ayudar a despertar este tipo de transformación.

Las cinco ideas que se presentan a continuación se basan en el contexto de las políticas públicas de Estados Unidos; sin embargo, estos principios son relevantes —y pueden adaptarse— a una gran variedad de países y realidades políticas. El ruido —auditivo, informativo e interno— es un problema global. Cada nación tiene que imaginar y experimentar con sus propios medios para abordarlo.

IDEA 1: INVERTIR EN SANTUARIOS PÚBLICOS

Hace muchos años, el escritor neoyorquino George Prochnik estaba en un retiro de meditación en silencio. Contemplaba a un grupo de personas dispersas en una ladera cubierta de hierba como si fueran pájaros posados, todos ellos concentrados en no hacer nada más que estar quietos y escuchar el mundo natural». En su libro de 2010, *In Pursuit of Silence* (En busca del silencio), escribe sobre lo mucho que apreciaba ese momento.

Sin embargo, mientras seguía observando a la silenciosa multitud de meditadores aquel día, Prochnik tuvo un pensamiento preocupante. Recuerda: «Al igual que yo, tenían el dinero, el tiempo o simplemente el contexto social que les permitía levantarse un día y decirse: "¿Sabes qué? Me voy a un retiro de silencio"». Y continúa: «Me preocupan todas las personas que, por una u otra razón, carecen de recursos para descubrir lo que el silencio puede aportar».

Prochnik tiene razón en preocuparse. Gran parte de la humanidad actual parece carecer de la oportunidad —o de lo que él llama el «contexto social»— para buscar el silencio. En las zonas urbanas densas, o entre las personas que tienen varios trabajos para llegar a fin de mes, el silencio puede parecer inalcanzable. En un mundo en el que cada vez hay menos lugares salvajes y en el las conexiones a Internet y a los teléfonos inteligentes son casi omnipresentes, el silencio más arrebatador está, para la mayoría de la gente, fuera de su alcance.

Entonces, ¿cómo podemos ampliar y democratizar el acceso al silencio?

A lo largo de este libro, hemos subrayado la importancia de cultivar nuestro aprecio personal por el silencio y tomar las decisiones dentro de nuestras propias *esferas de control* e *influencia* para encontrarlo. Pero la sociedad en general, incluido el sector público, tiene un papel que desempeñar. Una de las cosas más importantes que podemos hacer como sociedad es invertir en espacios públicos de santuario tranquilo, lugares que nos inviten al silencio. Como escribe Prochnik, «debemos fomentar los proyectos de diseño urbano que fomentan la apreciación del silencio. Necesitamos más parques de bolsillo», pequeños espacios verdes, a menudo entre los rascacielos de una densa metrópolis. «Y parques más grandes cuando se pueda encontrar el dinero».

Algunas sociedades sí encuentran el dinero y el compromiso para invertir en estos espacios. En 2018, la densamente poblada ciudad—estado de Singapur había cumplido su objetivo de garantizar que el 80 % de los hogares estuvieran a menos de cuatrocientos metros de un parque. Singapur fijó por primera vez su visión de «ciudad jardín» a finales de la década de 1960. En la década de 1980, la cubierta verde de la ciudad-Estado se estimaba en un 36 %, y hoy en día está en un 47 % y con tendencia al alza. A modo de comparación, la cubierta verde de Río de Janeiro es del 29 %, y la de Nueva York, del 14 %. El gobierno de Singapur estableció y aplicó un plan estratégico a largo plazo para invertir en espacios verdes hace cincuenta años. En la actualidad, el país está siendo creativo para continuar con esta misión: invirtiendo en paredes vivas verticales y tejados arbolados, en gruesos bulevares arbolados y corredores peatonales, así como en parques y reservas naturales más tradicionales.

Durante un viaje a Singapur, la periodista Florence Williams decidió visitar un hospital comunitario que Florence Nightingale habría apreciado.

En él, escribe Williams, «muchas habitaciones dan al patio interior, con un exuberante jardín, denso de árboles y arbustos específicamente seleccionados para atraer a los pájaros y las mariposas». La llevaron por la UCI, donde «todos los pacientes tienen vistas a los árboles por ventanas de dos metros». Williams comprobó que «en muchos puntos, los pasillos y los rellanos se abren al aire libre», como un «huerto orgánico en el tejado». Williams no sugiere que los espacios verdes urbanos sean una especie de sustituto de la naturaleza. Pero, con el aumento de la densidad urbana, las soluciones de espacios verdes como éstas favorecen la experiencia de la tranquilidad y, junto con ella, un mejor sueño, menos ansiedad y depresión, y más comportamientos prosociales.

«Los espacios tranquilos que creamos no deberían limitarse al exterior», escribe Prochnik. Se pregunta: «¿Por qué no tomar parte del dinero incautado a los traficantes de drogas, a los traficantes de armas y a los ladrones financieros y utilizar esos fondos para comprar unas cuantas docenas de [edificios] de franquicias de comida rápida que puedan convertirse en casas tranquilas contemporáneas?» Su pregunta nos hizo pensar. ¿Y qué hay de todos los centros comerciales abandonados? ¿Podrían convertirse más terrenos vacíos en jardines de barrio o escolares? ¿Y qué pasa con los centros comunitarios, los centros de mayores y los lugares de culto? ¿Se les podría incentivar para que ofrezcan un tiempo de silencio semanal a las personas que lo necesiten? Prochnik sugiere llenar algunos espacios públicos con sillas cómodas y bolígrafos y blocs de papel gratuitos y dejar que la gente se relaje, escriba en su diario, lea, garabatee o reflexione. Como ya hemos analizado en profundidad, el silencio no tiene por qué ser siempre auditivo. La gente puede reunirse para jugar a juegos de mesa o hacer manualidades; el elemento importante es poder alejarse de los teléfonos inteligentes y los ordenadores —el ruido informativo— durante un rato.

Tricia Hersey, la Obispa de la Siesta del Ministerio de la Siesta, a la que conociste antes, ha organizado más de cincuenta «eventos de siesta pública» para fomentar el descanso como un acto revolucionario. Así es; crea espacios acogedores llenos de cómodas almohadas para atraer a la gente fuera de la «rutina». Si bien esto es valioso en la medida en que proporciona a la gente un descanso necesario, también ayuda a *normalizar la actividad de simplemente descansar en silencio*. Imaginamos que los gobiernos locales y las organizaciones comunitarias apoyen formas creativas como ésta para reunir a la gente para compartir el silencio. Mediante la creación de hermosos espacios emergentes llenos de arte, las comunidades pueden invitar a sus ciudadanos a relajarse y no hacer nada. Tal vez a dormir la siesta. Estar en el espacio no programado con otras personas de diferentes ámbitos de la vida. Disfruta de la novedad del silencio.

IDEA 2: INNOVAR COMO LOS AMISH

En su libro de 2010, *What Technology Wants*, Kevin Kelly describe el viaje personal de sus años de joven adulto: abandonar la universidad, vagar por Asia y volver a Estados Unidos para hacer un viaje de ocho mil kilómetros en bicicleta a través del país. De todas las sorpresas que se encontró en este viaje de varios años y varios continentes a través de cientos de comunidades diferentes, a Kelly quizá le llamó más la atención lo que encontró en las tierras de cultivo del este de Pensilvania.

Casi todo lo que creía saber sobre los amish estaba equivocado.

En contra de la creencia popular de que los adeptos a este grupo religioso que monta en carros y bate la mantequilla se oponen a todas las tecnologías industriales, Kelly descubre que «la vida de los amish es cualquier cosa menos antitecnológica». Por ejemplo, cuenta que conoció a una familia que maneja una fresadora de 400.000 dólares controlada por ordenador que sirve a la comunidad. Sí, las mujeres amish cubren sus cabezas con bonetes, y las familias amish emplean muchas técnicas agrícolas centenarias que requieren mucho trabajo. Pero Kelly describe a las personas que conoció como «ingeniosos piratas informáticos y manitas, los últimos fabricantes y bricoladores», que son «a menudo, sorprendentemente, protecnológicos».

Al estudiar el enfoque de los amish sobre la tecnología, Kelly descubrió que tienen un método inusualmente reflexivo para evaluar si adoptan una nueva innovación. Suele ser algo así: Alguien de la comunidad pide permiso a los ancianos (los «obispos») de una zona para probar una nueva tecnología, como un dispositivo personal o una herramienta agrícola. Este primer adoptante suele recibir ese permiso. A continuación, toda la comunidad presta atención a la forma en que la nueva tecnología que afecta a la vida del primer adoptante. ¿Hace su trabajo más eficiente? ¿Es saludable? ¿Le hace centrarse en sí mismo? ¿Influye negativamente en su personalidad o en su ética de trabajo? Después de que la comunidad haya aportado sus ideas, los obispos hacen una evaluación final.

En resumen, los amish suelen *partir de sus propios valores como cultura*, incluyendo valores como la cohesión de la comunidad, la humildad, una fuerte ética del trabajo y, sí, el silencio. Luego *evalúan* conscientemente *si una nueva tecnología puede producir beneficios para la comunidad sin socavar estos valores*.

Si la respuesta es afirmativa, adoptarán la nueva tecnología para su uso.

Conocimos el trabajo de Kelly y el modelo amish de evaluación de la tecnología a través de los escritos de Cal Newport, quien sugirió que todos podemos aplicar elementos del enfoque amish en nuestras propias vidas. Como parte de su filosofía de «minimalismo digital», Newport sugiere sabiamente que cada uno identifique sus propios valores personales y trabaje hacia atrás para asegurarse de que cualquier tecnología que adoptemos en nuestras vidas realmente mejore nuestro bienestar y honre estos valores. Nos encanta esta recomendación. Y también podemos llevar la misma lógica a un nivel social.

Creemos que nuestros gobiernos pueden seguir el ejemplo del enfoque amish de la reglamentación y empezar a dar prioridad al bienestar físico y psicológico por encima de la deferencia general a cualquier cosa «brillante y nueva». En algunos ámbitos de la política científica y tecnológica, ya disponemos de procesos para evaluar formalmente las nuevas innovaciones. Por ejemplo, la Administración de Alimentos y Medicamentos (FDA) exige que se realicen ensayos clínicos de los medicamentos para evaluar no sólo su eficacia, sino también sus variados efectos secundarios. Los organismos reguladores de los medicamentos realizan sus propios análisis de coste-beneficio de gran alcance y toman decisiones sobre su aprobación.

Pero no hacemos nada parecido con las decisiones tecnológicas más importantes. No hubo ningún ensayo clínico riguroso ni evaluación independiente de costes y beneficios antes de que Facebook inaugurara el botón «Me gusta». No se exigieron estudios sobre sus posibles impactos en la memoria de trabajo, sus posibles efectos en la ansiedad de los adolescentes, su potencial para las campañas de desinformación por parte de gobiernos extranjeros, o el aumento de mortalidades derivadas de los intentos de tomarse el «*selfie* perfecto» (se registraron 259 entre 2011 y 2017).

Necesitamos una versión orientada a la tecnología de la FDA para supervisar —y potencialmente regular— las tecnologías que tienen un impacto significativo en nuestra salud social, emocional e intelectual. No pedimos que un grupo enclaustrado como los obispos amish tome decisiones sobre lo que es bueno para nosotros. Sino, más bien, un cuerpo de expertos técnicamente capaz y bien financiado para asegurar que los responsables políticos y el público puedan entender y actuar sobre los verdaderos costes y beneficios.

Esta idea no es totalmente nueva. El gobierno de EE.UU. tuvo en su día la Oficina de Evaluación Tecnológica (OTA), un equipo de unos 140 analistas, en su mayoría doctores, que se dedicaba a educar a los legisladores y a investigar a fondo la legislación relacionada con la tecnología. A mediados de la década de 1990, esta oficina se disolvió para ahorrar a los contribuyentes unos míseros 20 millones de dólares. Hoy en día, las agencias de investigación del poder legislativo que se supone que evalúan las implicaciones de la tecnología y otras grandes tendencias sociales tienen un 20 % menos de personal que en 1979. Como Justin y su colega Sridhar Kota investigaron en un artículo para *Wired* en 2017, la pérdida de la OTA fue un factor que contribuyó a los proyectos de ley de ciberseguridad inviables y a la inepta supervisión de los programas de vigilancia de la Agencia de Seguridad Nacional. También ha contribuido a la incapacidad del gobierno para hacer un seguimiento significativo y comprender las tendencias tecnológicas y defender el interés público en consecuencia. Sin un aparato que evalúe el impacto de las tecnologías, no hay forma de evaluar si las decisiones que tomamos sobre la tecnología reflejan nuestros verdaderos valores.

Los argumentos a favor de un enfoque amish para la gobernanza de la tecnología son cada vez más fuertes. El crecimiento de la IA, la expansión de la Internet de las cosas y la aparición de tecnologías de la información llevables (e incluso implantables), probablemente cambien nuestros paisajes sonoros internos y externos de maneras que son difíciles de prever. No hay nada especialmente radical o excesivamente intervencionista en someter nuestras decisiones tecnológicas más importantes a una revisión rigurosa. Deberíamos evaluar estas decisiones no sólo en función de su impacto en la economía crecimiento o la creación de empleo, sino también por su repercusión en lo que la mayoría de nosotros valoramos, como poder mantener una conversación ininterrumpida con un ser querido o saborear un simple momento de paz y tranquilidad.

IDEA 3: MEDIR LO QUE IMPORTA

En 1930, el legendario economista John Maynard Keynes publicó un breve ensayo titulado «Posibilidades económicas para nuestros nietos». En él, Keynes imaginaba que en el año 2030, gracias a la tecnología y a las mejoras de productividad, nadie tendría que trabajar más de quince horas a la semana. Podríamos dedicar el resto de nuestro tiempo al ocio y la cultura. En cierto sentido, la visión optimista de Keynes era la de «un mundo más allá del ruido», en el que los avances en la tecnología que ahorra trabajo nos permitirían superar las distracciones grandes y pequeñas, permitiéndonos centrarnos en las actividades que promueven nuestro mayor bienestar. Según la visión de Keynes, podríamos pasar la mayor parte del tiempo con nuestros seres queridos, apreciando la naturaleza, creando arte y música, y tal vez encontrando el camino hacia el silencio interno del estado de *flow*, sumergiéndonos en lo que amamos.

Unos cien años después de que Keynes escribiera, ha ocurrido prácticamente lo contrario.

La mayoría de nosotros trabaja —o al menos piensa en el trabajo— más que nunca. El «ocio y la cultura» —en el sentido de la búsqueda de una satisfacción profunda que no es necesariamente productiva desde el punto de vista económico— no parece estar ocurriendo. La tecnología no nos libera del ruido. Está creando más ruido.

Entonces, ¿por qué estamos tan lejos de la visión de Keynes para 2030?

Una de las respuestas es que hemos estado midiendo las cosas equivocadas. Hemos estado dirigiendo nuestra economía según objetivos de cantidad y no de calidad, de máximo rendimiento y no de óptimo bienestar.

En las primeras páginas de este libro, exploramos cómo el Producto Interior Bruto se ha convertido en la referencia dominante por la que las naciones miden su éxito. Aunque en realidad no es más que un indicador de la producción industrial bruta —el valor monetario de los bienes y servicios acabados producidos en un periodo determinado—, el PIB se ha convertido en el criterio numérico más importante para la política pública y la toma de decisiones empresariales en la mayoría de los países. Sin embargo, como describimos en el capítulo 2, el aumento del PIB a menudo va en contra de lo que es bueno para nosotros. El PIB suele subir cuando aumentan las catástrofes naturales, la degradación del medio ambiente, la delincuencia y las estancias en los hospitales. Sube cuando un algoritmo se aprovecha de tu tiempo de inactividad, aumentando las estadísticas de uso, o cuando tu empleador averigua cómo sacarte más trabajo enviando una solicitud de correo electrónico a altas horas de la noche (y obteniendo tu respuesta). La cifra dice sorprendentemente poco sobre el bienestar humano real.

Si «gestionamos lo que medimos» —como reza el axioma empresarial—, actualmente estamos gestionando nuestras economías y sociedades para maximizar la producción de cosas mentales y materiales. Medimos el «éxito» por el rugido de las máquinas industriales, el número de horas que los directivos pueden mantener a los empleados pegados a sus ordenadores y la eficacia de los anuncios y los algoritmos para desviar nuestra atención de lo que pretendemos hacer con el fin de dirigirnos hacia la compra de productos y servicios.

Así pues, he aquí una idea: *mejorar nuestras medidas para reflejar mejor lo que nos hace florecer.*

Este es un cambio sistémico que podría ayudar a acercarnos al sueño optimista de John Maynard Keynes. Podría ayudar a desmantelar el «altar del ruido».

En los últimos años, ha habido cierto movimiento en esta dirección. Esther Duflo y Abhijit Banerjee, premios Nobel de Economía de 2019, escribieron recientemente que puede ser «hora de abandonar la obsesión de [su] profesión por el crecimiento». Varios países, como Alemania, Francia y el Reino Unido, han empezado a trabajar en indicadores de progreso nacionales más amplios. Mientras tanto, investigadores de Vermont, Oregón, Maryland y Utah han experimentado con nuevos indicadores que tienen en cuenta costes como el tráfico y beneficios como el tiempo en familia. El famoso Reino de Bután lleva décadas desarrollando medidas de lo que llama «felicidad nacional bruta». Aunque el trabajo sobre este tipo de indicadores aún no ha concluido, los avances en estadística y computación hacen que los enfoques alternativos de medición económica sean cada vez más viables.

Durante una década, Justin y su colega Ben Beachy, director del Programa de Economía Viva del Sierra Club, han estado pensando en el tipo de cambios políticos prácticos que podrían transformar el PIB. A principios de 2021, Justin y Ben publicaron un artículo en *Harvard Business Review* en el que describían cómo el gobierno de Estados Unidos podría rehacer los indicadores nacionales.

Así es como funcionaría: Dado que la medida estándar del PIB todavía tiene sus usos prácticos, no deberíamos abandonarla totalmente. Más bien, los gobiernos deberían transformar la medición económica, pasando de depender de un único indicador (el PIB) a una *serie de indicadores*. Ya existen sistemas similares para medir el desempleo (que se calcula de U1 a U6), el índice de precios al consumo y la oferta monetaria.

Con este enfoque, la serie podría tener el siguiente aspecto:

- G1 sería el PIB tradicional, una medida estándar de la renta nacional.
- El G2 se basaría en la fórmula del PIB, pero ofrecería una visión más amplia de la economía, revelando, por ejemplo, la distribución equitativa de los ingresos y reflejando el valor de los servicios no remunerados, como el cuidado de los niños, que actualmente se ignoran.
- El G3 se centraría en el futuro a largo plazo y tendría en cuenta los costes asociados, por ejemplo, a la contaminación o al agotamiento de los recursos, al tiempo que consideraría los beneficios de las inversiones a largo plazo en educación y conservación.
- El G4 mediría algo así como la felicidad nacional bruta al estilo de Bután, integrando indicadores más amplios de bienestar, como las estadísticas de salud pública y conexión social.

El objetivo de pasar de una sola cifra bruta (el PIB) a una serie de indicadores ajustados (G1-G4) no es poner el foco en problemas como la contaminación y la desigualdad, aunque ayudaría a arrojar luz sobre estas cuestiones. El objetivo sería también poner de relieve aspectos importantes del progreso que no suelen estar representados en las declaraciones de la producción económica: aspectos como la preservación del medio ambiente, la innovación y los resultados educativos, todos los cuales requieren una mirada a horizontes temporales más largos.

Convirtiendo el PIB en una serie de indicadores —que incorporen fundamentos más amplios y profundos del bienestar humano real— podríamos empezar a medir, y por tanto a gestionar, los costes del ruido y el valor positivo de la atención plena. Podríamos, por ejemplo, estimar y asignar costes a las «externalidades económicas» de la distracción y la falta de concentración: los daños de los anuncios emergentes, los televisores a todo volumen en los espacios públicos y los requisitos de disponibilidad las 24 horas del día. Si tenemos en cuenta cómo las prácticas ruidosas socavan nuestro bienestar y productividad a largo plazo, dejaremos de valorarlas como algo puramente positivo desde el punto de vista económico.

Unos indicadores del PIB más refinados podrían incluso asignar valor a factores como el descanso, el acceso a la naturaleza y los resultados positivos para la salud mental, como la ausencia de ansiedad.

En resumen, podríamos estructurar nuestra economía para reconocer finalmente que la atención humana no monetizada es algo más que una mera «inutilidad». Podríamos hacer que nuestras métricas de éxito reflejaran el hecho de que el silencio auditivo, informativo e interno es importante para nuestra salud, cognición y felicidad.

Por supuesto, esto plantea una gran pregunta: *¿Cómo asignar un valor cuantitativo a algo tan personal y subjetivo como el tiempo de silencio?*

Durante décadas, los economistas y los ecologistas han debatido la cuestión de si es deseable asignar un valor monetario a, por ejemplo, un bosque de secuoyas como el que Robert F. Kennedy lamentó la pérdida en su visionario discurso sobre los problemas de la contabilidad económica nacional. Muchos dirán que las secuoyas no tienen precio. Estamos de acuerdo. Sin embargo, el hecho es que, bajo el paradigma económico actual del PIB, el valor del bosque que no se explota para ningún fin monetario se fija implícitamente en *cero*. De hecho, el valor de cualquier cosa o actividad que no contribuya a la producción económica de forma obvia y fácil de medir es cero. Por lo tanto, en un sistema político y económico organizado para gestionar el crecimiento, no hay ningún incentivo estructural para defender estos recursos o actividades.

Parte de la labor necesaria para construir un sistema de medición más refinado es el trabajo imperfecto de poner precio a los valores que nuestro sistema económico considera actualmente sin valor. En la actualidad, diversas organizaciones intergubernamentales, instituciones académicas y empresas están desarrollando modelos de contabilidad de «coste real» o «coste total», asignando valores cuantitativos a externalidades negativas como la contaminación y a los beneficios positivos de los activos ambientales y sociales, con el fin de promulgar mejores puntos de referencia para el progreso. Como parte de este esfuerzo, los investigadores y los profesionales deberían considerar cómo contabilizar los costes del ruido y la distracción, así como cómo asignar valor a la atención humana prístina e incluso al tiempo de silencio. A medida que los países aprueben la legislación para modernizar el PIB, será esencial crear nuevos paneles de deliberación para acordar estos valores contables. Aunque se trata de cuestiones técnicas, en última instancia son vitales para integrar nuestros valores en nuestras mediciones de progreso. Estas decisiones son necesarias para establecer prioridades y puntos de referencia más humanos.

IDEA 4: CONSAGRAR EL DERECHO DE ATENCIÓN

Al comienzo de su presidencia, en 1981, Ronald Reagan firmó una orden ejecutiva para facultar a una oficina gubernamental poco conocida a evaluar posibles nuevas regulaciones sobre la base de un proceso llamado análisis de coste-beneficio.

Esto se estableció como un método para determinar si «los beneficios potenciales para la sociedad de la regulación superan los costes potenciales para la sociedad».

Esto parecía un enfoque sensato. Pero en la práctica se convirtió en una encarnación de casi todo lo que está mal en el ruidoso paradigma del crecimiento del PIB.

Pronto quedó claro que las grandes empresas podían ganar estas batallas normativas contratando abogados para demostrar lo onerosas que serían las normas para sus clientes. Los gastos de reducción del ruido, como el aislamiento de edificios o la investigación de motores de combustión interna más silenciosos, eran inmediatos y fácilmente cuantificables. En cambio, los «beneficios» de la legislación sobre el ruido —como el valor emocional de *no* ver a un ser querido enfermar y morir a causa de la contaminación tóxica o los efectos a largo plazo de un paisaje sonoro razonable en un aula de primaria de Nueva York— son más difíciles de plasmar en papel.

Como resultado, los cruzados antirreglamentarios de la era Reagan tuvieron un trabajo sencillo al recortar los presupuestos de las iniciativas de mitigación del ruido de la era Nixon, entre otros programas.

Una verdadera contabilidad de costes y beneficios justificaría casi con toda seguridad la existencia de la Oficina de Reducción y Control del Ruido de Nixon. Las medidas concretas que el gobierno adoptó en la década de 1970 para reducir el ruido auditivo —investigación de tecnologías industriales más silenciosas, normas de productos y subvenciones a los gobiernos locales y regionales para hacer cumplir las normas— siguen siendo necesarias hoy en día.

Pero también tenemos que mirar más allá del ruido auditivo. Tenemos que tener en cuenta el aumento de la intensidad y la complejidad de todos los tipos de ruido en la actualidad.

Con esto en mente, nos preguntamos cómo sería tener una Oficina de Reducción y Control del Ruido que se centrara en abordar no solo el ruido auditivo, sino también el ruido informativo e interno. En la campaña para la candidatura presidencial demócrata de 2020, Andrew Yang propuso la creación de un nuevo «Departamento de Economía de la Atención» a nivel de ministerio. Aunque sonaba como una especie de eslogan de campaña efectista, su idea planteaba una cuestión importante. Si la mayoría de la gente pasa algo así como la mayor parte de su vida en el ordenador, el teléfono o el televisor (o en otros medios en los que los anunciantes y los buscadores de datos compiten por captar su conciencia), ¿por qué no estaría justificado un aparato político que regule la atención, al igual que asuntos como la defensa, los asuntos exteriores y el transporte?

Herbert Simon, famoso por su «pobreza de atención», también acuñó el término «economía de la atención». Simon consideraba que la multitarea era un mito, y llamó nuestra atención sobre el «cuello de botella del pensamiento humano». Hace décadas, reconoció que nuestra escasa atención podía ser mercantilizada, manipulada y comercializada. Y reconoció que, en lo que respecta a la atención, no existía un aparato regulador eficaz que mantuviera el funcionamiento justo de los mercados o defendiera el interés público, como los que existen para regular otros recursos como el agua y la madera. Hoy en día sigue sin existir ese aparato.

En los últimos años, una vanguardia de antiguos ingenieros y diseñadores de Silicon Valley —entre los que se encuentra el equipo del Center for Humane Technology (CHT)—, ha hecho balance de las consecuencias de la falta de atención que ha provocado su antigua industria. El «Libro de Daños» del CHT es un esfuerzo por hacer una verdadera contabilidad de los costes que nuestros sistemas de gobierno descuidan actualmente. El centro cataloga las pruebas de lo que llama «daños en línea». Uno de los daños, por ejemplo, es el hecho de que los medios digitales han sido diseñados para animar a la mayoría de las personas a cambiar de contenido visual cada diecinueve segundos. Este cambio de atención produce un «subidón neurológico» demostrablemente adictivo que es perjudicial para nuestra capacidad de concentración. Otro es la evidencia de que incluso la simple presencia de su *smartphone* en una habitación agota los recursos atencionales de una persona.

Muchos de nosotros, como individuos, somos cada vez más conscientes de este tipo de daños.

Entonces, ¿cómo los tratamos colectivamente como una cuestión de política?

Recientemente hablamos con Nicole Wong, que fue consejera general de Google de 2004 a 2011 y subdirectora de tecnología en la Casa Blanca durante el gobierno de Obama. Ahora es defensora de los derechos de privacidad y de la preservación de la atención humana. En nuestra conversación con Wong, planteamos algunas ideas relativamente sencillas, como la prohibición de funciones como el desplazamiento infinito y la reproducción automática de vídeos, diseñadas explícitamente para maximizar el tiempo de pantalla. «En general, no me gustan las regulaciones orientadas al diseño técnico», nos dice. «Los tecnólogos crean soluciones más rápido de lo que la legislación puede llegar a ser». En otras palabras, prohibir tecnologías específicas puede convertirse en un juego interminable.

Wong aboga por observar qué daño se está haciendo, especialmente cuando se trata de la «creación intencionada de daños». Describe un ejemplo de ello: «"Estoy creando la reproducción automática porque sé que aumentará el compromiso, sobre todo entre los que tienen entre trece y dieciocho años". Eso es lo que podemos hacer valer». Para ella, esto despierta otra idea: «Podría imaginarme que la Comisión Federal de Comercio [FTC] se encargue de las prácticas que no son saludables», nos dice. En Estados Unidos, las áreas de influencia de la FTC son la protección del consumidor, la ciberseguridad y la privacidad, especialmente en lo que se refiere a los niños. El regulador tiene el mandato de defendernos de «prácticas engañosas o cualquier práctica desleal». Wong ofrece el «robo de atención» —un término ciertamente provocativo— como medio para dar a la FTC autoridad para investigar los daños causados por las tecnologías diseñadas para captar y monetizar la atención humana. «Al investigarlas», dice, la FTC «enviará una señal al resto de la comunidad».

David Jay, jefe de movilización del Center for Humane Technology, plantea la hercúlea tarea de gestionar estos daños en términos claros y sencillos: «Articular lo que está fuera de los límites». Identificar y tratar de gestionar los tipos de prácticas y algoritmos diseñados para captar deliberadamente la atención y, sobre todo, las características que envían a la gente «a las madrigueras de los conejos», como el desplazamiento interminable de las noticias o el visionado compulsivo hasta altas horas de la noche. Un objetivo importante de cualquier esfuerzo político en este ámbito, dice, debería ser «dar a los usuarios más capacidad de decisión sobre el funcionamiento de los algoritmos». Aun así, Jay sostiene que la regulación gubernamental formal es sólo una parte limitada de la solución. «La tecnología avanzará más rápido de lo que la regulación puede seguir». En última instancia, señala, necesitamos «un discurso público responsable sobre lo que *deben* hacer los algoritmos».

En una conversación reciente, la cofundadora y directora ejecutiva de la CHT, Randima Fernando, describió el reto fundamental: «Todo el sistema se basa en los incentivos para *no callar*. Si te quedas callado en la economía de la atención, pierdes». El hecho es que la defensa de la atención humana choca con las principales propuestas para ganar dinero de algunas de las empresas más poderosas del planeta. Las características de diseño para la validación social —como el botón «Me gusta» de Facebook— son fundamentales para los modelos de negocio de las empresas, precisamente porque son especialmente eficaces para secuestrar nuestros receptores de dopamina y, por tanto, nuestra atención consciente. Una de las razones por las que un smartphone cercano es tan perjudicial para nuestra atención es que nuestros cerebros empiezan a anhelar el golpe bioquímico que supone la validación social. Por muy atroces que sean este tipo de manipulaciones neurobiológicas, sigue siendo difícil imaginar cómo desmontar todo un mercado construido sobre este poderoso motivo de lucro.

En un mundo en el que las plataformas tienen fuertes incentivos para atraer la atención, así como la capacidad de adaptarse rápidamente a las restricciones de las regulaciones, es razonable que cualquier nueva política pública para abordar los daños de la economía de la atención debe centrarse en gran medida en la creación de conciencia pública y el cambio de comportamiento de los consumidores. Eso significa hacer hincapié en la transparencia. Pensemos por un momento en los cigarrillos. El descenso masivo de las tasas de tabaquismo en las últimas décadas no se produjo porque los gobiernos prohibieran los productos del tabaco. Imagínese una «advertencia del cirujano general» —como en un paquete de Marlboro— en la página de inicio de sesión de Facebook que describa cómo el producto utiliza herramientas sofisticadas para manipular intencionadamente la química de su cerebro con el fin de vender anuncios. Los gobiernos podrían dar un primer paso hacia la transparencia real exigiendo a las grandes empresas tecnológicas que divulguen públicamente los resultados de sus propias investigaciones sobre el impacto de las características de sus diseños en la atención humana. Tendrían que presentar su propio y honesto «libro de daños» para que el público pudiera comprender mejor lo que está ocurriendo con nuestros cerebros. La transparencia y la presión adecuadas podrían cambiar las preferencias de los consumidores y, en última instancia, obligar a las empresas a cambiar su comportamiento.

Wong cree que esto es posible. «La comunidad tecnológica está empezando a despertar y, lo que es más importante, su base de usuarios está empezando a despertar», nos dijo. Fue la publicidad negativa —y todas las consecuencias económicas que la acompañan— lo que llevó recientemente a algunas plataformas a experimentar, de forma limitada, con la ocultación de funciones de validación social, como el botón «Me gusta», o a permitir que los usuarios sepan que están «al día» con las publicaciones de sus amigos, en lugar de llenar el *feed* con sugerencias de desplazamiento ilimitado. Son pasos muy pequeños, pero son la prueba de que el cambio es posible.

Un abogado de Los Ángeles, Jasper Tran, publicó recientemente un artículo de revisión de leyes en el que propone el «derecho a la atención» como un derecho estatutario que debería existir a través de la legislación o el derecho común. Este «derecho», según Tran, es en realidad un «conjunto de derechos» que incluye, por ejemplo, «el derecho a negar la atención cuando se exige, el derecho a que nos dejen en paz, el derecho a no recibir *spam* y el derecho a no recibir anuncios cuando dicha publicidad no es deseada ni invitada,... y el derecho a que no se nos exija recibir información contra nuestra voluntad».

Cuando pensamos en lo que significaría hacer realidad el derecho a la atención, pensamos en salvaguardar la conciencia humana del implacable ruido de la era de la información. Pensamos en las complejas cuestiones de la regulación tecnológica, como las normas y los requisitos de transparencia que acabamos de describir.

Pero algunas de las formas más importantes de defender la atención humana se reducen a cuestiones anticuadas de poder político. No se trata tanto de un juego de alta tecnología como de la clásica organización y negociación colectiva.

En *Cómo no hacer nada*, Jenny Odell cuenta cómo el movimiento obrero estadounidense en 1886 lanzó una campaña de varias décadas a favor de la jornada laboral de ocho horas. La Federación de Oficios Organizados y Sindicatos defendió un lema ahora famoso: «Ocho horas para trabajar, ocho horas para descansar y ocho horas para lo que queramos». El sindicato creó un gráfico que representaba visualmente las tres secciones del día. Mostraba a una trabajadora de la confección en su puesto, a una persona durmiendo con los pies sobresaliendo de una manta y a una pareja sentada junta en un barco sobre el agua, leyendo el periódico del sindicato. Este periodo de «ocho horas para lo que queramos» no se definía como «tiempo de ocio» o tiempo para «responsabilidades domésticas» o cualquier otra cosa. Como dice Odell, «la forma más humana de describir ese periodo es negarse a definirlo». Es un trozo de tiempo en el que la gente puede estar libre de los estímulos mentales impuestos por el empleador, el ruido de alguien que ocupa su atención contra su voluntad.

Hoy, 135 años después de la inauguración de ese lema laboral y más de un siglo después del establecimiento de la jornada laboral de ocho horas, necesitamos una renovación de este movimiento original para la atención humana. El ruido de las excesivas obligaciones laborales es un grave problema para la mayoría de las personas hoy en día. La conectividad en línea ha permitido que el trabajo se introduzca en el tiempo y el espacio personales, erosionando las «ocho horas para lo que queramos» y, de paso, erosionando también las «ocho horas para el descanso». La revolución del trabajo desde casa no ha hecho más que acelerar esta erosión.

Afortunadamente, hay opciones políticas para tratar este aspecto del robo de atención humana. En 2017, Francia promulgó una ley que otorga a los trabajadores el «derecho a desconectarse» del correo electrónico, los ordenadores portátiles, los teléfonos y otras «correas electrónicas» una vez finalizada la jornada laboral. Durante años, los sindicatos franceses habían lamentado una «explosión de trabajo no declarado» con la exigencia, a menudo tácita, de que los trabajadores estuvieran conectados después de las horas de trabajo. Esta reciente normativa obliga a las empresas con cincuenta o más empleados a negociar con su personal las pautas de comunicación fuera de la oficina, garantizando así el descanso de los trabajadores. Como dijo el Ministerio de Trabajo de Francia, «estas medidas están destinadas a garantizar el respeto de los periodos de descanso y... el equilibrio entre el trabajo y la vida familiar y personal».

El «derecho a la atención» se remonta a lo que el filósofo francés del siglo XX Gilles Deleuze denominó el «derecho a no decir nada»: la noción de que todos tenemos derecho a nuestra propia «interioridad» imperturbable y la noción concomitante de que la sociedad debe honrar este aspecto fundamental del ser humano. Aunque se trata de una idea muy amplia que tiene implicaciones para la política, el derecho, la economía, la cultura, la psicología e incluso la espiritualidad, la premisa básica es sencilla: *nadie debe someterse a una carga insostenible de ruido.*

IDEA 5: DELIBERAR COMO LOS CUÁQUEROS

Michael J. Sheeran es a la vez sacerdote jesuita y politólogo. Cuando realizaba su trabajo de doctorado en Princeton en la década de 1970, quedó fascinado con un tema que tenía importantes implicaciones tanto para las organizaciones religiosas como para las instituciones políticas seculares: la *toma de decisiones por consenso.*

Sheeran señala que algunos de los organismos de deliberación más famosos del mundo emplean el consenso como forma de actuar. El Senado de EE.UU., por ejemplo, suele tramitar gran parte de su agenda bajo el «consentimiento unánime». Según las reglas, un solo senador tiene el poder de bloquear una buena parte del procedimiento del cuerpo si niega el consentimiento. La Asamblea General de la ONU también funciona por consenso en muchas situaciones. Y muchos consejos de administración de empresas toman decisiones principalmente por unanimidad.

Sin embargo, como señala Sheeran, hay algo que falta del espíritu de verdadero consenso en estos ejemplos. En el Senado, por ejemplo, el consentimiento unánime puede ser la norma de funcionamiento habitual, pero hoy en día sólo se utiliza para gestionar eficazmente los asuntos más rutinarios y poco controvertidos. Los asuntos serios están sujetos a batallas de filibusteros y votaciones polémicas. En la ONU, la norma de la unanimidad suele ser una forma de que los países eviten hacer constar cualquier asunto, lo que les permite evitar la controversia mientras se dedican a negociar entre bastidores. En los consejos de administración de las empresas, la unanimidad suele referirse a la aprobación general de las decisiones tomadas por los altos cargos que el consejo ha puesto en marcha. Ejemplos como éste son, en gran parte, la razón por la que la construcción del consenso tiene tan mala reputación.

Sheeran estudió una organización que practicaba una toma de decisiones basada en un consenso profundo —el tipo real que no se limita a evitar o glosar sobre la disidencia, sino que la incorpora para elaborar soluciones más duraderas. Fueron los cuáqueros. Sheeran asistió a la Reunión Anual de Filadelfia, una importante reunión deliberativa en la ciudad del amor fraterno. A continuación, pasó dos años realizando cientos de entrevistas con cuáqueros activos para comprender mejor cómo actúan.

En su libro de 1983, *Beyond Majority Rule*, Sheeran describe cómo la «Reunión para Asuntos» de los cuáqueros funciona con decisiones unánimes, sin votación. Sin embargo, en estas reuniones, los cuáqueros a menudo abordan cuestiones muy controvertidas. El autor expone un ejemplo: la deliberación de una comunidad sobre la ampliación de un cementerio. Por un lado, los defensores de la ampliación insistían en que todo el mundo merecía parcelas de enterramiento cerca de sus seres queridos, sus antepasados y el resto de la comunidad. Por otro lado, los opositores argumentaban que la ampliación reduciría el tamaño de la zona en la que podían jugar los niños. Las emociones se dispararon en la reunión. Como estaba claro que la unanimidad no era posible, el secretario, o presidente, de la reunión no levantó acta. Decidió que el problema debía dejarse «descansar» durante un mes. Los miembros de la comunidad se fueron a casa y «dejaron el tema en la estantería» para una fecha posterior. Al final, en el transcurso de seis meses en los que se alternaron las deliberaciones y el «descanso», las emociones se enfriaron y empezaron a surgir nuevas soluciones. El grupo encontró una forma de permitir una expansión limitada del cementerio que no interfiriera con el parque infantil. En el silencio, el tiempo y el espacio, surgieron posibilidades no reconocidas anteriormente. Todos estuvieron de acuerdo con la nueva solución. Incluso en el acogedor espacio de la Reunión de los Amigos —un espacio seguro para la discrepancia— Sheeran observa que nadie en el proceso registró arrepentimiento por el compromiso.

En el libro *Roads to Agreement,* de 1951, Stuart Chase identifica varias características del enfoque cuáquero de la deliberación, como la toma de decisiones por unanimidad y sin votación, la participación de todos los que tienen ideas, la ausencia de líderes, el enfoque en los hechos y el principio de que nadie supera a los demás. Aunque se pueden encontrar elementos de este tipo de «anarquismo ordenado» en algunos otros tipos de organizaciones, hay otras tres características que Chase identifica y que son especialmente exclusivas de los cuáqueros: silencio al principio de todas las reuniones, una moratoria temporal cuando no se puede llegar a un acuerdo, y la primacía de aprender a escuchar, incluido el mandato de no asistir nunca a una reunión con la mente ya formada. Estas estructuras son encapsulaciones formales de los valores cuáqueros.

Anteriormente, hablamos de cómo Rob Lippincott, líder sin ánimo de lucro, educador y cuáquero de nacimiento, describió el propósito de la Reunión de Negocios no como un «debate» en sí, sino más bien para hacer lo que a menudo se llama trillar. Es un ejercicio de *discernimiento.* Requiere un compromiso para evitar tratar de defender tu posición, afirmar tu ego y demostrar que tienes razón. Es un modelo de deliberación en grupo que consiste en determinar no *quién tiene la razón*, sino *qué es lo verdadero*. «Un buscador de la verdad», subrayó Gandhi, «requiere silencio». Una empresa compartida de descubrimiento de la verdad requiere mecanismos de silencio y descanso como medio para superar el ruido de la distracción y la animosidad. Requiere un compromiso compartido de escuchar sin juzgar.

El enfoque cuáquero no es el único modelo de toma de decisiones grupales verdaderamente consensuadas que se basa en el silencio contemplativo. La Confederación Iroquesa —conocida como la democracia participativa más antigua de la Tierra— construyó una sociedad diversa y altamente igualitaria sobre la base de la deliberación por consenso en múltiples niveles. Muchos estudiosos creen que la Gran Ley de la Paz, la constitución oral de la Confederación Iroquesa —con su énfasis en los controles y equilibrios y la separación de poderes— fue una inspiración directa para la Constitución de Estados Unidos. Pero la Constitución de Estados Unidos se centra en la regla de la mayoría, mientras que la Gran Ley de la Paz se centra en el consenso.

La capacidad de consenso en el modelo iroqués está directamente relacionada con la capacidad de silencio contemplativo compartido. Si asistes a una reunión de toma de decisiones de los iroqueses, es probable que oigas recitar el discurso de Acción de Gracias de los haudenosaunee. Es una declaración de gratitud a las aguas, a las plantas, a los animales y a todas las fuerzas de la naturaleza. Después de cada parte de la declaración hay un momento de atención reverencial compartida y una frase trascendente que se repite: «Ahora nuestras mentes son una».

Intenta imaginar que una institución como el moderno Senado de EE.UU., la Asamblea General de la ONU o un consejo de administración de Fortune 500 encuentran el consenso a través de prácticas de unión provocadas por el silencio contemplativo compartido. Imagínate a los participantes en una de estas reuniones tratando de *hacer que sus mentes sean una sola*. La idea es bastante inverosímil. Y hay una razón para ello. Como observó Sheeran hace cuarenta años, la práctica del consenso es posible en una reunión cuáquera porque los miembros de la reunión tienen valores comunes. El enfoque cuáquero —y el enfoque iroqués— son posibles porque, en palabras de Sheeran, «los participantes están en comunidad». Forman parte de un «grupo orgánico cuyo bien y objetivos serían el punto de referencia inicial». Los miembros del Senado y de la Asamblea General de la ONU no están «en comunidad». La mayoría de los miembros de la sociedad occidental moderna participan en lo que él llama una cultura «individualizada y atómica» que es «incapaz de hacer comunidad debido a la incapacidad de renunciar al punto de partida centrado en el individuo». Estados Unidos es, por supuesto, el epítome de esa cultura.

Para trabajar en la toma de decisiones basada en el consenso, tenemos que aprender a trascender nuestras perspectivas hiperindividuales. Debemos aprender a salir de la red del modo por defecto —la red del yo— del cerebro. Tenemos que ser capaces de ir más allá del ruido del yo separado.

Por supuesto, no hay una respuesta fácil sobre cómo realizar este cambio de valores y de orientación comunitaria. Sin embargo, las prácticas de silencio —como los mecanismos de «descanso» de la reunión cuáquera o el ritual unificador del discurso de Acción de Gracias de los haudenosaunee— son un punto de partida. La construcción de una sociedad que honre el silencio requiere cambios tanto en las reglas oficiales como en las normas a pequeña escala; requiere un cambio tanto de arriba a abajo como de abajo a arriba.

R-E-S-P-E-C-T

En el capítulo 5, mencionamos el trabajo pionero de la psicóloga medioambiental Arline Bronzaft en los años 70. Fue ella quien examinó los impactos cognitivos de la contaminación acústica en los alumnos de primaria en Manhattan, cuya clase estaba junto a una vía de metro elevada que chirriaba. Desde su histórico estudio, ha pasado casi cincuenta años pensando en cómo ayudar a las sociedades a bajar el volumen de las distracciones auditivas. Ha sido consejera de cinco alcaldes de Nueva York en cuestiones de contaminación acústica, asesora técnica del gobierno federal en política nacional y defensora del restablecimiento de un aparato regulador serio como la Oficina de Reducción y Control del Ruido.

A finales de 2020, refiriéndose a estas décadas de esfuerzos, Bronzaft habló de una clave esencial para la gestión del ruido del mundo moderno.

«Una palabra podría reducir realmente la intrusión sonora», dijo en una entrevista.

«Respeto».

Esta palabra, respeto, se utiliza mucho hoy en día, y sin embargo transmite algo profundo: el reconocimiento de la dignidad de otra persona y el compromiso de preservar la prerrogativa de los demás de encontrar su propio sentido y bienestar. La palabra «respeto» viene del latín *re-spectus*, que significa «considerar». Es, literalmente, «el acto de mirar hacia atrás», como si se tratara de dar a alguien la consideración más profunda que le corresponde.

La sencillez del planteamiento de Bronzaft llega a la esencia del trabajo que tenemos ante nosotros. Tenemos que honrar el derecho de cada persona a experimentar su propia «interioridad», su propia claridad e incluso su propio asombro. Este tipo de respeto profundo se pierde en nuestros modernos modos de comunicación. Esta pérdida contribuye tanto a nuestros crecientes niveles de ruido global como a nuestra decreciente capacidad para encontrar el consenso.

Cincuenta años después de la promulgación de la Ley de Control del Ruido, la naturaleza del ruido ha cambiado radicalmente. Ante la avalancha de ruido informativo, la labor de la política reguladora se ha vuelto mucho más complicada. Aun así, el punto de Bronzaft sobre el respeto es relevante no sólo para el ruido auditivo sino también para el informativo e incluso el interno. Ahora se está trabajando para impregnar nuestros sistemas sociales, económicos y tecnológicos con el valor del respeto. Nosotros pensamos, por ejemplo, sobre cómo los defensores del Center for Humane Technology hablan de un «cambio de la

326 • EL VALOR DEL SILENCIO

tecnología que crea valor extrayendo atención a una tecnología que crea valor promoviendo la presencia».

Aunque creemos que las estructuras formales de gobierno tienen un importante papel que desempeñar en estas transiciones —estableciendo normas y expectativas compartidas para contrarrestar las fuerzas del ruido—, sabemos que la labor más importante consiste en cambiar la cultura. Se trata de cultivar el respeto en general.

15

UNA CULTURA DEL SILENCIO DORADO

«¡Casa abierta!», grita una voz.

Joyce DiDonato ya está en el escenario, sentada en meditación.

O algo parecido.

Está inmóvil, como una escultura, con un vestido gris metálico de cuerpo entero. Está ligeramente velada tras las pantallas de humo y la iluminación ornamental en la caverna barroca de la gran sala de conciertos del Centro Kennedy. Aunque está muy concentrada en su respiración, la situación no es precisamente propicia para la introspección.

«Pasan muchas cosas», recuerda.

Aunque Joyce ha actuado cientos y cientos de veces en los grandes escenarios del mundo, cosechando casi todos los altos galardones de la ópera, las reliquias de los sentimientos del novato —«los nervios, la emoción y la adrenalina»— nunca desaparecen del todo. «El corazón late», nos dice. «Las palmas de las manos sudan». Hay una claridad aparentemente sobrenatural en su voz y una calma en su presencia en el escenario. Sin embargo, Joyce explica que está haciendo un gran trabajo interior para sortear el ruido. «Mi objetivo como intérprete es eliminar las cosas que me inhiben para que la música pueda llegar sin obstáculos al oyente; es superar el ruido interno, las dudas internas». Resulta extraño pensar que cantar con audacia en un escenario ante miles de personas sea el trabajo del silencio. Pero así es como ella lo describe. «Tengo que encontrar un tipo de silencio para dar realmente voz a la música, con honestidad e integridad. Tengo que trabajar hacia el silencio interior. Me ha llevado —me *está llevando*— mucho tiempo», añade. «No era consciente de lo ruidoso que estaba dentro de mi cabeza».

Durante veinticinco o treinta minutos, la gente entra en la sala de conciertos. Cuando se acomodan en sus asientos, se sorprenden al ver que se ha levantado el telón y que la célebre mezzosoprano ya está sentada en el escenario. «El ruido aumenta, la energía, la frenética sensación de expectación empieza a crecer», nos cuenta. «Entonces las luces se atenúan. Es como si alguien hubiera bajado la palanca del volumen». Hay un crujido de alerta en el aire.

Y luego un solo punteo de una nota baja en el laúd.

«El laúd es este instrumento de grano muy suave; no hace mucho ruido, así que es una llamada de atención sorprendente. Luego nos acomodamos durante otros veinte segundos más o menos de silencio antes de que finalmente me mueva y comience la música». Joyce nos cuenta que se aficionó a este comienzo gradual y poco convencional: «Me siento llena de mucha más conciencia».

El concierto que describe tuvo lugar en Washington, D.C., en noviembre de 2019. Fue el acto de clausura de una gira mundial de tres años por cuarenta y cuatro ciudades de veintitrés países, llamada *In War and Peace: La armonía a través de la música*. La idea se le ocurrió a Joyce como un «rayo», según nos cuenta. En aquel momento, estaba preparada para hacer una gira muy diferente. «Iba a promocionar un disco de arias napolitanas singulares», dice. La gira estaba programada —todos los preparativos estaban hechos— pero cuando se produjeron los trágicos atentados terroristas en París, «algo se agitó en lo más profundo de mi ser», dice. Su voz interna resonó: «No puedo hacer una grabación para las quinientas personas que van a encontrar esto académicamente interesante... *El mundo necesita algo más*». Sacudida por la violencia en Francia y el rencor de la política estadounidense, Joyce quería explorar —a través de la música y el arte— cómo la gente, en tiempos de ruidosa agitación, encuentra consuelo.

Durante su gira, preguntó a decenas de personas: «En medio del caos, ¿cómo encuentras la paz?». Publicó las respuestas en *Playbill,* abriendo un diálogo y asegurándose de que su gira no fuera otra «experiencia musical de noventa minutos», como ella misma dijo. La pregunta y las respuestas del público dieron lugar a una conversación más amplia que se convirtió en el telón de fondo de la gira.

Joyce reflexiona sobre su propia respuesta a la pregunta: *¿Cómo encuentra la paz en medio del caos?* Aunque los conciertos tienen esta vocación contemporánea, ella interpreta piezas musicales centenarias. Nos cuenta que siente un vínculo con las personas que han interpretado las canciones a lo largo de los siglos, así como con el público que las ha escuchado durante esos cientos de años. «Te alinea en una especie de hilo que se remonta en el tiempo», nos dice. Joyce trasciende el tiempo tal y como lo conocemos, sobre todo en los silencios. «El silencio se amplifica y se construye sobre todos esos silencios que han venido antes».

Al concluir el concierto, nos dice, «la voz termina cediendo la melodía al violín solista, que da paso lentamente al acorde final prolongado de la orquesta. Imperceptiblemente, se disipa, pareciendo durar para siempre».

Luego, el más grande silencio.

«Hay dos mil personas en el público», nos dice, «dos mil experiencias que suceden al mismo tiempo. Es como si hubiera un acuerdo colectivo tácito —un *acuerdo colectivo silencioso*— de *no* moverse, ni siquiera respirar». Continúa: «El público crea esta atmósfera de electricidad. En este momento no hay expectación, como en el silencio del principio. Y no es nerviosismo», añade, analizando las variedades de silencio que ella conoce tan bien. «Simplemente están *en* el silencio. Confían plenamente en la experiencia, se bañan en ella».

El tiempo se siente «suspendido», dice. «Este tipo de silencio es sagrado». A pocas manzanas de la Casa Blanca —en el ocaso de los años de Trump, en un momento de tanta incertidumbre y alboroto— hay una cultura momentánea de presencia y paz. La actuación deja un arrebato de silencio a su paso. Y, muy lentamente, se disipa.

Se produce un estruendoso aplauso. Luego, cuando los gritos de júbilo de «¡Brava!» se apaciguan, el público vuelve a sumirse en un silencio colectivo.

A continuación, Joyce se dirige al público. En primer lugar, reconoce lo que es palpable: el dolor y la confusión que hay. A medida que avanza, llega a lo que parece un crescendo operístico, diciendo: «Nuestro mundo no tiene por qué ser así». Habla de cómo la vida puede y debe «rebosar de inmensas posibilidades, belleza improbable y verdad implacable». Luego se detiene y se queda inmóvil, una vez más, en el escenario. Deja que las palabras resuenen en la sala.

Cuando le preguntamos a Joyce por las palabras que había pronunciado, parecía que apenas las recordaba. No es que no las haya dicho. No es que no fueran importantes. Era más bien como si *las hubiera pronunciado ella*. Era como si toda la gira hubiera sido orquestada para pronunciar esas palabras y ese silencio, ese día, en ese lugar, ante ese público en particular.

Justin recuerda sus palabras vívidamente. Él estaba allí. A la sombra de las palabras de Joyce sobre la lucha y la esperanza, sintió uno de los silencios más profundos que había encontrado en una multitud tan grande. Sintió el acuerdo colectivo del que habló Joyce; él había entrado en ese acuerdo colectivo.

La difunta jueza Ruth Bader Ginsburg también se encontraba entre el público de la representación. Faltaba menos de un año para que falleciera. Fue una época intensa para el Tribunal Supremo, y se enfrentó a muchos casos polémicos. «Había grandes decisiones sobre su mesa», recuerda Joyce. «La mañana siguiente a la actuación, me expresó lo agradecida que estaba; durante esas dos horas, dejó de pensar en los sumarios. Hubo un espacio que le permitió respirar, restaurarse, reponerse y volver a tener una perspectiva fresca».

Reflexionamos con Joyce sobre lo mucho que la jueza Ginsburg estaba sosteniendo —para sí misma y para el país— en ese momento. Nos referimos a lo raro que es encontrar un *contenedor* que permita este tipo de renovación. Un espacio público, un espacio secular, un espacio de acuerdo colectivo silencioso.

«Debido a que gran parte de nuestra sociedad está estructurada en la producción —estar a la altura, adelantarse a los acontecimientos, ir, hacer—, nuestros intelectos nos engañan haciéndonos creer que ésta es la única manera», dice Joyce. «Pero aquí hay una invitación a detenerse y experimentar algo amplio y verdadero». Continúa: «Creo que éste es el poder de la cultura, el arte y la actuación. No siempre ocurre. Pero cuando *ocurre*, es una oportunidad para salir de tu mente y sumergirte en tu interior».

En la meditación o la contemplación silenciosa, Joyce sólo ha experimentado en contadas ocasiones un tipo de silencio que llamaría «arrebatador». Pero, nos dice, «he tenido múltiples veces, *muchas* veces, en las que ha venido de la colectividad... Hay una sintonía que llega, y se amplía gloriosamente».

EL DÍA DEL SILENCIO

Dewa Putu Berata creció jugando y tocando música con sus amigos a la sombra de cinco gigantescos banianos en su pueblo, Pengosekan, cerca de Ubud. «En Bali tenemos *muchas* ceremonias», dice sonriendo. Esto es un eufemismo encantador. Las ofrendas y los rituales son el centro de la vida balinesa.

De niño, la ceremonia favorita de Dewa era la que tenía lugar la noche anterior al Año Nuevo, llamada el Desfile Ngrupuk. Era un caos, a propósito. Los aldeanos salían de sus recintos y se lanzaban a la calle portando efigies gigantes de monstruos y demonios. Golpeaban los tambores y hacían ruidos fuertes para ahuyentar a los espíritus malignos. La música es «fuerte y seria», nos dice Dewa, bajando considerablemente el tono.

«Es como *¡Tata! ¡Tata! ¡Dum! ¡Tata! ¡Dum! ¡Tata Dum!*»

Se quedaba cerca de su padre, un reconocido baterista, que tocaba durante horas para exorcizar el mal y preparar al pueblo para la purificación que tiene lugar a la mañana siguiente en Nyepi, el Día del Silencio, el primer día del Año Nuevo y el día ceremonial más importante del calendario lunar balinés.

El Nyepi prohíbe las actividades ordinarias de la vida diaria. Durante veinticuatro horas se aplican reglas muy diferentes: no se puede encender fuego, ni cocinar ni usar la luz; no se puede realizar ninguna actividad, ni siquiera trabajar; no se puede salir de casa, y, por último, pero no por ello menos importante, no se puede comer ni participar en espectáculos. «Hay que estar tranquilo, quedarse en casa y pensar», nos dice Dewa. «Dejas que la naturaleza se tome un descanso por un día, y te permites a ti mismo descansar por un día».

Dewa describe su pueblo como imposiblemente ruidoso hoy en día. Apenas se oyen los pájaros por encima del tráfico de camiones y motocicletas, el constante toque de bocina. Pero, durante el Nyepi, nadie puede conducir, el aeropuerto internacional está cerrado, incluso los teléfonos móviles apagados.

«En nuestro mundo hay silencio», dice Dewa. «Pero hay mucho en nuestras cabezas y en nuestros corazones».

En este día de purificación, se espera que la gente aprecie todo lo que tiene en lugar de quejarse de lo que está prohibido. Dewa y su familia se preguntan: «¿Y si *no* tuviera trabajo? ¿Y si *no* tuviera comida? ¿Y si *no tuviera* una casa o la posibilidad de pagar la electricidad?». Estas preguntas les llevan a practicar la gratitud.

Dewa dice que para la «gente normal» como él, los que «no son fuertes en la meditación», está bien pasar el Nyepi en una conversación tranquila con los seres queridos, siempre que se aseguren de no molestar a los vecinos. En la familia de Dewa, aprovechan el tiempo para cuidar sus relaciones. Hablan de lo bien que se comunican y se llevan. Revisan y refrescan sus compromisos mutuos. Imaginan cómo quieren ser: como una familia. Para Dewa y su familia, estas conversaciones tranquilas marcan el tono del año que viene.

La parte favorita de Dewa en Nyepi hoy es cuando él, su mujer y sus hijos sacan unos colchones al patio de su recinto. Se reclinan con las cabezas juntas, escuchando el canto de los pájaros y contemplando un cielo extenso.

Casi esperábamos que Dewa nos dijera que el Nyepi era una tradición que estaba desapareciendo. Pero nos dice que es todo lo contrario: la gente es más observadora que nunca. Cuando era niño, dice Dewa, «el Nyepi no era gran cosa». Antes, el gobierno pedía a los Pecalang, los guardias tradicionales que mantienen la seguridad de la aldea en la vida cotidiana, que hicieran cumplir las normas del Nyepi. Hoy en día, siguen recorriendo las calles, pero Dewa dice que apenas son necesarios. «Creo que la gente entiende lo que es Nyepi», nos dijo. «Hoy en día hay tanta gente, estamos tan estresados, mucho trabajo, mucha actividad... Creo que realmente *necesitamos a* Nyepi».

Dewa dice que él y sus conciudadanos acogen el ritual.

«Decimos: "Gracias, Nyepi. *Gracias.*"»

RECORDANDO

En los capítulos anteriores, hemos explorado lo que significa encontrar el silencio en nuestras vidas individuales, así como entre amigos, colegas y seres queridos. Hemos imaginado políticas públicas que respetan nuestros mundos internos y honran lo que no se dice.

Pero, ¿qué significa vivir en una sociedad entera que honra el silencio? ¿Qué pasaría si el acuerdo colectivo en la actuación de Joyce o el día anual de reflexión en la observación de Nyepi de Dewa no fuera un acontecimiento excepcional, sino, por el contrario, un elemento de la vida ordinaria?

¿Dónde podemos buscar una cultura que valore la claridad y el asombro? Recientemente exploramos esta línea de investigación con Tyson Yunkaporta, autor del libro *Sand Talk: How Indigenous Thinking Can Save the World*.

La respuesta de Tyson fue inequívoca: «No existe».

«No hay cultura indígena en el planeta que no esté infectada por el mismo ruido», nos dice. «Hay gente que sigue viviendo con los mismos patrones», dice, hablando del conocimiento tradicional y modos de conexión con la naturaleza. «Pero esos también se están desmoronando».

«El ruido está en todas partes. Del mismo modo que todas las madres del planeta tienen dioxina en su leche materna —incluso en medio del Amazonas, *especialmente* en medio del Amazonas—, no hay ningún lugar perfecto, todo está contaminado», afirma.

«Hay tanto ruido que no se puede tener una relación impoluta con una persona. Nuestras relaciones están infectadas por el ruido, y hay mil capas de abstracción entre dos personas cualquiera».

Tyson hace una pausa y reconoce que esto suena negativo, y luego dice exactamente lo contrario de lo que esperamos que diga.

«Estoy muy emocionado por estar vivo en este momento».

«Todo esto suena desesperanzador, pero —no— es un regalo», dice. «Nuestro trabajo es actualizar los sistemas que habrán de habitar nuestros descendientes. Hablo de un *recuerdo* de conexión».

Y concluye: «Existe este enorme y disfuncional monstruo que ha cubierto el planeta, y nuestras respuestas a él están configurando la increíble cultura regenerativa que está llegando».

* * *

En la era del ruido auditivo, informativo e interno —cuando al menos un tercio de los «ecosistemas auditivos» naturales del mundo se han extinguido, cuando cada centímetro cuadrado de la Tierra tiene alguna forma de conectividad digital, cuando el bienestar de una sociedad se juzga por la cantidad bruta de sonido y estímulo y cosas que produce, y cuando el «éxito» de una vida humana se evalúa según la marca personal en la plataforma digital Dujour—, probablemente Tyson tenga razón. Hay un grado de atención prístina que es, hoy en día, inalcanzable.

Pero Tyson sostiene que hay algo importante y maravilloso que podemos hacer, incluso en este mundo de ruido.

«Recuerda la memoria», dice.

Podemos «recordar la memoria» para conservar el recuerdo. Incluso si hay no hay un silencio dorado perfecto en este mundo de ruido, podemos conectar con el silencio a través del tiempo. Podemos cuidar las raíces y los miembros que quedan con la esperanza de que vuelvan a florecer en el futuro.

A lo largo de este libro, hemos explorado lo que significa «recordar la memoria», en formas grandes y pequeñas. Hemos explorado lo que significa despertar una presencia silenciosa y conectada que se siente totalmente ajena a los tiempos ruidosos y aislados en los que vivimos. El gran teatro de la ópera en un centro de poder político mundial y el pequeño pueblo envuelto en el humo de las motos entre los arrozales son, literal y metafóricamente, un mundo aparte. Pero son dos ejemplos de lo que significa «recordar la memoria» del silencio.

LA SEÑAL

Le pedimos a Tyson que nos hable del silencio más profundo que ha conocido.

Responde con un amistoso desafío a la premisa de nuestra pregunta.

En su lengua indígena, el wik mungkan, nos dice que no hay ninguna palabra que se aproxime siquiera a la idea ordinaria de silencio.

«El vacío es sólo un concepto teórico», explica Tyson. La mayor parte de la «búsqueda del silencio» moderna —la noción de que podemos trascender todas las relaciones y vibraciones y patrones de nuestro mundo— es un engaño». Pero dice que *hay* un concepto en su lenguaje tradicional que se relaciona directamente con la idea más profunda del silencio como presencia, como algo más que la ausencia de ruido.

Llama a este concepto «la capacidad de percibir una señal».

«Se vuelve subjetivo», advierte Tyson, porque pensamos que «la señal de una persona es el ruido de otra».

Pero dice que hay una señal verdadera que es más profunda que todas nuestras historias y opiniones individuales. «En los cimientos, en el fondo de la montaña», dice, «está la ley de la tierra, la ley que está *en* la tierra, las fuerzas y los patrones de la creación que prevén el crecimiento y los límites del crecimiento de todas las cosas».

«Y eso», dice, «es *la* señal».

Reflexiona unos momentos y luego llega al corazón de lo que quiere decir cuando habla de percibir la señal: «sintonizar con lo que es *realmente* verdadero».

En nuestra conversación, Tyson enfatiza que esta verdadera señal no está sólo en la tierra.

También está dentro de nosotros.

«Las ballenas tienen una señal genética que les dice cuáles son sus rutas migratorias, las aves también tienen estas señales, y nuestros biólogos dicen que los humanos no tienen esa memoria. Pero *sí* tenemos una señal que nos dice cómo organizarnos en grupos».

Las palabras de Tyson nos devuelven a la intuición original que nos llevó a escribir este libro.

Más allá de todo el ruido del mundo y de todas las interferencias en nuestras propias cabezas, existe esta presencia —esta verdadera señal— con la que podemos sintonizar.

Cuando «recordamos la memoria» de esta presencia y alineamos nuestras vidas con ella, podemos encontrar algo más que la calma personal o la mejora de la productividad o alguna otra forma de lo que Tyson llama burlonamente «autorrealización». Podemos encontrar orientación sobre cómo vivir bien con los demás, sobre cómo sanar nuestras culturas y cómo organizar nuestras sociedades. También podemos encontrar orientación sobre cómo vivir en armonía con la naturaleza. Tyson nos recuerda que «la ley de la tierra vive *lentamente*». Tiende a operar a lo largo de siglos y milenios más que al ritmo de los ciclos de noticias por cable y las «tomas calientes» de los medios sociales. No podemos discernir la señal cuando corremos a una velocidad vertiginosa. No podemos escuchar cuando estamos atrapados en historias del yo.

EXPANSIÓN

Hay mil maneras de describir el poder del silencio: lo que Tyson llama la capacidad de «percibir una señal» o de «sintonizar con lo que es *realmente* cierto». En este libro hemos nombrado muchas.

Por ejemplo, se puede describir en términos neurobiológicos como ir más allá de la red de modos por defecto del cerebro.

O pintar el cuadro en términos religiosos como la esencia *apofática* de la realidad, más allá de los conceptos y de lo que se puede nombrar.

O mira hacia lo poético, como cuando Cyrus Habib habla de ser un «conocedor de la creación».

O bien la experiencia directa, como la claridad sensorial de ver cómo se agita el océano o sentir la brisa fresca en la piel, sin que medie la narración o el análisis.

Una de las formas más potentes de describir la esencia dinámica del silencio es a través de la palabra «expansión». Es el despliegue del espacio atencional y la relajación de las restricciones del yo separado. La palabra «expansión» es la clave para entender por qué el silencio es tan escaso en nuestro mundo, por qué vivimos hoy con lo que Tyson llama el «mamotreto disfuncional» del ruido.

En la conversación, el neurocientífico Judson Brewer nos describe cómo prácticamente todos sus estudios de investigación académica —sus décadas de exploraciones de la interacción de pensamientos y comportamientos con el mecanismo biológico del cerebro— apuntan a un espectro de experiencia humana entre la *contracción* y la *expansión*. En los estados de contracción, dice, estamos inmersos en el etiquetado de las cosas, fijados en el pasado y el futuro, atrapados en el ruido de la identidad individualizada. En los estados de expansión, estamos presentes en el silencio interno, donde podemos trascender esas rígidas fronteras del yo y del otro.

Brewer señala que nuestras sociedades tienden a *celebrar* los estados de contracción. O, como dijo Joyce DiDonato, «gran parte de nuestra sociedad está estructurada en torno a la producción: estar al día, adelantarse a los acontecimientos, ponerse en cabeza, ir, hacer». Brewer señala que tendemos a buscar y glorificar las emociones de «excitación». Aunque no hay nada malo en estar emocionado, es un estado contraído. «La excitación», dice, «no equivale a la felicidad».

Existe un tipo de alegría más profunda y sostenible que se basa en algo más allá de la euforia momentánea. Aristóteles hablaba de una especie de felicidad llamada *eudaimonía es la* experiencia de la plenitud humana enraizada en la virtud y la verdad. Es la bondad que sentimos cuando nos expandimos más allá de los intereses limitados del yo individualizado. Es una felicidad vasta y penetrante, llena de claridad y calma. Gandhi hablaba de este tipo de realización más expansiva como la alineación entre *manasa, vāchā* y *kārmana,* las palabras sánscritas para mente, habla y acción, respectivamente. Se le cita diciendo: «La felicidad es cuando lo que piensas, lo que dices y lo que haces están en armonía». Desde este punto de vista, tiene sentido que Gandhi, incluso siendo uno de los líderes políticos más comprometidos y destacados del mundo, pasara tanto tiempo en silencio. Su noción de bienestar lo *requería.*

Cada cultura tiene su visión de lo que constituye una buena vida. Cada sociedad tiene su respuesta a la pregunta de qué es lo que hace que el ser humano se sienta bien. La intuición que ha inspirado este libro —sobre el poder del silencio para ayudarnos a trascender los viejos y cansados opuestos y a ir más allá de una cultura de pros y contras— consiste en cambiar nuestra estrella polar de la contracción a la expansión. Se trata de pasar de la obsesión por la velocidad, el entretenimiento, la competencia y la máxima acumulación de cosas mentales y materiales a la apreciación de la presencia, la claridad y los espacios dorados entre y más allá de todo discurso y pensamiento.

Hemos explorado un amplio abanico de ideas para realizar este cambio, para recuperar la memoria del silencio en un mundo de ruido. Empezamos con prácticas personales, como las que describe Jarvis, de encontrar tu *esfera de control* y tu *esfera de influencia.* A continuación, examinamos las formas en que podemos honrar la atención prístina en nuestros lugares de trabajo y compartir momentos de silencio con nuestros amigos y familiares. Por último, examinamos las oportunidades de cultivar el silencio a nivel de toda la sociedad.

Pero, en realidad, todas estas estrategias se reducen a la sencilla idea que presentamos en las primeras páginas de este libro:

Observa el ruido.

Sintoniza con el silencio.

Adéntrate en el silencio todo lo que puedas, incluso cuando sólo esté presente durante unos segundos.

Cultiva espacios de silencio profundo —incluso de silencio arrebatador— de vez en cuando.

Así es como podemos empezar a escuchar la verdadera señal. Es la esencia del recuerdo. Es el camino más claro hacia la expansión de nuestra conciencia, tanto personal como compartida.

* * *

En las primeras páginas de este libro, expresamos nuestra sensación de que los problemas más intratables no se resolverán con más conversaciones o pensamientos. Con el debido respeto a la voz y al intelecto, y a la zumbante maquinaria del progreso material, te pedimos que consideres la posibilidad de que las soluciones a los retos personales, comunitarios e incluso globales más graves pudieran encontrarse en otro lugar: *en este lugar de expansión, en el espacio abierto entre las cosas mentales.*

No queremos dar a entender que con el silencio las soluciones surgirán automáticamente. Todavía tenemos que desafiar los sistemas sociales opresivos, reducir radicalmente las emisiones de gases de efecto invernadero y construir economías equitativas. Todos estos cambios son necesarios. Sólo que no son, por sí solos, suficientes. También tenemos que abordar la agitación subyacente en nuestra conciencia humana colectiva. *Para reparar nuestro mundo, necesitamos reclamar nuestras capacidades para cultivar el silencio, para estar en silencio, para percibir la señal.* Necesitamos encontrar nuestro camino hacia la humildad, la renovación y el respeto por la vida. Estos son los requisitos previos para resolver los retos a los que nos enfrentamos.

No te fíes de nuestra palabra.

Tómate un momento para volver a la sensación del silencio más profundo que hayas conocido. Vuelve a dónde estás, con quién estás y qué está pasando a tu alrededor. Recuerda que este silencio más profundo es como en tu cuerpo. Tal vez sea activo, como un estado de *flow*. Tal vez sea pasivo, como un estado de reposo.

Tómate tu tiempo. Respira.

Comprueba si puedes recordar la sensación de la memoria.

Ahora, imagina que tus seres queridos también sienten esta presencia. Y tus vecinos, y la gente de tu lugar de trabajo. Imagina que los principales responsables políticos e influencers culturales de tu país la sienten. Imagina que todo el mundo, al menos por un momento, siente esta resonancia, esta amplitud.

Imagina que todos nos detenemos y lo apreciamos.

¿Cómo podría esta experiencia cambiar nuestra forma de afrontar los conflictos? Cuando nos sentamos en este silencio, ¿nos aferramos al impulso endurecedor de ganar la discusión, o nos expandimos hacia la escucha y la comprensión? ¿Cómo cambia esta presencia nuestro sentido de lo que constituye el progreso?

¿Seguimos aferrados a una idea de la «buena vida» como la acumulación interminable de más y más cosas mentales y materiales? ¿O nos relajamos, nos abrimos y nos ralentizamos, aspirando a armonizarnos más con la naturaleza y con los demás?

¿Cómo cambia esta presencia del silencio la forma en que tomamos decisiones, en que nos responsabilizamos, en que decidimos cómo gastar nuestro tiempo? ¿Cómo puede esta presencia del silencio cambiar lo que llevamos en el corazón?

Imagina que toda la humanidad pudiera absorber este silencio dorado.

¿Qué es posible cuando recordamos?

¿Qué sucede cuando todos nos sintonizamos?

TREINTA Y TRES MANERAS DE ENCONTRAR EL SILENCIO

En las próximas páginas, encontrarás resúmenes rápidos de algunas de las prácticas y estrategias clave que hemos expuesto en este libro. Estas ideas abarcan desde pequeñas formas personales de encontrar momentos de tranquilidad hasta grandes cambios en nuestras sociedades. Al lado de cada apartado hemos incluido un número de página donde puedes encontrar una descripción más detallada de cada práctica.

PRÁCTICAS COTIDIANAS PARA PARTICULARES

Sólo escuchar, página 183

Entra en un lugar tranquilo. Presta toda tu atención a tu oído. No hace falta que pienses en *lo que* oyes, sólo escucha el paisaje sonoro que te rodea. Si hay suficiente silencio en tu entorno, comprueba si notas algún sensación de un «sonido interior», como una vibración o un pitido en los oídos. *Simplemente escucha*, sin etiquetar ni juzgar. Recuerda cómo Pitágoras aconsejaba a sus alumnos «dejar que la mente tranquila escuche y absorba el silencio». Recuerda cómo los investigadores de la Facultad de Medicina de la Universidad de Duke encontraron pruebas de que «tratar de escuchar en silencio activa la corteza auditiva», estimulando el desarrollo de las células cerebrales. Cuando anclas tu conciencia en la simple escucha, *¿cómo cambian tus pensamientos y sentimientos?*

Pequeños regalos de silencio, página 185

La próxima vez que te enfrentes a una pausa imprevista en lo que estás haciendo o a una perturbación de los sonidos y estímulos cotidianos de tu día —por ejemplo, el podcast que estás disfrutando deja de transmitirse inesperadamente en tus auriculares o estás atrapado en una cola ridículamente larga en la oficina de correos—, mira *si puedes recibir este vacío como un regalo.* En lugar de frustrarte, ¿podrías tomarte unas pequeñas vacaciones para no tener que lidiar con ese espacio? ¿Hasta qué punto puedes sumergirte en un momento inesperado de tranquilidad?

Lo que ya estás haciendo, pero más profundo, página 188

A lo largo del día, siempre que te acuerdes, *haz tres respiraciones.* Lo harás de todos modos. Pero, cuando hagas estas tres respiraciones en particular, *presta mucha atención.* Puedes usar estas respiraciones como un «diagnóstico» para sentir dónde hay ruido en tu cuerpo y en tu mente. Y puedes usar estas respiraciones como una forma de volver a la tranquilidad interna. ¿Puedes encontrar el silencio entre la inhalación y la exhalación, en la «oscilación» de una a otra? Al hacer las tres respiraciones, ¿puedes sintonizar tu cuerpo y tu mente con este silencio? Observa cómo incluso treinta segundos de respiración consciente pueden cambiar tus emociones y tu perspectiva.

El silencio en movimiento, página 191

Aunque es comprensible confundir el silencio tardío con la quietud, el silencio también vive *en el movimiento.* Mientras caminas, corres, bailas, nadas, haces yoga o tiras al aro, ¿puedes prestar la más *exquisita atención a tu cuerpo en movimiento?* Experimenta para ver si puedes llegar a una «fusión de acción y conciencia» en la que no haya más parloteo mental. Comprueba si puedes sumergirte tanto en lo que estás haciendo físicamente que no tengas exceso de atención para dedicar a la rumiación autoconsciente. En un auténtico estado de relajación física, la mente está en silencio.

Momentánea Ma, página 193

Sigue el ejemplo del valor cultural japonés de *Ma*. Busca la claridad y la renovación en *los espacios intermedios*. En una conversación, percibe cómo las pausas en las palabras y frases contribuyen al significado del intercambio y a la conexión que se genera. A lo largo de tu día, detente para hacer una pausa en los momentos de transición. Cuando abras una puerta, abras el grifo para beber agua o enciendas las luces, respira conscientemente en silencio para marcar la transición. Al apreciar el silencio y el espacio en un micromomento, podemos *descomprimir el tiempo*.

Haz una cosa, página 195

Piensa en una «tarea» diaria que sueles dejar pasar a toda velocidad para hacer otra cosa. Comprueba si puedes —como la sencilla, pero elegante, práctica de Faith Fuller de preparar una cafetera— «salir del resultado y entrar en el proceso». ¿Puedes ralentizar tu actividad diaria en tan sólo un 10%? ¿Puedes darle un sentido de apreciación, incluso de ritual? Pruebe a convertir una parte ordinaria de su rutina diaria en una oportunidad de claridad sensorial. Encuentra el silencio interno a través del simple placer de hacer *una sola cosa*.

El silencio de las palabras, página 197

Lee un libro con toda tu atención: sin teléfono cerca, sin conversaciones secundarias intermitentes, sin pensamientos distraídos sobre lo que vas a hacer después. Dedica tiempo a la «lectura profunda» con la intención explícita de traer el silencio a tu mente. Algunos tipos de lectura son especialmente propicios para este tipo de silencio, como, por ejemplo, la lectura en aviones o en cabañas remotas sin señal de móvil. Una de las mejores formas de participar en este tipo de lectura es a través de la poesía. Coloca un volumen de poemas junto a tu cama. Siembra tu país de los sueños leyendo (y releyendo) un poema antes de quedarte dormido. Observa cómo la buena escritura —citando a Susan Sontag— «deja el silencio a su paso».

«Golpes» rápidos de la naturaleza, página 200

Aunque un río caudaloso o una bandada de pájaros trinando pueden registrar altos decibelios, estos sonidos de la naturaleza no reclaman nuestra conciencia. Generan la experiencia sentida de la tranquilidad. Intenta encontrarte con la naturaleza de dos maneras sencillas cada día para ayudarte a poner la vida en perspectiva:

(1) conecta con *algo más grande que tú*, como un árbol imponente o las estrellas del cielo nocturno; (2) conecta con *algo más pequeño que tú*, como una nueva flor, un rastro de hormigas o un gorrión. Conectar con la naturaleza —grande y pequeña— nos ayuda a desalojar el ruidoso engaño de que la vida es sólo el material mental de una existencia centrada en el ser humano.

Santuarios en el espacio y en el tiempo, Página 205

Piensa en todas tus responsabilidades en la vida y en los compromisos de tu agenda. ¿Qué *espacios de tiempo y espacio puedes conservar* para estar en silencio? Pueden ser unos momentos a solas en el lavabo (no se permiten teléfonos) o disfrutar del intervalo entre la alarma de la mañana y el ciclo de repetición. Quizás sea a última hora de la noche o a primera hora de la mañana, cuando puedas dedicar tiempo a estirarte, bañarte, escribir un diario, sentarte en un patio, tumbarte en el suelo o adoptar cualquier otra forma de estar relajado y tranquilo. Haz un hueco en el calendario. Acude a la cita contigo mismo. Cumple con ella como si te reunieras con un colaborador importante o con un amigo querido.

Hazte amigo del ruido, página 207

A veces el ruido es inevitable. El poeta irlandés Pádraig Ó Tuama nos aconseja saludar a lo que no queremos pero que resulta inevitable en nuestras vidas.

Por lo tanto, encuentra la forma de saludar al ruido. Investígalo. Observa tus respuestas al mismo. *¿Hay algo útil que el ruido pueda estar señalando para ti?* ¿Hay alguna necesidad que hayas descuidado? ¿Hay alguna petición que hacer? ¿Hay algo que se te pide que aceptes o que dejes ir?

PRÁCTICAS PARA ENCONTRAR UN SILENCIO MÁS PROFUNDO

Llévate tu lista de tareas pendientes de paseo, página 217

Imprime tu lista de tareas y dirígete al lugar más recóndito de la naturaleza al que puedas acceder razonablemente, por ejemplo, un estanque en un bosque o un mirador en la montaña. Cuando llegues allí, tómate una hora o más para centrarte y recalibrar tus sentidos. Cuando sientas que tus nervios se han calmado y has absorbido parte del silencio, saca tu lista de tareas y *tacha todo lo que no sea realmente necesario*. Fíjate en que algunas de las cosas que creías importantes en tu estado de ánimo habitual en casa o en la oficina pueden no serlo desde este punto de vista. Como dice Gordon Hempton, «las respuestas están en el silencio».

Tómate un miércoles sin palabras, Página 219

Intenta no hablar durante un día. Gandhi tenía un «día de silencio» una vez a la semana. Más allá de la meditación y la reflexión, a veces leía o incluso pasaba tiempo con los demás. Pero no decía ni una palabra. Si las responsabilidades del trabajo, del cuidado de los niños o de los ancianos hacen imposible un día sin palabras, reserva sólo unas horas. La clave para empezar es sencilla: Habla con las personas de tu entorno que se verán más afectadas. Diles por qué es importante para ti un día sin palabras. Describe tu plan. Averigua si tienen alguna pregunta y llega a un acuerdo sobre las normas básicas, como por ejemplo, en qué circunstancias pueden interrumpirte tus colegas o seres queridos. Pídeles todo su apoyo (incluso pueden pedir acompañarte). Una vez que te hayas preparado a ti mismo, a tu entorno y a los que te rodean, *presta atención a lo que es diferente para ti cuando no estás comprometido en el discurso*. ¿Qué es lo que aparece en primer plano y lo que desaparece? ¿Cómo pueden estas observaciones influir en tu vida cotidiana?

Ir flotando en la nube del desconocimiento, página 223

Planifica y prepárate para poder entrar en una profunda quietud. Como explica *La nube del desconocimiento*, es importante *olvidarse* temporalmente de todas las circunstancias difíciles de la vida para poder dedicarse a la oración o la contemplación más profundas. Pero, ¿cómo nos dejamos llevar? Reserva unas horas o un día entero para estar en contemplación silenciosa, en la naturaleza o en algún lugar tranquilo para ti. Como preparación, haz lo que puedas para *preparar el terreno para el silencio interior*. Elimina algunos elementos realmente importantes de la lista de tareas pendientes. Si sabes que no vas a poder entrar en el espacio de silencio interior porque no has enviado ese correo electrónico, ni has hecho esa llamada telefónica, ni has sacado la basura, ni has limpiado la nevera, entonces hazlo. En el momento inmediatamente anterior a entrar en el periodo de silencio, haz lo que necesites para preparar tu cuerpo y tu mente, como hacer ejercicio o escribir un diario. No es necesario ser demasiado ambicioso. Simplemente, piensa en qué puedes hacer para eliminar algunos de los factores que contribuyen al ruido interno. Esto facilitará el *proceso de relajación.*

En las profundidades, página 226

Crea un retiro de silencio de tipo «hágalo usted mismo». No es necesario que sea largo o costoso o que esté lejos de casa para que sea sustancial. Puedes organizarlo tú mismo y «crear el contenedor» según tus propias circunstancias. Por ejemplo, reorganiza los muebles de tu habitación. O cuida de las mascotas de un vecino. O intercambia el apartamento con un amigo. Organizar un nuevo entorno o ambiente puede permitir un cambio psicológico. Aunque un miniretiro hecho en casa no sea tan envolvente como algo largo y remoto, incluso un breve tiempo en silencio puede cambiar tu perspectiva y ampliar tu claridad.

Cachorros peludos lamiendo tu cara, página 231

Considera lo que significa identificar y abordar tus fuentes más profundas de ruido interno. El veterano de la guerra de Irak y superviviente del TEPT Jon Lubecky dice: «Cuanto más profundo sea el trauma, más fuerte será el ruido interno». Añade que, a diferencia del silencio auditivo, no existe un «tanque de privación sensorial» para encontrar el silencio interno. *Hay que hacer el trabajo.* Para Jon, este trabajo llegó por primera vez a través de una sesión de psicoterapia asistida por MDMA en la que se sintió, en sus palabras, como «si lo abrazara la persona que sabes que te quiere más en este planeta mientras te entierra entre cachorros peludos que te lamen la cara». El poder del tratamiento consistió en permitirle acceder con seguridad a un recuerdo que, de otro modo, sería demasiado doloroso. El trabajo de identificar y abordar el trauma no implica necesariamente el trabajo con medicamentos psicodélicos o enteógenos. Pero la clave es encontrar un método eficaz para desentrañar el origen de cualquier ruido interno debilitante.

Juego profundo, página 234

Lleva el asombro infantil a algo que te guste. En su libro *Deep Play*, Diane Ackerman escribe sobre el «juego» como «un refugio de la vida ordinaria, un santuario de la mente, en el que uno está exento de las costumbres, los métodos y las descreencias de la vida». Y el «juego profundo» es lo que ella llama la forma extática del juego. Es el tipo de experiencia que nos lleva a un estado de contemplación similar a la oración. Aunque Ackerman dice que el «juego profundo» se clasifica más por el estado de ánimo que por la actividad, hay algunos tipos de actividades que son especialmente propicias para provocarlo: «el arte, la religión, la asunción de riesgos y algunos deportes, sobre todo los que se desarrollan en entornos relativamente remotos, silenciosos y furiosos, como el submarinismo, el paracaidismo, el ala delta o el alpinismo». Cuando busques superar el ruido del mundo moderno, considera estas preguntas: ¿Qué es lo que más te acerca a una forma de percibir infantil? ¿Cómo puedes trasladar estas formas de contemplación a la vida cotidiana?

PRÁCTICAS COTIDIANAS CON LOS COMPAÑEROS DE TRABAJO Y LOS COLABORADORES

Experimentar, página 253

Piensa en lo que realmente quieres o necesitas con respecto al silencio en tu lugar de trabajo. Inicia una conversación. Imagina un experimento. En algunas organizaciones, se trata de «no enviar correos electrónicos los viernes» o «no reunirse los miércoles». En otras, se trata de eliminar la expectativa de estar disponible —incluso en los dispositivos electrónicos— durante los fines de semana o después de las 5:00 p.m. Para algunos lugares de trabajo, un rediseño del plan de trabajo podría ayudar a determinados tipos de trabajadores a conseguir la concentración que necesitan. *Pon en marcha tu experimento. Recoge las lecciones aprendidas. Perfecciona tu experimento. Repítelo.* Asegúrate de que el experimento puede fracasar. Diseña para aprender, no para hacerlo bien a la primera. Con un poco de creatividad, puedes transformar normas de ruido aparentemente intratables.

Ma en el trabajo, Página 255

Consagra el valor de *Ma* —*la reverencia* por los espacios vacíos «en el medio»— en la cultura de tu organización. *Comienza con actividades de grupo*: Por ejemplo, incluye un tiempo de reflexión en silencio, incluso en los grandes debates. En las lluvias de ideas en grupo, protege la posibilidad de "consultar una pregunta con la almohada"», volviendo a plantear una pregunta al día siguiente. Considera nuevas posibilidades, como los informes no verbales o las galerías de ideas con notas adhesivas en las paredes para que los participantes puedan examinar y votar en silencio las ideas de forma anónima. Haz un hueco para que las voces más silenciosas y las perspectivas más marginadas lleguen al centro. *También puedes incorporar el valor de* Ma *a la estructura de la jornada laboral.* Programa tiempo para la preparación, antes de empezar un nuevo proyecto o de ir a una reunión. Reserva tiempo para las transiciones entre reuniones y eventos; evita programarlas de forma consecutiva. Incluso cinco minutos —incluso cinco respiraciones— pueden marcar la diferencia. Y, por último, recuerda programar tiempo para la reflexión y la integración, especialmente en el caso de proyectos importantes y difíciles.

Trabajo profundo, juntos, página 260

Encuentra un compañero y haz un pacto para apoyar la atención prístina del otro. Puede tratarse de un compañero de equipo o, si trabajas de forma independiente, de otro autónomo que necesite tiempo de trabajo concentrado. Estableced juntos objetivos SMART (específicos, medibles, alcanzables, relevantes y basados en el tiempo). Trabaja en paralelos. Sed responsables los unos de los otros. Trabajad juntos para evitar distracciones, como los miembros de la familia Curie trabajaron juntos para encontrar la «concentración perfecta».

Sentarse en el fuego, página 263

La próxima vez que tú y tu equipo tengáis un conflicto, considera la posibilidad de solicitar amablemente un par de minutos de silencio antes de continuar. Si el asunto es acalorado y necesita más espacio, considera pedir un receso hasta el día siguiente (o la semana siguiente). La idea es crear un espacio adecuado para que las personas dejen de tener posturas puramente opuestas. Cuanto más *recurra el* equipo *al silencio* en estos momentos, más eficaz será este método y más duraderas serán las decisiones del grupo.

Ir más despacio, hay prisa, página 267

Cuando te encuentres con un problema urgente e importante, ve a contracorriente: *baja el ritmo*. En lugar de aumentar el sonido y la intensidad, busca la calma. Si es posible, tómate un descanso. O échate una siesta. Lee algo de poesía. Juega a la pelota con tu perro. Crea arte. Sal a la naturaleza. Date un baño. Descansa. Participa en una actividad (o no) que te ayude a *sentirte y a ser expansivo*. En este estado de expansión, ábrete a nueva información. Invita al pensamiento divergente. Deja que las ideas se maceren durante una buena noche de sueño. A continuación, vuelve a reunirte para centrarte en el tema. Observa lo que surge.

PRÁCTICAS COTIDIANAS PARA FAMILIAS Y AMIGOS

¡Pumpernickel!, página 277

¿Qué hacer cuando el paisaje sonoro de la vida se vuelve demasiado discordante y el volumen es demasiado alto? Rosin Coven, un grupo musical talentoso y deliciosamente excéntrico, tiene un protocolo para ello. Cuando el sonido se agolpa demasiado y se pierde la musicalidad, alguien grita «¡Pumpernickel!». Una declaración de «¡Pumpernickel!» es como tirar de un cordón de seguridad. «Significa "lo que realmente necesitamos un proceso de retirada en este momento" para crear espacio y silencio», nos dice su líder, Midnight Rose. En tu vida en casa o entre amigos, busca una forma desenfadada de señalar cuándo es el momento de compartir el silencio.

Recuerda el día de reposo, página 278

Si no tienes tiempo o ganas de celebrar un día de reposo tradicional de fin de semana, elige un día de la semana para *una comida que pueda ser diferente a las demás,* en la que todos se comprometan a compartir el tiempo. *Conviértelo en un ritual. Establece* tus acuerdos sobre el uso de la tecnología. Mantened algunas de las cosas que siempre hacéis, como sentaros alrededor de la mesa con un tema destacado y/o un elemento menor de la semana. Invita a tus amigos y comparte el pan con ellos. Deja atrás las preocupaciones cotidianas de la semana laboral.

Intención y atención, página 280

La tranquilidad con los niños pequeños no siempre es tan tranquila. A menudo se produce cuando se mueven, hacen garabatos o construyen con bloques. Más que un estado de silencio auditivo, es un estado de presencia. Sin embargo, hay momentos en los que es posible y poderoso estar con los niños en un estado de silencio más literal. Cuando le hagas a un niño una pregunta significativa —como «¿por qué estás agradecido?»—, deja un espacio vacío para la reflexión. Deja que los niños tengan tiempo suficiente para sintonizar con la «pequeña y tranquila voz» que vive en su interior.

Lo pequeño es hermoso, página 283

No siempre podemos diseñar un hermoso momento de silencio compartido. La conmoción de estos momentos puede deberse, en parte, a su espontaneidad. Sin embargo, hay una recomendación que nos ayuda a cultivar estas experiencias: Que el silencio sea pequeño. Del tamaño de un bocadillo, de hecho. Cuando salgas de excursión o camines con un amigo o un ser querido durante una hora, procura dedicar cinco minutos —quizá en un banco cómodo o en una hermosa vista— a estar en silencio juntos. Minimiza las preocupaciones que surgen con planes elevados para un silencio prolongado. Concéntrate en la calidad más que en la cantidad.

Efervescencia colectiva, página 284

¿Cuándo has experimentado un estado de fuga *en un grupo*? ¿Fue en un concierto, en una ceremonia o en un evento deportivo? La próxima vez que tengas la oportunidad, comprueba hasta qué punto puedes entrar en el silencio interno entre otras personas. Estos momentos de trascendencia compartida son relativamente raros, pero —como revela la experiencia de Bob Jesse con la iglesia basada en la danza— hay elementos de una reunión que puedes rediseñar intencionadamente para facilitar el silencio. La próxima vez que planifiques un evento de grupo, piensa en hacer una lluvia de ideas sobre algunas reglas o principios básicos para ayudar a los participantes a relajarse en lo que el sociólogo francés Émile Durkheim llamó «efervescencia colectiva».

Sintonizar, juntos, página 288

El poder del silencio se magnifica cuando se comparte. Pero el grado en que se magnifica puede depender del grado de preparación. El psicólogo pionero Ralph Metzner creía en el poder de «preparar el recipiente» para estar en silencio. En sus círculos de medicina, los participantes se reunían en talleres de preparación para el aprendizaje, la meditación y los ejercicios durante el día, de modo que pudieran prepararse conjuntamente para el más arrebatador silencio compartido por la noche. Cuando tengas la oportunidad de estar en silencio con otros de forma ceremonial, ¿qué puedes hacer para reunirte y prepararte?

Presencia sanadora, página 292

Programa un retiro con tu amigo o tu pareja. Aunque no puedas estar totalmente sin palabras durante todo el retiro, puedes predeterminar algunos periodos de silencio intercalados con tiempos de conexión verbal. Quizá tengáis proyectos creativos en marcha o ambos seáis observadores de aves, meditadores, escritores o lectores. Si puedes, evita utilizar el teléfono, enviar correos electrónicos o hacer cualquier otra cosa que pueda distraer de la presencia pura. Como explica Sheila Kappeler-Finn, una práctica tan sencilla como reorganizar los muebles en casa puede crear un contenedor para lo sagrado, una de las muchas maneras de establecer un «templo». En un retiro compartido con un compañero o amigo, el propio silencio puede ser uno de los pilares del templo. Cuando dos personas están juntas observando un compromiso de silencio, surge un ambiente poco común. «El silencio altera la sensación de espacio entre dos personas», dice Sheila. «Aumenta la resistencia a la tensión».

CAMBIAR LA POLÍTICA Y LA CULTURA PÚBLICAS

Invertir en santuarios públicos, página 302

Piensa en un espacio público especial —como *una reserva forestal, un jardín de rosas, un parque interior entre rascacielos o una acogedora biblioteca*— donde hayas podido reposar los ánimos y recuperar la claridad. Mientras que el tiempo de tranquilidad es con demasiada frecuencia un lujo exclusivo para las personas que pueden permitírselo, los santuarios públicos democratizan el poder del silencio. Piensa en lo que puedes hacer para ampliar estos santuarios. Tal vez sea abogar por la financiación en el presupuesto municipal; tal vez sea imaginar un nuevo servicio público y trabajar con otros en la comunidad para crearlo.

Innovar como los amish, página 305

Piensa detenidamente en lo que valoras en la vida y luego trabaja para asegurarte de que cualquier nueva tecnología que adoptes realmente mejore tu bienestar y honre tus valores. Como parte de su filosofía de «minimalismo digital», Cal Newport sugiere esta forma de relacionarse con la tecnología. Su idea se inspira en los amish, que, en contra de la creencia popular, no son antitecnológicos. Simplemente someten las nuevas tecnologías a un riguroso análisis de costes y beneficios antes de adoptarlas como comunidad. Como sociedad, deberíamos considerar la posibilidad de aplicar este *ethos* a gran escala. Por ejemplo, al igual que la Administración de Alimentos y Medicamentos de EE. UU. evalúa e informa sobre los efectos secundarios de los medicamentos, los gobiernos podrían exigir ensayos clínicos y análisis independientes de coste-beneficio de ciertas nuevas tecnologías que pueden tener graves consecuencias no deseadas para nuestra salud social, emocional y cognitiva.

Medir lo que importa, página 308

¿Cómo se mide el éxito de la sociedad? Durante el último siglo, nuestro principal indicador de éxito colectivo ha sido el «crecimiento»: factores como la producción, la eficiencia y los ingresos. Pero el «crecimiento» a menudo se correlaciona con el rugido de las máquinas industriales, el número de horas que los directivos pueden mantener a los empleados pegados a sus ordenadores y la eficacia de los algoritmos para dirigirnos a comprar productos y servicios mientras desvían nuestra atención de lo que pretendemos hacer. Para transformar un mundo de ruido, tenemos que empezar a medir lo que importa, incluyendo la preservación de la naturaleza y las oportunidades para el descanso, la conexión humana y el tiempo de tranquilidad. Si bien esbozamos una serie de formas en que los gobiernos pueden cambiar la medición económica, también podemos empezar como individuos, familias y organizaciones evaluando nuestras prioridades con respecto al valor del silencio.

Consagrar el derecho de atención, página 313

En la actualidad, la mayoría de nosotros pasamos la mayor parte de nuestras horas de vigilia en ordenadores, teléfonos, televisores y otros medios electrónicos en los que los anunciantes compiten por nuestra atención. Sin embargo, a diferencia de otros recursos valiosos y escasos, todavía hay pocas normas públicas que regulen la manipulación de la atención humana. Piensa en cómo puedes abogar por la defensa de la atención. Puede ser a través del activismo político, exigiendo, por ejemplo, que los gobiernos «articulen lo que está fuera de los límites» en términos de algoritmos que buscan extraer deliberadamente la atención y enviar a los usuarios, incluidos los niños, a «agujeros de conejo» de mirar o desplazarse sin fin. Como trabajador, puedes defender tu «derecho a desconectarte» del correo electrónico, los ordenadores portátiles, los teléfonos y otras «correas electrónicas» después de la jornada laboral. Debemos ser creativos en la búsqueda de formas de gestionar las demandas de nuestra atención y reducir la carga de ruido.

Deliberar como los cuáqueros, página 320

Cuando te enfrentes a una cuestión difícil de política pública o del futuro de tu comunidad, deja que el silencio sea un aliado. En una reunión de trabajo cuáquera, cuando está claro que los participantes no se están escuchando, el secretario suele pedir un periodo de silencio. Es una oportunidad para volver a centrarse, respirar profundamente y conectar con el propósito superior de la reunión. El silencio no está forzando una resolución antes de que el grupo esté realmente preparado. Simplemente ayuda a la gente a salir de su propia narrativa, a estar presente y a escuchar. ¿Qué puedes hacer para llevar este espíritu de *discernimiento* a las deliberaciones públicas y al discurso social donde vives?

NUESTRA GRATITUD

Empezaremos por el principio. Un profundo agradecimiento a Sarah Mitchell por seguir su intuición y presentarnos a los dos. Bromeaste con que podríamos ser hermano y hermana. Resulta que tenías razón.

A la persona que nos animó por primera vez a escribir sobre este tema, Katherine Bell, antigua editora de *Harvard Business Review* y ahora redactora jefe de *Quartz*, gracias por su «sí» a la idea comodín de escribir sobre el silencio para un público empresarial. Y gracias a Laura Amico, de *Harvard Business Review*, por editar hábilmente el texto.

Gracias a las personas que ayudaron a desmitificar la publicación y que fueron tan generosas al ofrecernos una orientación temprana: Leslie Meredith, Simon Warwick-Smith, Felicia Eth, Steve Goldbart, Roman Mars, Rebecca Solnit, Andrea Scher, Charlie Harding y Marilyn Paul. A Marilyn, también queremos compartir nuestro más profundo agradecimiento por su presentación a Jane von Mehren, que se siente como una extensión de nuestra asociación de escritores y es la mejor agente que podríamos haber imaginado.

Gracias, Jane, por «entender» este proyecto desde el principio, por tu conocimiento enciclopédico del mundo editorial y por tu consejo amable y claro en cada paso del camino. Gracias también al equipo de Aevitas Creative Management, especialmente a Erin Files, Arlie Johansen y Chelsey Heller.

A Karen Rinaldi, nuestra editora, nuestra «Tara Roja»: Gracias por tu maestría en la orquestación de este proceso y por tu pleno permiso para permitir que esto evolucione y se manifieste como lo ha hecho.

Estamos continuamente asombrados por las sincronías. Y nuestra gratitud al equipo de HarperCollins/Harper Wave, especialmente a Rebecca Raskin, Kirby Sandmeyer, Penny Makras, Amanda Pritzker, Yelena Nesbit y Milan Božić.

Gracias a quienes apoyaron la mecánica y el arte de este libro: Andy Couturier, Bridget Lyons, Cynthia Kingsbury, Monique Tavian, Rebecca Steinitz, Caryn Throop, Liz Boyd, Katherine Barner, Hanna Park, Jessica Lazar, Somsara Rielly, Dexter Wayne, Lizandra Vidal, Deb Durant y Bob von Elgg.

Y a las extraordinarias personas cuyas historias y conocimientos llenan este libro:

A Aaron Maniam, por ayudar a cristalizar el mensaje central de este libro; a Adam Gazzaley y Larry Rosen, por trazar el rumbo sobre el ruido; a Aimee Carrillo y Sheena Malhotra, por orientar sobre las dimensiones morales del silencio; a Arlene Blum, por confiar en el «despacio, no hay mucho tiempo»; a Arne Dietrich, por ayudar a iluminar la quietud interna de los estados bajos; a Bob Jesse, por su sabiduría y efervescencia; a Brigitte van Baren, por el zen de la espera en las colas; a Carla Detchon, por honrar a una querida maestra; a Cherri Allison, por el silencio necesario para servir desde el corazón; a Clint Chisler, por compartir el tipo de silencio que perdura en el cuerpo; a Cyrus Habib, por ser un conocedor de la creación; a David Jay y Randy Fernando, por defender la atención prístina; a Dewa Berata, por compartir la belleza de Nyepi; a Don y Diane St. John, por el silencio curativo que mantiene el amor; a Estelle Frankel, por aclarar las octavas superiores de la conciencia; a Faith Fuller, por su sentido del humor, su resistencia y su humildad; a Gordon Hempton, por preservar el «tanque de pensamiento del alma»; a Grace Boda, por estar dispuesta a entrar en el misterio con cada célula de su ser; a Janet Frood, por demostrar que los años sabáticos no son sólo para los académicos; a Jarvis Jay Masters, por mil cosas, pero sobre todo por la bondad de tu corazón y por mostrar lo que significa «percibir y recibir»; a Jay Newton-Small, por el arte de, simplemente, escuchar; a Joan Blades, por el poder meditativo del *deadheading;* a Jon Lubecky, por hacer el trabajo duro y difundir el amor; a Josh Schrei, por mostrar lo que significa convertirse en un diapasón para la vibración primordial; a Joshua Smyth, por enseñarnos que «la tranquilidad es lo que la gente *cree* que es la tranquilidad»; a Joyce DiDonato, por ser la diva graciosa que deja un silencio arrebatador a su paso; a Jud Brewer, por su brillante expansividad; a Majid Zahid, por conocer su *flow*; a Marilyn Paul, por cuidar el oasis en el tiempo; a Matt Heafy, por poner la *Ma* en el metal; a Michelle Millben, por llevar el espíritu del silencio a los salones del poder; a Michael Barton, por su hilaridad y su destreza experimental; a Michael Taft, por su claridad sensorial, sus sabios consejos y sus generosas presentaciones; a Midnight Rose y Rosin Coven, por gritar «¡Pumpernickel!»; a Nicole Wong, por imaginar los marcos legales y reglamentarios para una sociedad que honra el silencio; a Pádraig Ó Tuama, por hacer las preguntas extrañas; a Phillip Moffitt, por la patada compasiva en el trasero; a Pir Shabda Kahn, por sus maneras de embaucador; a Renata Cassis Law, por ayudar a inspirar este libro con su visión de que «el silencio puede reiniciar el sistema nervioso»; a Rob Lippincott, por su discernimiento; a Roshi Joan Halifax, por normalizar el desmoronamiento del ego «como las hojas viejas o la roca desgastada»; a Rupa Marya, por su valiente desaprendizaje y su ejemplar escucha; a Sheila Kappeler-Finn, por democratizar los retiros; a Skylar Bixby, por cultivar la habilidad de no hacer nada; a Stephen DeBerry, por esas tres respiraciones; a Susan Griffin-Black, por su regla de oro; al congresista Tim Ryan, por llevar el silencio allí donde más se necesita; a Tyson Yunkaporta, por recordar lo que significa escuchar la verdadera señal; a Yuri Morikawa, por su orientación sobre *Ma*; a Zach Taylor, por capacitar a los más pequeños para que escuchen la «voz tranquila y pequeña», y a Zana Ikels, por reafirmar la necesidad de una guía no meditadora para ir más allá del ruido.

Y a todos los que ayudaron a dar forma y alimentar el pensamiento de este libro:

Alan Byrum, Amira De La Garza, Anke Thiele, Anna Goldstein, Anne L. Fifield, Antona Briley, Barbara McBane, Brendan Bashin-Sullivan, Carlen Rader, Casey Emmerling, Cathy Coleman, Cécile Randoing Francois, Charlotte Toothman, Chris Radcliff, Chuck Rop-pel, Claude Whitmyer, Dallas Taylor, Dave Huffman, David Alvord, David Presti, Deborah Fleig, Diane Mintz, Dominique Lando, Duke Klauck, Erin Selover, Heidi Kasevich, Helen Austwick Zaltzman, Jamy y Peter Faust, Teniente Coronel Jannell MacAulay, Jessica Abbott Williams, Jill Hackett, Laura Tohe, Laurie Nelson Randlett, Leah Lamb, Leslie Sharpe, Linda Chang, Lisa Fischer, Lizandra Vidal, Lori

A. Shook, Made Putrayasa, Mae Mars, Maggie Silverman, Michael A. Gardner, Rebecca Levenson, Regina Camargo, Rick Doblin, Rick Kot, Sam Greenspan, Sean Feit Oakes, Shaun Farley, Shauna Janz, Sheldon Norberg, Shelley Reid, Shoshana Berger, Silence Genti, Sridhar Kota, Stephen Badger, Stephanie Ramos, Susanne Parker, Tanis Day, Tim Gallati, Tim Salz, Todd y Susan Alexander, USef Barnes, Valerie Creane, Vanessa Lowe, Wes Look y Zesho Susan O'Connell.

De Justin:

A nuestra comunidad de amigos en Santa Fe, que cultivan y cuidan un jardín rebosante de risas y vida y, sin embargo, lleno de reverencia por la presencia silenciosa. Aunque no puedo nombrar a cada uno de ustedes aquí, *les estoy agradecido a todos*. Un agradecimiento especial a los queridos amigos que hicieron posible escribir un libro de atención prístina con tres pequeños gateando y corriendo por la casa: Brandon y Abi Lundberg, Shawn Parell y Russell Brott, Josh Schrei y Cigall Eacott, y Rafaela Cassis, entre muchos otros. A los queridos amigos que —a través de conversaciones específicas o comentarios sobre los borradores del manuscrito— han dado forma directa a este libro en su totalidad o en parte: Solar y Renata Law, Maria Motsinger, John Baxter, Josh Schrei, Shawn

Parell, Gary y Tama Lombardo, Elmano Carvalho, Jeffrey Bronfman, Tai y Satara Bixby, Pete Jackson, Julie Kove, Matt Bieber y Daniel Tucker. A quien me guía hacia el más profundo silencio interior: José Gabriel da Costa.

A algunos de los queridos amigos con los que he incubado las ideas de este libro durante muchos años: Ben Beachy, Wes Look, Neil Padukone, Zach Hindin, Evan Faber, Keane Bhatt, Mike Darner, Michael Shank, Mathias Alencastro, David John Hall, Lorin Fries, Jaime Louky, Laine Middaugh, Lauren Lyons, Sangeeta Tripathi, Jove Oliver, Paul Jensen y Carolyn Barnwell, Kim Samuel, Bettina Warburg, Travis Sheehan, Nathaniel Talbot y Annie Jesperson, Mark Weisbrot, Ben-Zion Ptashnik, Dan Hervig, Erik Sperling, Sebastian Ehreiser, Stephen Badger, Javier Gonzales, Hansen Clarke y Mena Mark Hanna. A mis amigos más antiguos, como Kristin Lewter, Josh Weiss, Rajiv Bahl, Kyle Foreman y, por último, Rob Eriov, a quien echo de menos todos los días de mi vida y que me ha enseñado muchísimo sobre el mensaje de este libro.

A los tres profesores que más han influido en mi forma de pensar, tanto al principio de mi educación formal como al final: Susan Altenburg, Leon Fuerth y Richard Parker.

A mis queridos padres, Susan y Steven, que me han proporcionado un contenedor de amor incondicional que ha hecho posible tanta bondad en mi vida. A mi hermano, Jeremy, que siempre me dice la verdad con amor y cuidado y luego procede a coger su guitarra y darme una serenata con una interpretación preciosa y descarnada de una canción de Dylan. A mis suegros, Tom y Caryn, a quienes cuento entre mis mejores amigos vivos. A mi compañera, Meredy, mi amada compañera navegando por este mundo y aprendiendo y bailando y evolucionando por esta vida. Gracias por tu paciencia. Gracias por tus conocimientos. Gracias por hacer posible este libro. Gracias por llenar mi vida de significado y alegría.

A mi hijo Jai, cuyas llamadas para despertarme a las 5:00 de la mañana me permitieron escribir lo esencial y cuyos abrazos ahora me sostienen con energía durante todo el día. A mi hija Saraya, cuya brillante y misteriosa sonrisa me abre el corazón como flor. A mi hija Tierra, que, a sus cinco años, me enseña tanto como yo a ella, incluyendo por qué y cómo estar en silencio alrededor de las casas de hadas en el bosque.

De Leigh:

A mi Círculo de Mujeres, que permanecerá sin nombrar, sabéis exactamente quiénes sois y lo en deuda que estoy con cada una de vuestras almas —este libro nunca *sería* sin vosotras—; a los círculos de Ralph Metzner —los del pasado y los que continúan hoy en su memoria—; a la infinita sabiduría de mi círculo Rising Fools y a la gran generosidad de mi círculo Deep Harvest; a los brazos abiertos del círculo Amethyst Opening; a mi infinitamente entretenida familia del Memorial Day, y a todos mis coconspiradores cósmicos, que *mantengamos viva la franja.*

A mis comunidades de baile —donde encuentro mi tranquilidad y mi alegría diaria— El Cerrito Dance Fitness y Rhythm & Motion. Gracias por animarme y celebrar cada hito en el camino. Os aprecio.

Gracias por todos los cuidados físicos, emocionales y espirituales que me han proporcionado mis allegados, especialmente Sheila Kappeler-Finn, Eilish Nagle, Anne L. Fifield, Grace Boda, Dominique Lando, Carla Detchon, Mayra Rivas, Rachel Berinsky, John Nelson, Fran Kersh, Kristina Forester-Thorp, Nuria Latifa Bowart, Sui-mi Cheung, Julie Brown y Paul Catasus. Gracias a Andy Couturier por su genialidad a la hora de asesorar a los escritores y a Carrie «Rose» Katz por nuestros chequeos semanales para remover los calderos de la creatividad.

A mi padre, Richard L. Marecek, le agradezco este hilo de vida. *Que estés libre de todo sufrimiento.*

A mi madre, Rickie C. Marecek, le agradezco este hilo de vida. Gracias también por demostrar tu bondad, no sólo con palabras, sino también con tu ejemplo. *No eres más que un milagro.* Y a «mi Betty», Betty Herbst, gracias por unirte a nuestra familia, por querernos y por hacernos reír. Gracias también a mi vibrante y cálida suegra, Nina Aoni, por tus mensajes de ánimo a altas horas de la noche.

A mi hermano, Roman Mars: me has dejado boquiabierta y me has ablandado el corazón desde la infancia. Gracias por acompañarme aquí y por tener siempre fe en mi bondad inherente. Tú haces que *todo sea* mejor.

A mi apasionada y radiante hija, Ava Zahara: gracias por elegirnos como tus padres. Gracias por la idea de hacer un «miércoles sin palabras» en medio de los glaciares y por *acompañarme* en ese glorioso día. Gracias, también, por todos los chascarrillos del suelo de la cocina. Nuestro silencio compartido *alimenta mi alma.*

Y, por último, a mi deliciosamente revoltoso y aventurero marido, Michael Ziegler: gracias por enseñarme tanto sobre el silencio y por ser mi mayor fan. Gracias por compartir conmigo tu panorámico mundo interior y exterior. No podría pedir un compañero más perfecto; cada gramo de este libro es *para* ti y *gracias a* ti. *Soy tuya.*

Y una nota final de ambos: Escribir un libro sobre el silencio puede parecer una empresa solitaria y sombría. Sin embargo, esto fue todo lo contrario. Nos agradecemos mutuamente por haber mantenido todo el proceso armonioso, creativo, lleno de impulso y absurdamente divertido.

NOTAS

Capítulo 1

Thomas Carlyle, «Circumspective», en *Sartor Resartus: The Life and Opinions of Herr Teufelsdröckh in Three Books*, ed. Mark Engel (Berkeley: University of California Press, 2000), 198.

Albert Arazi, Joseph Sadan, y David J. Wasserstein, eds., *Compilation and Creation in Adab and Luġa: Studies in Memory of Naphtali Kinberg (1948–1997)* (Winona Lake, Ind.: Eisenbrauns, 1999).

Justin Talbot Zorn y Leigh Marz, «The Busier You Are, the More You Need Quiet Time», *Harvard Business Review*, March 17, 2017, hbr. org/2017/03/the-busier-you-are-the-more-you-need-quiet-time.

Kimberly Schaufenbuel, «Why Google, Target, and General Mills Are Investing in Mindfulness», *Harvard Business Review*, Dec. 28, 2015, hbr.org/2015/12/why-google-target-and-general-mills-are-investing-in-mindfulness. Véase también Marianne Garvey, «Meditation Rooms Are the Hottest New Work Perk», *MarketWatch*, Oct. 26, 2018, www.marketwatch.com/story/meditation-rooms-are-the-hottest-new-work-perk-2018–10–26; «Why GE Is Adding Mindfulness to the Mix», GE, Sept. 19, 2016, www.ge.com/news/reports/ge-putting-mindfulness-digital-industrial-business; Bryan Schatz, «Vets Are Using Transcendental Meditation to Treat PTSD—with the Pentagon's Support,» *Mother Jones*, July 22, 2017, www.motherjones.com/politics/2017/07/

vets-are-using-transcendental-meditation-to-treat-ptsd-with-the-pentagons-support.

Dishay Jiandani et al., «Predictors of Early Attrition and Successful Weight Loss in Patients Attending an Obesity Management Program», *BMC Obesity* 3, n.º 1 (2016), doi: 10.1186/s40608-016-0098-0.

Capítulo 2

Frank Bruni, «A Politician Takes a Sledgehammer to His Own Ego», *New York Times*, Abril 11, 2020, www.nytimes.com/2020/04/11/opinion/sunday/cyrus-habib-jesuit.html.

Emily Ann Thompson, «Noise and Modern Culture, 1900–1933,» en *The Soundscape of Modernity: Architectural Acoustics and the Culture of Listening in America, 1900–1933* (Cambridge, Mass.: MIT Press, 2004), 115.

Para una visión de conjunto de la investigación que demuestra el incremento del ruido auditivo en el mundo actual, véase John Stewart, *Why Noise Matters: A Worldwide Perspective on the Problems, Policies, and Solutions,* con Arline L. Bronzaft et al. (Abingdon, UK.: Routledge, 2011).

Bianca Bosker, «Why Everything Is Getting Louder», *The Atlantic*, Nov. 2019, www.theatlantic.com/magazine/archive/2019/11/the-end-of-silence/598366.

«Email Statistics Report, 2015–2019», Radicati Group, consultado el 4 de septiembre de 2021, www.radicati.com/wp/wp-content/uploads/2015/02/Email-Statistics-Report-2015–2019-Executive-Summary.pdf.

Daniel J. Levitin, «Hit the Reset Button in Your Brain», *New York Times*, 9 de agosto de 2014, www.nytimes.com/2014/08/10/opinion/sunday/hit-the-reset-button-in-your-brain.html.

Guy Raz, «What Makes a Life Worth Living?», NPR, 17 de abril de 2015, www.npr.org/transcripts/399806632.

Hal R. Varian, «The Information Economy: How Much Will Two Bits Be Worth in the Digital Marketplace?», UC Berkeley School of Information, Sept. 1995, people.ischool.berkeley.edu/~hal/pages/sciam.html.

Judson Brewer, *Unwinding Anxiety: New Science Shows How to Break the Cycles of Worry and Fear to Heal Your Mind* (Nueva York: Avery, 2021).

Ethan Kross, «When Talking to Ourselves Backfires», en *Chatter: The Voice in Our Head, Why It Matters, and How to Harness It* (Nueva York: Crown, 2021), 22.

Adam Gazzaley y Larry D. Rosen, «Interference», en *The Distracted Mind: Ancient Brains in a High-Tech World* (Cambridge, Mass.: MIT Press, 2016), 5–12.

Jocelyn K. Glei, ed., *Manage Your Day-to-Day: Build Your Routine, Find Your Focus, and Sharpen Your Creative Mind* (Seattle: Amazon, 2013).

Bosker, «Why Everything Is Getting Louder».

Ben Beachy y Justin Zorn, «Counting What Counts: GDP Redefined», *Kennedy School Review*, 1 de abril de 2012, ksr.hkspublications.org/2012/04/01counting-what-counts-gdp-redefined.

Robert F. Kennedy, «Remarks at the University of Kansas, March 18, 1968», John F. Kennedy Presidential Library and Museum, www.jfklibrary.org/learn/about-jfk/the-kennedy-family/robert-f-kennedy/robert-f-kennedy-speeches/remarks-at-the-university-of-kansas-march-18–1968.

James Fallows, «Linda Stone on Maintaining Focus in a Maddeningly Distractive World», *The Atlantic*, 23 de mayo de 2013, ww.theatlantic.com/national/archive/2013/05/linda-stone-on-maintaining-focus-in-a-maddeningly-distractive-world/276201.

Mike Brown, «70% of Millennials Report Anxiety from Not Having Their Cell Phone», LendEDU, May 28, 2020, lendedu.com/ blogmillennials-anxiety-not-having-cell-phone.

Capítulo 3

Tam Hunt, «The Hippies Were Right: It's All About Vibrations, Man!», *Scientific American*, Dec. 5, 2018, blogs.scientificamerican. com/observations/the-hippies-were-right-its-all-about-vibrations-man.

Algunos expertos creen ahora que el ruido agudo era probablemente tinnitus, un sonido persistente en los oídos.

Carl McColman, «Barbara A. Holmes: Silence as Unspeakable Joy (Episode 26)», *Encountering Silence*, 24 de mayo de 2018, https://podcasts.bcast.fm/e/l8q34l78.

Jennifer E. Stellar et al., «Awe and Humility», *Journal of Personality and Social Psychology* 114, n.º 2 (2017): 258–269, doi: 10.1037/pspi0000109.

Robert Sardello, *Silence: The Mystery of Wholeness* (Berkeley, Calif.: North Atlantic Books, 2008).

Para más información sobre los trastornos del estado de ánimo y de ansiedad en la época perinatal, véase «Postpartum Support International—PSI», Postpartum Support International (PSI), accessed Sept. 5, 2021, www.postpartum.net.

Capítulo 4

Carl McColman, «Barbara A. Holmes: Silence as Unspeakable Joy (Episode 26)» *Encountering Silence*, 24 de mayo de 2018, https://podcasts.bcast.fm/e/l8q34l78.

M. K. Gandhi, *Pathway to God* (New Delhi: Prabhat Prakashan, 1971).

Sheena Malhotra and Aimee Carrillo Rowe, eds., *Silence, Feminism, Power: Reflections at the Edges of Sound* (Nueva York: Palgrave Macmillan, 2013).

Jenny Odell, *How to Do Nothing: Resisting the Attention Economy* (Nueva York: Melville House, 2020).

George Prochnik, «Listening for the Unknown», en *In Pursuit of Silence: Listening for Meaning in a World of Noise* (Nueva York: Anchor Books, 2011), 43.

Rachel L. Swarns, «Catholic Order Pledges $100 Million to Atone for Slave Labor and Sales», *New York Times*, 15 de marzo de 2021, www.nytimes.com/2021/03/15/us/jesuits-georgetown-reparations-slavery.html.

David Whyte, *Consolations: The Solace, Nourishment, and Underlying Meaning of Everyday Words* (Langley, Wash.: Many Rivers Press, 2014).

Capítulo 5

L. Bernardi, C. Porta, y P. Sleight, «Cardiovascular, Cerebrovascular, and Respiratory Changes Induced by Different Types of Music in Musicians and Non-musicians: The Importance of Silence», *Heart* 92, n.º 4 (Abril 2006): 445–452, doi: 10.1136/hrt.2005.064600.

Para un relato detallado de la opinión de Florence Nightingale sobre la importancia del silencio para la salud humana, véase Hillel Schwartz, *Making Noise: From Babel to the Big Bang & Beyond* (Nueva York: Zone Books, 2011).

Elizabeth Fee y Mary E. Garofalo, «Florence Nightingale and the Crimean War», American Journal of Public Health 100, n.º 9 (Sept. 2010): 1591, doi: 10.2105/AJPH.2009.188607.

Florence Nightingale, «Notes on Nursing», A Celebration of Women Writers, consultado el 6 de septiembre de 2021, digital.library. upenn.edu/women/nightingale/nursing/nursing.html.

Rosalind M. Rolland et al., «Evidence That Ship Noise Increases Stress in Right Whales», Proceedings of the Royal Society B: Biological Sciences 279, n.º 1737 (2012): 2363–2368, doi: 10.1098/rspb.2011.2429.

«How the Ear Works», Johns Hopkins Medicine, consultado el 6 de septiembre de 2021, www.hopkinsmedicine.org/health/conditions- and-diseases/how-the-ear-works.

Stephen W. Porges y Gregory F. Lewis, «The Polyvagal Hypothesis: Common Mechanisms Mediating Autonomic Regulation, Vocalizations, and Listening», Handbook of Behavioral Neuroscience 19 (2010): 255–264, doi: 10.1016/B978-0-12-374593-4.00025-5.

Thomas Munzel et al., «Environmental Noise and the Cardiovascular System», Journal of the American College of Cardiology 71, n.º 6 (Feb. 2018): 688–697, doi: 10.1016/j.jacc.2017.12.015; Maria Klatte, Kirstin Bergstrom, y Thomas Lachmann, «Does Noise Affect Learning? A Short Review on Noise Effects on Cognitive Performance in Children», Frontiers in Psychology 4 (2013): 578, doi: 10.3389/ fpsyg.2013.00578; Ester Orban et al., «Residential Road Traffic Noise and High Depressive Symptoms After Five Years of Follow-Up: Results from the Heinz Nixdorf Recall Study», Environmental Health Perspectives 124, n.º 5 (2016): 578–585, doi: 10.1289/ehp.1409400; Soo Jeong Kim et al., «Exposure-Response Relationship Between Aircraft Noise and Sleep Quality: A Community-Based Cross- Sectional Study» Osong Public Health and Research Perspectives 5, n.º 2 (Abril 2014): 108–114, doi: 10.1016/j.phrp.2014.03.004.

«New Evidence from WHO on Health Effects of Traffic-Related Noise in Europe», World Health Organization, 30 de marzo de 2011, www.euro.who.int/en/media-centre/sections/press-releases/2011/03/

new-evidence-from-who-on-health-effects-of-traffic-related-noise-in-europe. Véase también World Health Organization Regional Office for Europe, «Burden of Disease from Environmental Noise», ed. Frank Theakston, Joint Research Centre (2011), 1–126, www. euro.who.int/__data/assets/pdf_file/0008/136466/e94888.pdf.

Alex Gray, «These Are the Cities with the Worst Noise Pollution», World Economic Forum, 27 de marzo de 2017, www.weforum.org/agenda/2017/03/these-are-the-cities-with-the-worst-noise-pollution.

Bianca Bosker, «Why Everything Is Getting Louder», *The Atlantic*, Nov. 2019, www.theatlantic.com/magazine/archive/2019/11/the-end-of-silence/598366.

Matthew Walker, *Why We Sleep: Unlocking the Power of Sleep and Dreams* (Nueva York: Scribner, 2018).

Julie L. Darbyshire y J. Duncan Young, «An Investigation of Sound Levels on Intensive Care Units with Reference to the WHO Guidelines», *Critical Care* 17, n.º 5 (2013): 187, doi: 10.1186/cc12870.

Ilene J. Busch-Vishniac et al., «Noise Levels in Johns Hopkins Hospital», *Journal of the Acoustical Society of America* 118, n.º 6 (2005): 3629–3645, doi: 10.1121/1.2118327.

Sue Sendelbach y Marjorie Funk, «Alarm Fatigue: A Patient Safety Concern», *AACN Advanced Critical Care* 24, n.º 4 (Oct. 2013): 378–386, doi: 10.1097/NCI.0b013e3182a903f9.

Patricia Robin McCartney, «Clinical Alarm Management», *MCN: The American Journal of Maternal/Child Nursing* 37, n.º 3 (Mayo 2012): 202, doi: 10.1097/nmc.0b013e31824c5b4a.

Adam Gazzaley y Larry D. Rosen, *The Distracted Mind: Ancient Brains in a High-Tech World* (Cambridge, Mass.: MIT Press, 2017).

Ari Goldman, «Student Scores Rise After Nearby Subway Is Quieted», *New York Times*, 26 de abril de 1982.

Maartje Boer et al., «Attention Deficit Hyperactivity Disorder-Symptoms, Social Media Use Intensity, and Social Media Use Problems in Adolescents: Investigating Directionality», *Child Development* 91, n.º 4 (July 2020): 853–865, doi: 10.1111/cdev.13334.

Hunt Allcott et al., «The Welfare Effects of Social Media», *American Economic Review* 110, n.º 3 (Marzo 2020): 629–676, doi: 10.1257/aer.20190658.

Ethan Kross, *Chatter: The Voice in Our Head, Why It Matters, and How to Harness It* (Nueva York: Crown, 2021).

Imke Kirste et al., «Is Silence Golden? Effects of Auditory Stimuli and Their Absence on Adult Hippocampal Neurogenesis», *Brain Structure and Function* 220, n.º 2 (2013): 1221–1228, doi: 10.1007/s00429-013-0679-3.

Capítulo 6

Mihaly Csikszentmihalyi, Flow: *The Psychology of Optimal Experience* (Nueva York: HarperCollins, 2008).

Shane J. Lopez y C. R. Snyder, eds., *Handbook of Positive Psychology* (Oxford: Oxford University Press, 2011).

Encyclopaedia Britannica, s.v. «Physiology», consultado el 6 de septiembre de 2021, www.britannica.com/science/information-theory/Physiology.

Csikszentmihalyi, *Flow*, 28–29.

Mark R. Leary, The *Curse of the Self: Self-Awareness, Egotism, and the Quality of Human Life* (Oxford: Oxford University Press, 2007).

Arne Dietrich, «Functional Neuroanatomy of Altered States of Consciousness: The Transient Hypofrontality Hypothesis», *Consciousness and Cognition* 12, n.º 2 (junio 2003): 231–256, doi: 10.1016/s1053-8100(02)00046-6.

Rene Weber et al., «Theorizing Flow and Media Enjoyment as Cognitive Synchronization of Attentional and Reward Networks», *Communication Theory* 19, n.º 4 (Oct. 2009): 397–422, doi: 10.1111/j.1468-2885.2009.01352.x.

Michael Pollan, «The Neuroscience: Your Brain on Psychedelics», enj *How to Change Your Mind: What the New Science of Psychedelics Teaches Us About Consciousness, Dying, Addiction, Depression, and Transcendence* (Nueva York: Penguin Press, 2018), 303–304.

Michael W. Taft, «Effortlessness in Meditation, with Jud Brewer» *Deconstructing Yourself*, 7 de junio de 2020, deconstructingyourself. com/effortlessness-in-meditation-with-jud-brewer.html.

Kathryn J. Devaney et al., «Attention and Default Mode Network Assessments of Meditation Experience During Active Cognition and Rest», *Brain Sciences* 11, n.º 5 (2021): 566, doi: 10.3390/brainsci11050566.

Judson A. Brewer et al., «Meditation Experience Is Associated with Differences in Default Mode Network Activity and Connectivity», *Proceedings of the National Academy of Sciences of the United States of America* 108, n.º 50 (2011): 20254–20259, doi: 10.1073/pnas.1112029108.

Piers Worth y Matthew D. Smith, «Clearing the Pathways to Self-Transcendence», *Frontiers in Psychology*, 30 de abril de 2021, doi: 10.3389/fpsyg.2021.648381.

David Bryce Yaden et al., «The Varieties of Self-Transcendent Experience», *Review of General Psychology* 21, n.º 2 (2017): 143–160, doi: 10.1037/gpr0000102.

Dacher Keltner y Jonathan Haidt: «Approaching Awe, a Moral, Spiritual, and Aesthetic Emotion», *Cognition and Emotion* 17, n.º 2 (marzo 2003): 297–314, doi: 10.1080/02699930302297.

Anat Biletzki and Anat Matar, «Ludwig Wittgenstein», en *Stanford Encyclopedia of Philosophy*, Nov. 8, 2002, plato.stanford.edu/entries/ wittgenstein.

Fatima Malik y Raman Marwaha, «Cognitive Development», StatPearls, 31 de julio de 2021, www.ncbi.nlm.nih.gov/books/ NBK537095.

«Rethinking Adult Development», American Psychological Association, 9 de junio de 2020, www.apa.org/pubs/highlights/spotlight/issue-186.

Summer Allen, «The Science of Awe», Greater Good Science Center, Sept. 2018, ggsc.berkeley.edu/images/uploads/GGSC-JTF_White_ Paper-Awe_FINAL.pdf.

William James, «Lectures XVI and XVII: Mysticism», en *The Varieties of Religious Experience: A Study in Human Nature*, ed. Martin E. Marty (Nueva York: Penguin Classics, 1982), 287.

Pollan, «Neuroscience», 301.

Robin L. Carhart-Harris et al., «Neural Correlates of the Psychedelic State as Determined by fMRI Studies with Psilocybin», *Proceedings of the National Academy of Sciences of the United States of America* 109, n.º 6 (2012): 2138–2143, doi: 10.1073/pnas.1119598109.

«How LSD Can Make Us Lose Our Sense of Self», ScienceDaily, 13 de abril de 2016, www.sciencedaily.com/ releases/2016/04/160413135656.htm.

Capítulo 7

Manly P. Hall, «The Life and Philosophy of Pythagoras», en *The Secret Teachings of All Ages* (Nueva York: Jeremy P. Tarcher/Penguin, 2003).

Timothy D. Wilson et al., «Just Think: The Challenges of the Disengaged Mind», *Science* 345, n.º 6192 (2014): 75–77, doi: 10.1126/science.1250830.

Max Picard, *The World of Silence* (Wichita, Kans.: Eighth Day Press, 2002).

Robert Sardello, *Silence: The Mystery of Wholeness* (Berkeley, Calif.: North Atlantic Books, 2008).

Joan Halifax, *Being with Dying* (Boulder, Colo.: Shambhala, 2009).

Joan Halifax, *The Fruitful Darkness: A Journey Through Buddhist Practice and Tribal Wisdom* (Nueva York: Grove Press, 2004).

Estelle Frankel, *The Wisdom of Not Knowing: Discovering a Life of Wonder by Embracing Uncertainty* (Boulder, Colo.: Shambhala, 2017).

Pablo Neruda, *Extravagaria*, trad. Alastair Reid (Nueva York: Farrar, Straus and Giroux, 2001).

David Bryce Yaden et al., «The Varieties of Self-Transcendent Experience», *Review of General Psychology* 21, n.º 2 (2017): 143–160, doi: 10.1037/gpr0000102.

Wisdom 2.0, 23 de marzo de 2019, www.youtube.com/watch?v=l8NaWq-xSbM&t=1243s.

Capítulo 8

Red Pine, trad., *The Lankavatara Sutra: A Zen Text* (Berkeley, Calif.: Counterpoint, 2013).

Thích Nhât Hanh, *Old Path White Clouds: The Life Story of the Buddha* (Londres: Rider, 1992).

Aldous Huxley, *The Perennial Philosophy: An Interpretation of the Great Mystics, East and West* (Nueva York: Franklin Classics, 2009).

Monje desconocido, *The Cloud of Unknowing*, ed. Dragan Nikolic y Jelena Milić (Scotts Valley, Calif.: Create Space, 2015).

Harvey D. Egan, «Christian Apophatic and Kataphatic Mysticisms» *Theological Studies* 39, n.º 3 (1978): 399–426, doi: 10.1177/004056397803900301.

Capítulo 9

David Sheff, *The Buddhist on Death Row: How One Man Found Light in the Darkest Place* (Nueva York: Simon & Schuster, 2021).

Jarvis Jay Masters, *Finding Freedom: How Death Row Broke and Opened My Heart* (Boulder, Colo.: Shambhala, 2020).

Timothy Williams y Rebecca Griesbach, «San Quentin Prison Was Free of the Virus. One Decision Fueled an Outbreak», *New York Times*, 30 de junio de 2020, www.nytimes.com/2020/06/30/us/san-quentin-prison-coronavirus.html.

Muchos expertos en liderazgo, incluyendo al gurú de los negocios Stephen R. Covey, utilizan variantes del modelo de la esfera de control para entrenar a líderes para que se hagan cargo de lo que pueden y renuncien a lo que no pueden. Estos modelos popularizaron una idea que los psicólogos se han tomado en serio durante mucho tiempo: nuestro sentido del poder personal.

Capítulo 10

Hannah Delaney, Andrew MacGregor, y Amanda Amos, «"Tell Them You Smoke, You'll Get More Breaks": A Qualitative Study of Occupational and Social Contexts of Young Adult Smoking in Scotland», *BMJ Open* 8, n.º 12 (2018), doi: 10.1136/bmjopen-2018-023951.

Ajahn Amaro, «The Sound of Silence», *Lion's Roar*, Nov. 9, 2012, www.lionsroar.com/the-sound-of-silence.

Pema Chodron, *When Things Fall Apart: Heart Advice for Difficult Times* (Boulder, Colo.: Shambhala, 2005).

Aaron Maniam, «Standing Still» en *Morning at Memory's Border* (Singapur: Firstfruits, 2005).

Nicholas Carr, *The Shallows: What the Internet Is Doing to Our Brains* (Nueva York: W. W. Norton, 2010).

Shane J. Lopez y C. R. Snyder, eds., *Handbook of Positive Psychology* (Oxford: Oxford

University Press, 2011).

M. Basil Pennington, *Lectio Divina: Renewing the Ancient Practice of Praying the Scriptures* (Chestnut Ridge, N.Y.: Crossroad, 1998).

Marilyn Nelson, «Communal Pondering in a Noisy World», *On Being*, Public Radio Exchange, 23 de febrero de 2017.

Ezra Klein, «Pulitzer Prize–Winning Poet Tracy K. Smith on the Purpose and Power of Poetry», *Vox Conversations* (audio blog), Feb. 27, 2020, www.vox.com/podcasts/2020/2/27/21154139/tracy-k-smith-poet-laureate-the-ezra-klein-show-wade-in-the-water.

Susan Sontag, *Styles of Radical Will* (Nueva York: Farrar, Straus and Giroux, 1969), 23.

Gillian Flaccus, «Bird-Watching Soars amid COVID-19 as Americans Head Outdoors», Associated Press, 2 de mayo de 2020, apnews.com/article/us-news-ap-top-news-ca-state-wire-or-state-wire-virus-outbreak-94a1ea5938943d8a70fe794e9f629b13.

Roger S. Ulrich, «View Through a Window May Inf luence Recovery from Surgery», *Science* 224, n.º 4647 (1984): 420–421, doi: 10.1126/science.6143402.

Mark S. Taylor et al., «Research Note: Urban Street Tree Density and Antidepressant Prescription Rates—a Cross-Sectional Study in London, UK», *Landscape and Urban Planning* 136 (abril 2015): 174–179, doi: 10.1016/j.landurbplan.2014.12.005; Marco Helbich et al., «More Green Space Is Related to Less Antidepressant Prescription Rates in the Netherlands: A Bayesian Geoaddive

Quantile Regression Approach», *Environmental Research* 166 (2018): 290–297, doi: 10.1016/j.envres.2018.06.010.

Evan Fleischer, «Doctors in Scotland Can Now Prescribe Nature», World Economic Forum, Oct. 15, 2018, www.weforum.org/agenda/2018/10/doctors-in-scotland-can-now-prescribe-nature.

Jeanette Marantos, «Why Plant Sales Are Soaring, Even at Nurseries Closed due to Coronavirus», *Los Angeles Times*, May 30, 2020, www.latimes.com/lifestyle/story/2020–05–30/why-plant-sales-are-soaring-even-at-nurseries-closed-due-to-coronavirus.

James Oschman, Gaetan Chevalier y Richard Brown, «The Effects of Grounding (Earthing) on Inflammation, the Immune Response, Wound Healing, and prevention and Treatment of Chronic Inflammatory and Autoimmune Diseases», *Journal of Inflammation Research*, 24 de marzo de 2015, 83–96, doi: 10.2147/jir.s69656.

Padraig O Tuama, In the Shelter: Finding a Home in the World (Londes: Hodder & Stoughton, 2015).

Capítulo 11

Huston Smith, «Encountering God», en *The Way Things Are: Conversations with Huston Smith on the Spiritual Life*, ed. Phil Cousineau (Berkeley, Calif.: University of California Press, 2003), 95–102.

«What Is One Square Inch?», One Square Inch: A Sanctuary for Silence at Olympic National Park, consultado el 6 de septiembre de 2021, onesquareinch.org/about.

«Tatshenshini-Alsek Provincial Park», BC Parks, consultado el 6 de septiembre de 2021, bcparks.ca/explore/parkpgs/tatshens.

Barry Lopez, «The Invitation», *Granta*, Nov. 18, 2015, granta.com/invitation.

Monje desconocido, *The Cloud of Unknowing*, ed. Dragan Nikolic and Jelena Milić (Scotts Valley, Calif.: CreateSpace, 2015).

Katherine May, Wintering: The Power of Rest and Retreat in Difficult Times (Nueva York: Riverhead Books, 2020).

«MDMA-Assisted Therapy Study Protocols», MAPS: Multidisciplinary Association for Psychedelic Studies, accessed Sept. 6, 2021, maps. org/research/mdma.

Diane Ackerman, *Deep Play* (Nueva York: Vintage Books, 2000).

«The Peachoid», Discover: Carolina del Sur, consultado el 6 de septiembre de 2021, discoversouthcarolina.com/products/340.

Capítulo 12

George Prochnik, *In Pursuit of Silence: Listening for Meaning in a World of Noise* (Nueva York: Anchor Books, 2011).

Rupa Marya y Raj Patel, *Inflamed: Deep Medicine and the Anatomy of Injustice* (Nueva York: Farrar, Straus and Giroux, 2021).

Eve Curie, *Madame Curie: A Biography* (Boston: Da Capo Press, 2001).

Cal Newport, *Deep Work: Rules for Focused Success in a Distracted World* (Nueva York: Grand Central Publishing, 2016).

Padraig O Tuama, *Sorry for Your Troubles* (Norwich, Reino Unido: Canterbury Press, 2013).

«The Six Classes Approach to Reducing Chemical Harm», SixClasses, 18 de junio de 2019, www.sixclasses.org.

Capítulo 13

Marilyn Paul, *An Oasis in Time: How a Day of Rest Can Save Your Life* (Emmaus, Pa.: Rodale, 2017).

En el filme Entheogen: *Entheogen: Awakening the Divine Within*, dirigido por Rod Mann, Nikos Katsaounis y Kevin Kohley (Critical Mass Productions, 2007).

Los gurús de las relaciones John y Julie Gottman: «Find the Passion Again: All About Love Bundle» A Research-Based Approach to Relationships, consultado el 6 de septiembre de 2021, www.gottman.com.

Capítulo 14

Acta de Control del Ruido de 1972: Environmental Protection Agency, *Summary of the Noise Control Act*, 31 de julio de 2020, www.epa.gov/laws-regulations/summary-noise-control-act.

Office of Noise Abatement and Control: Administrative Conference of the United States, Implementation of the Noise Control Act, 19 de junio de 1992, www.acus.gov/recommendation/implementation-noise-control-act.

«A Voice to End the Government's Silence on Noise», International Noise Awareness Day, consultado el 6 de septiembre de 2021, noiseawareness.org/info-center/government-noise-bronzaft.

George Prochnik, *In Pursuit of Silence: Listening for Meaning in a World of Noise* (Nueva York: Doubleday, 2010).

Singapur, Ministerio de Asuntos Exteriores, *Sustainable Development Goals: Towards a Sustainable and Resilient Singapore* (2018), sustainabledevelopment.un.org/content/documents/19439Singapores_Voluntary_National_Review_Report_v2.pdf.

Singapur, Ministerio de Comunicaciones e Información, HistorySG, «*Garden City*» Vision Is Introduced, consultado el 6 de septiembre de 2021, resources.nlb.gov.sg/history/events/a7fac49f-9c96-4030-8709-ce160c58d15c.

Vicky Gan, «The Link Between Green Space and Well-Being Isn't as Simple as We Thought», *Bloomberg City Lab*, 14 de agosto de 2015, www.bloomberg.com/news/articles/2015–08–14/singapore-study-finds-no-significant-relationship-between-access-to-green-space-and-well-being.

Florence Williams, *The Nature Fix: Why Nature Makes Us Happier, Healthier, and More Creative* (Nueva York: W. W. Norton, 2018).

Kevin Kelly, *What Technology Wants* (Londres: Penguin Books, 2010).

Cal Newport, *Digital Minimalism: On Living Better with Less Technology* (Nueva York: Portfolio, 2019).

Cogreso de los EE.UU., CRS Report, *The Office of Technology Assessment: History, Authorities, Issues, and Options*, 14 de abril de 2020, www.everycrsreport.com/reports/R46327.html.

Justin Talbot Zorn y Sridhar Kota, «Universities Must Help Educate Woefully Uninformed Lawmakers», *Wired*, 11 de enero de 2017, 2 ww.wired.com/2017/01/universities-must-help-educate-woefully-uninformed-lawmakers/?utm_source=WIR_REG_GATE.

John Maynard Keynes, *Economic Possibilities for Our Grandchildren* (Seattle, Wash.: Entropy Conservationists, 1987).

Justin Talbot Zorn y Ben Beachy, «A Better Way to Measure GDP», *Harvard Business Review*, Feb. 3, 2021, hbr.org/2021/02/a-better-way-to-measure-gdp.

Michael J. Sheeran, *Beyond Majority Rule: Voteless Decisions in the Religious Society of Friends* (Philadelphia: Philadelphia Yearly Meeting of the Religious Society of Friends, 1983).

Stuart Chase y Marian Tyler Chase, *Roads to Agreement: Successful Methods in the Science of Human Relations* (Londres: Phoenix House, 1952).

Editores de Encyclopaedia Britannica, «Iroquois Confederacy: American Indian Confederation», *Encyclopaedia Britannica* (Chicago: Encyclopaedia Britannica, 2020).

Capítulo 15

Francisco Salazar, «Teatro Digital to Stream Joyce Di-Donato's "In War and Peace"», *OperaWire*, Nov. 6, 2019, operawire.com/teatro-digital-to-stream-joyce-didonatos-in-war-and-peace.

Equipo editorial de NOW Bali, «The Ogoh-Ogoh Monsters of Bali's Ngrupuk Parade», *NOW! Bali*, 10 de marzo de 2021, www.nowbali.co.id/ngrupuk-monster-parade.

«Balinese New Year -NYEPI-Bali.com: A Day for Self-Reflection», The Celebration for a New Beginning: The Biggest Annual Event on the Island, consultado el 6 de septiembre de 2021, bali.com/bali-travel-guide/culture-religion-traditions/nyepi-balinese-new-year.

Tyson Yunkaporta, *Sand Talk: How Indigenous Thinking Can Save the World* (Nueva York: HarperOne, 2021).

«Virtue Ethics», *Stanford Encyclopedia of Philosophy*, 18 de julio de 2003, plato.stanford.edu/entries/ethics-virtue.

SOBRE LOS AUTORES

Justin Talbot Zorn ha ejercido como político y profesor de meditación en el Congreso de los Estados Unidos. Especialista en economía y psicología del bienestar formado en Harvard y Oxford, Justin ha escrito para el *Washington Post, The Atlantic, Harvard Business Review, Foreign Policy* y otras publicaciones. Es cofundador de Astrea Strategies, una consultoría que une una visión profunda con comunicaciones y acciones impactantes. Vive en Santa Fe, Nuevo México, con su mujer y sus tres hijos.

Puede obtener más información sobre el trabajo de Justin en www.justinzorn.com y www.astreastrategies.com.

Leigh Marz es una coach de liderazgo y consultora de colaboración que ha dirigido diversas iniciativas, entre ellas un programa de formación para promover una mentalidad experimental entre equipos multigeneracionales en el Centro de Vuelo Espacial Goddard de la NASA y una colaboración intersectorial de una década para reducir los productos químicos tóxicos, en asociación con el Green Science Policy Institute, la Universidad de Harvard, IKEA, el Google Green Team y Kaiser Permanente. Es cofundadora de Astrea Strategies. Leigh vive en Berkeley, California, con su marido y su hija.

Puede obtener más información sobre el trabajo de Leigh en leighmarz.com y en www.astreastrategies.com.